www.foreverbooks.com.tw

yungjiuh@ms45.hinet.net

POWER 系列 52

美國黑幫

編　　著　李孟翰
出 版 者　讀品文化事業有限公司
責任編輯　林秀如
封面設計　姚恩涵
美術編輯　王國卿

總 經 銷　永續圖書有限公司
　　　　　TEL ╱(02)86473663
　　　　　FAX ╱(02)86473660
劃撥帳號　18669219
地　　址　22103 新北市汐止區大同路三段 194 號 9 樓之 1
　　　　　TEL ╱(02)86473663
　　　　　FAX ╱(02)86473660
出 版 日　2017 年 8 月

法律顧問　方圓法律事務所　涂成樞律師
CVS 代理　美璟文化有限公司
　　　　　TEL ╱(02)27239968
　　　　　FAX ╱(02)27239668

國家圖書館出版品預行編目資料

美國黑幫／李孟翰編著. - - 初版. - -
　　新北市　：　讀品文化, 民 106.08
　　面；公分. - - （POWER 系列：52）
　　　ISBN　978-986-453-056-4 (平裝)

　1. 幫會　　　2. 美國

546.9952　　　　　　　　　　　　106009858

前　言

　　凡有光的地方，必有暗影，凡吹噓其自由之地，必有齷齪。世界上沒有絕對的光明，也沒有絕對的黑暗。世界上有一個國度人人嚮往，但是人們並不知道這個國度是否真的像傳言中那麼美。世界並不如人們想的那樣美好，可以說在任何國家，都有犯罪行為存在，有所區別的，只是這個國家的犯罪組織是什麼樣的而已。

　　也許在日本，犯罪組織是合法的；也許在義大利，犯罪組織已經可以替代政府行使職能；那麼在美國的犯罪組織又是什麼樣的呢？在這個潛伏著黑暗的世界，人們看不到美國黑幫，美國黑幫卻無處不在！

　　黑幫成員幾乎插手了美國的一切，他們操控酒精飲品等所有物品的販賣，他們控制每一場賽馬的結局，他們掌握了國家銀行的生死，他們讓普通民眾構築他們黑暗的犯罪城市。他們就是黑影，籠罩著美國；他們就是主宰，掌控著美國。美國黑幫從最開始的孱弱團體，成長為最強大的犯罪組織！

　　其成長的歷史波瀾壯闊，卻又隱藏在黑暗之中。而今天，我們可以透過電影等形式去瞭解美國黑幫，借助任何藝術形式表現出的都不盡真實，而且我們從電影等藝術作品中看到的並不是美國黑幫的紀錄片，而是美國黑幫的黑

暗性質。

那罪惡的黑暗是難以複製的，雖然每個美國黑幫崛起的經歷未必相同，但是這些黑幫崛起過程之中體現出的殘忍、狡詐、暴戾、有組織性大體都是相同的。如今，我們能夠端坐在家中，透過螢幕去重溫那條黑暗的道路，去感歎那讓人驚心動魄的過往！

這條黑暗之路遍佈荊棘，唯有勇者才能活著享受榮耀。

《教父》之所以成為影視經典，是因為這部電影真實地講述了美國黑幫成員的組織結構，並將這些黑幫成員的真實生活情境再現。在電影中，我們看到的不是窮凶極惡的犯罪分子，而是極具人格魅力的黑幫家族。

當然，影視作品只是影視作品，它們不能完全代表美國黑幫的真實情況。而且影視作品的表現力是有限的，真實的美國黑幫要比那些作品更加絢爛。這些黑幫成員既兇殘，又講道義，既敵對，又聯合。

美國當局對這些黑幫的態度也如《教父》等電影中表現的一樣，既對這些黑幫恨之入骨，又不得不和黑幫苟合。真正的美國黑幫，是美國歷史的沉澱產物，是美國移民國家的獨特產物，也是世界都無法規避的文化歷史中極大的一分子。

一部《教父》，一部《美國往事》，就足以培養起我們對黑幫成員的集體想像：他們組織嚴密，階級分明，機謀中不乏俠氣，殘忍中尚存信義，而且有所為有所不為。和平年代，一些激素分泌容易過剩的男人，主要靠足球和黑幫影片來寄託自己的英雄崇拜情結。

美國黑幫，不論其曾經多麼驚心動魄，不論其過往多麼

扣人心弦，黑幫總是黑幫，總是被光明之下的人們所擯棄的。雖然其輝煌已經隨風變成了往事，但它又是真實不虛地存在著的，即便美國黑幫現在處於衰敗之中，但仍然存在。

我們厭惡罪惡，拒絕犯罪，但是這並不妨礙我們去瞭解美國黑幫的過往。當然，如果你對曾經那陣血雨腥風也有著濃烈的興趣，那麼不妨翻開這本書，本書將從愛爾蘭黑幫開始敘述，為你展現最完整的美國黑幫，帶你回味那飄散著烈酒濃香、殘酷血腥的美國往事。

美國黑幫簡史

最初的美國黑幫是在美國塔馬尼派腐敗的政治體系之下誕生的。為了爭取到政客所需要的選票，最早來到美國的愛爾蘭人無所不為。愛爾蘭黑幫就像滾雪球一樣不斷壯大，愛爾蘭人最終也成為美國黑幫彪悍的代名詞，他們是美國黑幫的開山鼻祖，他們就是美國最初的黑幫形式。

愛爾蘭黑幫就像是最初的罪惡血液，他們欺壓那些和自己流著同樣血液的同胞，只為了能夠獲得更好的地位。不過早期的愛爾蘭黑幫只不過是美國政客們手中的傀儡，雖然在幾十年後，愛爾蘭人得以擺脫傀儡的身分，能夠操控塔馬尼派的各項決策，但在當時那個年代，塔馬尼派被德裔移民和本地人牢牢掌控著。儘管愛爾蘭黑幫一直都是政客的爪牙，但是他們還是為美國黑幫的發展種下了黑色的種子。

這黑色的種子為日後的美國黑幫提供了生活的藍本，這也令那些後來居上的義大利人和猶太人能夠很快學會愛爾

蘭黑幫的生活模式,並加以改良。義大利人和猶太人繼愛爾蘭人之後來到了美國,這些義大利人和猶太人比愛爾蘭人更加兇狠,更加機敏,也更加獨立。他們迅速取代了愛爾蘭人在美國的地位,成功地和當時執掌美國政權的塔馬尼派勾結在一起。

　　不過這些義大利人可不會像那些愛爾蘭人一樣聽話,他們人數眾多,其中不乏因犯罪而逃出義大利的不法之徒。在接觸到早已在美國壯大的愛爾蘭黑幫之後,這些義大利人開始重操舊業。他們或是製造假幣,或是敲詐勒索。愛爾蘭人突然發出了疑問,怎麼有一群比他們還強盜的強盜憑空出現了?

　　這些強盜在一開始還表現出對政客的恭敬,但是只需要一個契機,他們就會轉過頭去咬住那些還在塔馬尼派內數著選票的政客的咽喉。羅馬神話之中把義大利人視為狼的後人,這群義大利人正如狼一樣堅忍地等待機會。

　　終於,1920年美國進入了禁酒時期,義大利黑幫憑藉這一股東風,不斷累積著財富,並用這些財富收買政客。貪污腐敗慣了的政客習慣性地接受美國黑幫的行賄,但他們慢慢發現,這些黑幫成員羽翼漸豐,已經擁有足夠的實力擺脫政客的控制。

　　事到如今,這些政客不得不承認,美國黑幫像一群暴發戶一樣成了有錢的買主,而政客為了能夠獲得更好的仕途,卻不得不巴結這些暴發戶。幾十年來的關係就此發生了改變,美國黑幫掙脫了塔馬尼派的枷鎖,開始自由發展。

　　禁酒時期就是美國黑幫茁壯成長的黃金時代,美國黑幫控制了紐約、克里夫蘭、芝加哥、大西洋城……美國黑幫

以酒起家，隨後，他們又控制了美國的各個行業，它們的罪惡觸手已經伸向了美國的各個角落。

　　服裝業、建築業、公會、娛樂界……這些都成為它們的領地，雖然美國黑幫在早期並沒有形成像西西里黑手黨那樣的家族教父，但是各個黑幫的老闆依然在黑幫之中擁有絕對的權力，他們可以在自己掌控的地盤內獲得他們想要的一切。美國的行政力量和司法力量已經無法控制這些黑幫成員，美國黑幫已經變成了罪惡的龐然大物！

　　不過，禁酒時期並沒有持續太長時間，1933年羅斯福廢除了《禁酒令》。有人認為美國黑幫離開了酒精飲品的利潤就不會再興風作浪，但是早在禁酒時期結束的幾年前，美國各地的黑幫就經由會議確定了日後的行動準則。

　　美國各個黑幫決定建立一個有組織的委員會，藉此來約束黑幫成員，而且能夠更合理地分割從各個行業之中獲取的利潤。美國黑幫儼然從暴發戶發展成了有組織的犯罪集團，就像是股份公司，而每個黑幫的老闆都是這個公司的股東。

　　這個「犯罪公司」最大的股東是位於紐約的五大犯罪家族，它們繼承了禁酒時期美國黑幫所累積下的財富，成為美國的影子政權。

　　在早期，各個國家的移民都居住在紐約曼哈頓的「五點區」，這裡骯髒、破敗，可以說是移民的難民營。然而正是這樣破敗不堪的五點區，成為美國黑幫的奠基之地。在這裡發展出的義大利五點幫也成為日後美國黑幫各個老大的搖籃，眾多能夠在日後影響美國黑幫格局的黑幫老大都曾經是街頭幫派義大利五點幫的一員。隨後，義大利人開

始了美國的犯罪之旅。

那個右手只有一根手指的朱塞佩‧莫雷洛來到了美國，他隨身攜帶著西西里黑手黨的兇殘作風，朱塞佩‧莫雷洛不僅把他的假幣作坊搬到了美國，他還把那令人恐懼的木桶扔到了美國各個角落。也正是憑藉著製造假幣和執行了多起木桶謀殺案，莫雷洛犯罪家族才迅速在美國崛起，而莫雷洛犯罪家族也作為美國第一個有組織的犯罪家族，為以後的美國黑幫犯罪家族起到了帶頭的作用。

同時，猶太人也開始了在美國的種種活動，「首腦」阿諾德‧羅斯汀開始在美國各地賭博、賄賂、操縱體育賽事，而且他還和塔馬尼派的政客交往甚密。可以說，阿諾德‧羅斯汀是美國黑幫歷史上最著名的猶太人，同時他也是美國有組織犯罪的啟蒙導師。而在他的身後，越來越多的著名的黑幫人物開始了各自充滿傳奇色彩的一生。

迂腐的吉姆‧科洛西莫死了，與此同時，禁酒時期開始！吉姆‧科洛西莫的死就像是一道煙火，照亮了整個芝加哥，照亮了整個美國。美國禁酒時期也被稱作咆哮怒吼的20年代，在這個瘋狂的年代，紐約、芝加哥、費城、大西洋城……美國所有城市的黑幫組織都在從加拿大、法國、英國走私數量龐大的酒精飲品，這些私酒給他們帶來上百倍的利潤。

美國的禁酒時期就是美國黑幫最茁壯的發展時期。阿爾‧卡彭和他的「芝加哥打字機」令人恐懼；大西洋城的「努奇」開始操控整個城市；肥胖的「喬老大」白手起家成了紐約最大的老闆；學富五車的薩爾瓦多‧馬蘭扎諾則帶著西西里黑手黨的最高旨意，漂洋過海來到美國……

　　這是一場盛世狂歡，美國黑幫在走私販賣私酒的時期擺脫了政府的束縛，他們不再是政府的爪牙，他們轉而變成了政府的主人。美國黑幫開始操控政界，員警都變成了黑幫老大的手下。私酒引起的騷亂在美國各地上演，令人瘋狂的富貴榮華能夠讓人在一夜之間從街頭混混變成上流社會的精英。

　　狂歡過後，人們開始理智，禁酒時期總要過去，在海濱城市大西洋城，美國各地的黑幫老大共同奠定了未來美國有組織犯罪的基石。而在不遠的紐約，「喬老大」和「小凱撒」這兩個陳腐古板的老人家卻還在劍拔弩張，紐約變成了他們的戰場，他們固執地認為這場戰鬥的結果將決定日後美國黑幫的總體格局。

　　終於，朱塞佩‧馬塞利亞握著他的黑桃A倒下了，薩爾瓦多‧馬蘭扎諾像個皇帝一樣登基，宣佈他將掌控所有的美國黑幫。然而不久之後，他也倒下了，笑到最後的是最有運氣的「福星」查理‧盧西安諾。西西里聯盟委員會就此成立，美國黑幫已經從政府的打手、浮誇的暴發戶過度到有組織、有紀律的鐵板一塊。

　　但是這不意味著美國黑幫就此成為登峰造極、無法摧毀的存在，很快查理‧盧西安諾這個美國教父就被關進了監獄，隨後他更被遣返回了義大利。而他留在美國的犯罪事業，也開始隨風飄散到各地。

　　美國黑幫在拉斯維加斯的沙漠之中建造了一座世界級的賭城；在古巴和總統共同經營賭場和飯店；在義大利開始毒品的貿易往來……美國黑幫已經成為有體系的健全的犯罪組織，與世界各地的黑幫之間都有著難以分割的聯繫。

　　然而這種聯繫卻經不起時間的考驗，紐約五大家族作為美國黑幫的代表在短暫的平靜過後開始互相攻伐。傑諾維斯犯罪家族、甘比諾犯罪家族、盧切斯犯罪家族、波納諾犯罪家族、可倫坡犯罪家族，這五大家族在彼此不間斷地消耗著力量，直至他們之中出現了叛徒，直至美國司法機關將他們一網打盡。

第一章
利堅的黑暗之花

愛爾蘭人用最瘋狂的舉動讓美國成為暴亂的國度，猶太人用最精明的大腦遊走於政界，義大利人用最正宗的犯罪行為去腐蝕美國的治安。而對這些渾然不知的政客們還在夜夜笙歌，等到他們覺察到異樣的時刻，他們將驚覺美國在暗地裡已經被一隻罪惡的黑手所掌控。

第二章
地下王國的建立

美國的《禁酒令》宣告了一個時代的開始，這是黑暗混亂的時代，美國暗流湧動。在這股暗流之中，有一個城市就叫作狂亂，那就是芝加哥。這座城市已經成為某人的領土，市長也不過是黑幫手中的棋子。芝加哥已經不屬於美國，這裡屬於阿爾・卡彭！

秩序的建立

咆哮怒吼的20年代就是美國黑幫的亂戰時代。在這個大時代裡,有遠見的人都能預見這個時代的結束;目光短淺的人,卻還在為蠅頭小利而沽名釣譽;而有運勢的人,則潛伏在暗影之中。查理‧盧西安諾慢慢成長著,他將左右整個美國黑幫的格局。

第四章

美國教父

卡斯塔拉馬雷戰爭已經讓美國千瘡百孔,幾乎所有黑幫老大都認為應該結束這場戰爭。但是衝鋒在前的人永遠無法品嘗最終的勝利,只有安靜躲在一旁、運籌帷幄的人才能控制全域。查理‧盧西安諾悄無聲息地解決了美國黑幫的共同難題,成為美國黑幫的教父。

第五章

跨國犯罪

美國的黑暗勢力不斷壯大，那些躲在暗處的梟雄將美國的經濟命脈握在手中，但是他們不會滿足於此。他們開始把視線放到荒無人煙的不毛之地，看到了埋在那裡的黃金。他們把視線放到曾被美國政府扶持的古巴，他們暗中支配著當地總統，讓那個國家成為他們的印鈔機。

第六章

黑幫的恥辱

美國軍隊的軍官已經被維托·傑諾維斯所迷惑，甚至認為他是勤奮無私的，他們以為維托·傑諾維斯放棄領取薪水，義務為祖國服務，向美國政府提供了最為寶貴的幫助。美國政府則認為維托·傑諾維斯是可以信賴的、忠誠的。

美國家族

繁榮之時，他們控制各地工會、商業區、金融……各個犯罪家族的教父享受著皇帝般的榮光，任何敢阻擋他們道路的人都將被驅除，甚至他們還曾經涉嫌暗殺總統。但是衰敗之時，他們內鬥不斷，血流成河。警方派出的臥底將各個犯罪家族破壞得千瘡百孔。

AMERICAN GANGSTER

第1章

美利堅的黑暗之花

黑色的土壤

今晚我們在這裡埋掉了不少選票。

——電影《紐約黑幫》

　　1492年10月12日可以說是世界歷史上重要的一天，當天上午，義大利航海家哥倫布的船隊在經過了30多天的漫長航行後，由西半球美洲大陸登陸。這是歐洲人首次登陸美洲大陸，因此也有人說，哥倫布發現了新大陸。

　　歐洲人登陸美洲大陸之後，按照當時殖民帝國的慣例，在美洲大陸建立了多個殖民地。他們開始從本土印第安人手中奪取土地和資源，並源源不斷地向美洲大陸輸送殖民者。可以說，早期的美洲歷史就是歐洲人在美洲大陸的強盜歷史。

　　有很大一部分殖民者都是被欺騙而來的，他們認為來到美洲大陸之後，能過著比在本國更好的生活。但是事實告訴他們，他們只是殖民地統治者的臣民而已。

　　18世紀中葉，英國政府與其在美洲大陸的殖民地之間產生了裂痕，且雙方衝突日益加劇，最終大多數殖民者的腦海中形成了獨立的念頭。1773年，波士頓傾茶事件激化

了雙方衝突；2年後，美國獨立戰爭開始。

美國建國之後，成為一個完全摒棄了歐洲基礎的新世界，因此在美國出生的第一批人總是對身上還帶著些許歐洲氣息的父輩們不屑一顧。但是美國在發展的過程中又急需人力，所以這造成了美國的移民風潮比當初的殖民熱浪更加吸引人。

為了吸引其他地區的人到美國來，美國在宣傳上無所不用其極。到美國的移民者曾經說過：「我來美國是因為我聽說這裡的大街鋪的都是黃金。到達之後，我發現了三件事情：第一，美國的大街不是用黃金鋪成的；第二，大街上其實什麼也沒有鋪；第三，說不定哪天我自己就成了鋪街的材料。」

19世紀，由於美國各大工業城市的形成，美國的政治組織發生了改變和鞏固。美國的三權分立有效地遏制了專制，確保了民主的可行。但是由於這種政治組成，政客們將數目龐大的移民視作單純的選票。而能夠獲得選票就將獲取權力。政客們清楚這種簡單的邏輯，便讓黑幫著手利用各種方式操控選民。也可以說，潛在的美國黑幫就是這樣從美國的政壇中孕育而出的。

最早期的美國黑幫，其實是在美國政客操縱之下誕生的。而這些政客也在縱容黑幫的同時利用黑幫為自身牟利，其中可作為代表的就是在當時控制著紐約的民主黨，而民主黨的總部名為塔馬尼派，因此在19世紀末至20世紀初，美國人已然將塔馬尼派視為貪污腐敗的聚集地。

由於塔馬尼派的政客，具有將新來移民安排到相對應的各個行政區域的權力，因此紐約便被潛在地劃分成不同的

勢力範圍，每個勢力範圍都有自己的所謂「老闆」，這些「城市老闆」的任務，就是讓自己所控制的區域內選民，能夠將選票投給塔馬尼派挑選出來的候選人。而這些服從命令的選民，就可以在該區域內獲得在市政府、警察局、消防局或者其他市政單位工作的機會。

　　這種由「城市老闆」和下級選民共同組建的體系產生了一個極為複雜的網路，它透過選票將當時社會地位不高的新移民，與最高層次的政治權力勾結在一起。因為塔馬尼派負責安排新移民，所以它可以儘快讓新移民加入美國國籍，並在合適的時候為這些新移民提供些微幫助，或者給其中一部分人提供他們非常需要的工作機會。

◆由於坦慕尼廳把控著紐約的移民，因此坦慕尼廳的政府官員在暗中用利益誘使選民投票，造成了美國早期的腐敗。圖為美國民主黨早期的辦公場所坦慕尼廳

而除了這些，塔馬尼派還能夠為那些格外聽話的新移民提供庇護和娛樂。可以說，塔馬尼派的政客出手十分闊綽，他們經常召開各種宴會。在塔馬尼派如此混亂卻又成體系的操控下，美國最早期的黑幫，開始向成熟的犯罪組織過渡。

其實早在塔馬尼派控制美國部分地區政權之前，美國本土就已經有黑幫存在了，只不過當時的黑幫幾乎是一盤散沙。

1845年到1855年間，由於愛爾蘭本地大量種植的馬鈴薯普遍患上了枯萎病，導致為期10年的愛爾蘭「馬鈴薯大饑荒」，所以很多愛爾蘭人在這個時期來到了美國，這些移民希望能在新的國度過上好的生活。他們就這樣住進了紐約曼哈頓下城被稱為「五點」的區域。該地區的生活條件非常惡劣，如今我們無法想像當時他們生活的環境是多麼惡劣。這些人終日生活在恐懼中，受人欺負的愛爾蘭人為了保障自己的生活，結成了街頭黑幫。這種在「五點」區域發展的黑幫中，最有代表性的是被叫作「死兔幫」的愛爾蘭黑幫。

「死兔幫」的名字來源於蘇格蘭蓋爾語，原意為「暴躁易怒的大塊頭」，因為該詞語發音與英語中「dead rabbits」相近，所以美國人稱該地區的愛爾蘭黑幫為「死兔幫」。19世紀中葉，愛爾蘭黑幫為了生存，與美國本土的黑幫不斷交惡，衝突日益激化。雖然在美國除了印第安人之外，並沒有純粹的本地人，但是作為首批移民，這些自詡為本地人的移民後裔，在紐約包厘街附近組成了名為「包厘街男孩」的黑幫組織。而「死兔幫」與美國本土的黑幫「包厘街男孩」之間的爭鬥，也在無意之中影響了塔馬尼派在該地區的權力更迭。

1857年7月4日，「包厘街男孩」在美國獨立日這天表達了自己對愛爾蘭人的不滿，他們在小巷中與「死兔幫」成員展開激鬥，戰鬥範圍迅速擴大，變成了近千人的械鬥。當時該地區的「城市老闆」試圖勸阻雙方，然而他卻遭到了攻擊。這次「死兔幫騷亂」過後，「死兔幫」的頭目約翰·莫里西取代了他，成為該地區的「城市老闆」。

電影《紐約黑幫》就是以這兩個幫派的爭鬥為背景創作的，只不過導演為了突顯衝突激烈，把「死兔幫騷亂」的時間推移到了美國內戰期間。而且，還在兩個幫派之間穿插了一個為父報仇的橋段。

在影片中，紐約城因為抵制徵兵而爆發了暴亂，在暴亂的大背景下，「死兔幫」和「包厘街男孩」展開了大規模的械鬥，最終，美國的軍艦向紐約開炮，上千居民被炮火殺死。然而無論死了多少人，對這些政客而言都毫無關係，也許有關係的只是會少了許多選票罷了。

由黑幫頭目擔任「城市老闆」，能夠更好地達到塔馬尼派的目的，因為這些「城市老闆」的手下可不會苦口婆心地對選民進行勸說。黑幫成員會用各種下流卑鄙的手段去實現塔馬尼派所期待的選舉結果。這些黑幫勢力在選舉中無所不用其極，他們或是重複投票，或是製造假票。甚至還會用各種暴力手段強迫選民投票，或者阻止敵對的選民進行正常投票。當敵對的選民投票時，這些黑幫成員通常會用外面包著皮革的金屬棍，去襲擊選民的頭部和身體。更有甚者，跟塔馬尼派政見不同的候選者還將面臨被綁架的危險。

塔馬尼派如此混亂腐敗的政治體系勢必造成美國社會的

動亂，有黑幫背景的「城市老闆」為塔馬尼派充當鷹犬，使用各種骯髒的手段去操控選舉。而在選舉中收穫權力的政客，則在各個方面為黑幫大行方便。政客、黑幫和普通選民之間，逐漸形成了複雜又牢靠的關係網。彼此之間既能夠從中獲利，也能互相起到制衡作用。

在這種背景下，越來越多的愛爾蘭人經由為政府效力，擺脫了「五點」區域的貧窮。而且當時的美國城市十分混亂，這些早期的移民也為美國的城市建設貢獻了力量。這些能夠用流利的英語交流的愛爾蘭人，更適合在飛速發展的美國獲得自己的地位。

甚至可以說，愛爾蘭人天生具有融入新社會的本領。當時的「馬鈴薯大饑荒」以及英國對愛爾蘭的殘暴統治，導致愛爾蘭人格外團結，他們擁有良好的口才和不屈的性格，這些都讓愛爾蘭人在美國的各行各業佔有一席之位。

短短幾十年內，愛爾蘭人已經在波士頓、紐約、芝加哥等美國大城市牢牢穩固了自己的地位，他們操控了這些城市的政界和商界。從美國社會的上流階級到社會底層，愛爾蘭人的勢力無處不在。而他們所得到的權益也足以令所有人羨慕，因此愛爾蘭人十分珍惜經過艱苦奮鬥所獲取的一切，所以當他們面對挑戰時也自然會不惜一切。

當時到美國來的移民主要為愛爾蘭人和德國人，1860年之前，義大利還沒有統一，自然也沒有多少義大利移民。當時整個紐約的人口為813669人。在這之中，愛爾蘭人為203740人，德國人則為119984人。愛爾蘭和德國的移民數量加起來，已經超過了當時紐約人口的三分之一。

這些移民全部擠在紐約曼哈頓下城的「五點」區域，地

區狹小，人口眾多，自然也會產生不同的階級。能夠獲得塔馬尼派賞識的畢竟只是少數，而更多的人不得不在這個骯髒狹小的區域內生存，這自然也會滋長黑幫犯罪。

據不完全統計，當年在紐約的職業犯罪分子約為8萬人。但是實際數目可能比這還要多很多，因為紐約警方在1860年的警力不足之下，仍然逮捕58067名犯罪分子，而在這些人之中，超過80%都不是在美國出生的。

當時的紐約可以說是罪惡之都，規模較大的黑幫和塔馬尼派相互勾結，在選舉中徇私舞弊，威逼利誘。普通的移民只能透過各種非法手段去爭取生存。各類大大小小的黑幫組織開始產生。這些黑幫之間不斷為了奪取地盤展開廝殺。他們在自己那片小區域內搶劫、偷盜甚至殺人，成員無法無天，更有黑幫組織在金錢誘惑下，與別人達成雇傭關係，為雇主提供各種非法服務。

儘管隨著時間流逝，我們早已忘記「死兔幫」等愛爾蘭早期黑幫所犯下的罪狀，但是這些背井離鄉苦苦掙扎的愛爾蘭人，的確是美國黑幫的源泉。而且簡單瞭解愛爾蘭黑幫在美國的狀況，也能夠讓我們更加瞭解為什麼各個國家的黑幫在美國這片土地上，都發展得更加龐大、更加邪惡。當時美國的政客為了一己私欲，在政治上不斷庇護黑幫，滋長了美國殘忍犯罪組織的囂張氣焰。也正是紐約等大城市的愛爾蘭黑幫奠定了美國黑幫發展的基礎，而當時那片腐敗墮落的黑色土壤，也為黑幫這朵黑暗之花提供了生長的最佳地點。

黑暗之花的種子

> 保羅・凱利是個聰明的人，但他所有的夢想都是邪惡的。
> ——黑幫成員在保羅・凱利葬禮上所致悼詞

　　愛爾蘭人正在美國為了自己的權益奮鬥，而被世人所知的黑手黨源頭義大利，卻還在統一的道路上奮鬥。1815年拿破崙戰爭結束，義大利回到封建專制的時代，國土也被歐洲列強瓜分統治。法國人、西班牙人以及奧地利人控制了當時的義大利，當時的義大利只有一個獨立王國——撒丁王國。

　　義大利人民生活在歐洲各國的壓迫之中，而義大利的西西里島所遭到的壓迫尤為嚴重。因為這座小島位於地中海上，是海上交通的樞紐，戰略位置十分重要，所以這座島不斷地遭到列強的搜刮。18世紀中葉，西西里島處於當時的波旁王朝統治之下。王朝認為西西里島是個遙遠、野蠻的地方，島上唯一價值也許就是按時上繳的稅收。

　　苛捐雜稅讓西西里島的人民永遠過著饑荒般的日子，當地農民的處境已經不堪忍受。即便是朱塞佩・加里波第在1860年把西西里島解放之後，西西里島上的人民也沒有過

上好日子，島上的農民仍舊沒有獲得尊重，他們的生活沒有任何改變。

在這種嚴苛情況下，無數年輕的西西里島居民，不願在貧瘠的土地上勞作一輩子還一無所得，於是這些年輕人紛紛禁不住誘惑，成為島上的「壞人」。他們從小偷、扒手開始，逐漸步入了犯罪的深淵。他們在獄中跟自己的「前輩」交流，等到重獲自由，他們有的就成為富有活力的黑幫成員。

西西里島居民自古以來就是崇尚自由並熱衷暴力的人群，有記載說西西里島上最古老的黑手黨組織「我們的事業」起源於1282年的「西西里晚禱起義」。雖然我們不知道現代黑手黨是否真的跟那次起義有關，但西西里島的確是現代犯罪組織的發源地。

早在1860年之前，西西里島上的犯罪分子們就聚集在一起，成為一個個「家族」。最初的家族出現在巴勒莫附近的農村，位於家族上層的一般是當地的男爵、農場主、牧師等高層人士，他們利用犯罪來獲取暴利。

西西里島居民在高額稅收和黑手黨壓迫下，日子變得更加緊張。同時，西西里島上的人口數量也在激增，19世紀初，島上的居民已經達到了200萬。這個人口數量已經超過了島嶼能夠維持的上限。

由於貧窮和物資匱乏，大量的西西里島居民選擇往其他國家移民。1870年至1910年是移民人數最多的時期，在這個時期，島上三分之一的居民遷居到其他地區。這些西西里島移民起初只是遷居到義大利北部城市，隨後更多的人漂洋過海到了美國。而在移民人員之中，部分黑手黨成員

也隨之來到了美國,並在那裡生根發芽。

而早在義大利黑手黨登陸美國之前,美國就已經有了早期的義大利黑幫。經過「死兔幫騷亂」,愛爾蘭黑幫成為塔馬尼派的重要打手。但這種情況也只持續到1860年。從那年開始,義大利人開始往美國移民,而且這些義大利人之中,不乏天生具有犯罪嗅覺的罪犯。他們看到愛爾蘭人和當地政府的勾結後,自然也想到了同樣的做法。

跟早期的愛爾蘭人一樣,這些新移民過來的義大利人和猶太人剛到美國後的生活並不如意。甚至他們的境遇還不如當初的愛爾蘭人,因為愛爾蘭人在語言上畢竟是有優勢的。但是這些義大利人和猶太人在身無分文、目不識丁的情況下,還無法流利地用英語跟美國當地人交流,這造成大量的新移民只能在諸如新奧爾良等城市聚集。

他們在聚集地內使用相通的語言,在溝通上並沒有障礙。甚至他們慢慢地開始改變這個區域,義大利人和猶太人在當地興建自己的劇院,發行自己的報紙。如果他們有在「五點」區域發行貨幣的話,也許就更加完美了。也許正是因為義大利人和猶太人早期這種合作無間的關係,才導致了日後義大利黑幫和猶太黑幫成為主宰美國黑幫的局面。

當然,在義大利人和猶太人剛到達美國的時候,還有很多愛爾蘭黑幫正處於成熟階段,他們大多都效仿「死兔幫」與塔馬尼派之間的關係,在進行犯罪的同時也與政界搞好關係。19世紀的70年代,愛爾蘭黑幫「夭斯」成為紐約最強的黑幫組織,該幫派牢牢掌控著曼哈頓地區的非法營生。但是這個幫派的存活時期非常短暫,19世紀末,曼克・伊斯曼的猶太幫「伊斯曼幫」將其取代,這也宣告著愛爾蘭人

在美國黑幫的主導地位已經受到了挑戰。

　　儘管愛爾蘭人並不願看到義大利人或者猶太人成為犯罪組織的頭目，但是愛爾蘭人的黑幫組織的確對此無能為力。幾乎是同時，一名用「保羅·凱利」這個類似愛爾蘭人名字做假名的拳擊手也在「五點」區域成立了早期的義大利裔幫派——「五點幫」。保羅·凱利原名保羅·安東尼尼·瓦卡雷利，早期曾是名次重量級拳擊手，他之所以把名字改成保羅·凱利，是因為當時移民到美國的義大利人很受歧視，所以民眾不會支持一名義大利拳擊手。

　　「五點幫」和「伊斯曼幫」是20世紀開端美國紐約最大的兩個幫派，雙方在紐約街頭不斷發生大大小小的摩擦，而這種摩擦也在逐漸升級。終於，雙方的交鋒達到了白熱化。1903年9月17日，控制包厘街西側的五點幫和紐約東城區的霸主伊斯曼幫展開激烈的槍戰。槍戰造成了黑幫成員的死傷並傷及了一般民眾。

　　紐約的「城市老闆」在塔馬尼派的指示下，把保羅·凱利和曼克·伊斯曼叫到了一起。儘管這兩個幫派老大都是為塔馬尼派工作的，也都在選舉的時候出過力氣，但是雙方的交戰已經引起了很不好的影響，再這樣下去，很有可能會波及塔馬尼派。所以塔馬尼派要舉辦了一次拳擊比賽，以此來結束雙方的鬥爭。

　　雖然雙方都接受了塔馬尼派的建議，但是比賽並沒有任何結果，保羅·凱利本身就是拳擊手，而曼克·伊斯曼身材高大，雙方互不相讓。不過根據兩個幫派的表現，塔馬尼派還是在平局的結果下，選擇重點支持五點幫。

　　1904年2月3日，曼克·伊斯曼企圖搶劫一名男子，塔馬

尼派也在此時徹底停止了對曼克·伊斯曼提供幫助。「五點幫」終於成為獨霸紐約的幫派。而在20世紀初期,「五點幫」也吸引了大批年輕的犯罪分子。

　　儘管五點幫僅僅在跟伊斯曼幫的爭鬥過程中輝煌了幾年,但是它為美國黑幫遺留的「財產」卻是豐厚的。五點幫可以說是第一個在美國影響深遠的義大利裔黑幫,它跟其前輩愛爾蘭黑幫一樣與塔馬尼派搞好了關係,但也像那些愛爾蘭黑幫一樣維持的時間不是很長。但是這粒種子,還是為美國黑幫培養了數名日後雄霸美國黑暗世界的老大。

◆美國五點幫是義大利移民來到美國之後的首個成規模的犯罪組織,許多日後在美國黑道叱吒風雲的人物都曾加入這個幫派。圖為五點幫的普通幫眾

　　對比而言,略顯失敗的伊斯曼幫雖然沒有讓幫中的眾多青年成長為日後的老闆,但是猶太人的精明卻被傳承了下

去。雖然有人質疑曼克・伊斯曼的猶太血統，但是其作風的確是猶太人的行為方式。

猶太黑幫好勇鬥狠，但並不是傻子。相反的，猶太人在任何時候都能夠保持自己的理智。在曼克・伊斯曼之後，「首腦」阿諾德・羅斯汀成為另一個成功的猶太黑幫老闆。人們普遍認為，伊斯曼幫是19世紀最後的紐約黑幫，正是由於其在紐約的發展，才造成了阿諾德・羅斯汀等人的崛起。

阿諾德・羅斯汀本人更像是一名商人和賭徒。他曾說過，除了天氣以外，他可以賭任何東西，因為天氣是他唯一不能確定的事情。阿諾德・羅斯汀還曾參與了1919年最大的體育界醜聞「黑襪醜聞」。由於他平日隨身攜帶用於結算的鈔票，因此也被人稱作「大鈔」。在早期的美國黑幫中，他被視為是最具有紳士風度的，甚至日後的美國黑幫教父「福星」查理・盧西安諾也公開表示，他從阿諾德・羅斯汀的身上學到了很多。

阿諾德・羅斯汀精於賭博，他和紐約塔馬尼派也有關係，這讓他瞭解各種腐敗醜聞，讓他得以在黑幫中混得風生水起。雖然他透過賭博、販毒等累積了大量的財富，但是可惜的是，這名美國黑幫早期最卓越的猶太人並沒能成為美國黑幫的教父，而且他的結局也令人唏噓。1928年，在一次失敗的撲克賭博之後，他拒絕支付賭金，最終被債主雇的黑幫成員謀殺了。

在這些早期的美國黑幫成員之中，保羅・凱利可以算是比較幸運的，儘管在黑手黨登陸美國後，他的五點幫也失去了勢力，而不得不加入了強尼・托里奧的幫派。後來，從義大利移民來的「扒子手」朱塞佩・莫雷洛開始在美國從事

製作假鈔等犯罪活動。保羅・凱利在與朱塞佩・莫雷洛相交
之後，經他的幫助移居哈萊姆。

◆猶太人阿諾德・羅斯汀聰明狡詐，他被眾多黑幫老大所推
　崇，但是他更像是名商人，而不是黑幫老大

　　這個右手殘疾、身材矮小的朱塞佩・莫雷洛則是美國第
一個黑手黨家族的老闆，在美國黑幫五大家族出現之前，
他領導的莫雷洛犯罪家族也被稱為第一家族。直到此刻，
美國黑幫才有了從依附於腐敗政府的愛爾蘭黑幫，過渡為
實力雄厚的美國黑手黨趨勢。

莫雷洛犯罪家族

巨大財富的背後，都隱藏著罪惡。

——電影《教父》

　　朱塞佩·莫雷洛於1867年5月2日出生於義大利西西里島的科萊奧內，這裡是美國黑手黨的起源地，在日後聞名世界的電影《教父》中，導演和編劇也用了這個地名，藉此向美國黑手黨的起源致敬。

　　在朱塞佩·莫雷洛五歲的時候，他的父親卡洛傑羅·莫雷洛就死去了。當時朱塞佩·莫雷洛的母親安吉拉·皮亞扎才25歲，根本無力養育兒子朱塞佩和女兒瑪麗埃塔。幸運的是，在朱塞佩·莫雷洛不到六歲的時候，安吉拉·皮亞扎就遇到了博納多·特拉諾瓦，後者不僅是朱塞佩·莫雷洛的繼父，更是他的黑道領路人。

　　人們猜測，博納多·特拉諾瓦很可能是在1880年之後才加入黑手黨的，這也有助於其繼子朱塞佩·莫雷洛和他在相同的組織。由於朱塞佩·莫雷洛右手畸形，只有一根小指，看起來如同一隻雞爪子，因此當他成為黑手黨成員後，獲得了「扳子手」或者「獨爪手」的外號。

◆莫雷洛犯罪家族的老闆朱塞佩・莫雷洛。他天生患有殘疾，那鬼爪一樣的右手成為他的特徵

最初，朱塞佩・莫雷洛只是做著當時西西里島上最有利可圖的盜牛活動。但是他所表現出的狡猾、殘忍等特質，都決定了他將是名出色的黑手黨成員。西西里島的農民常年過著貧困的生活，因此耕牛已經算是西西里島普通農民最大的財產。為了保護這些牛，避免在西西里島上造成不可控制的騷亂，西西里島政府設立了田地警衛隊。

這些田地警衛隊的任務是保護農民不受土匪搶劫，保護牛群不被盜走。而維護科萊奧內地區的秩序並不屬於這些田地警衛隊的工作範圍，負責科萊奧內地區安全的是國家員警。由於當時的政府並不是很放心西西里島，所以沒有打算讓西西里島本地人來負責當地的安全，因此負責當地安全的國家員警基本都是義大利本土的人，他們對西西里

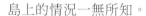

島上的情況一無所知。

　　但是田地警衛隊成員和這些從義大利本土調來的國家員警完全不同，他們大多數都是本地人，熟悉本地的情況，瞭解各個貴族和他們背後隱藏的實力。而且除了隊長之外，這些田地警衛隊成員並沒有固定的薪酬，這也造成了他們為了獲得更好的收入和當地的黑手黨合作。

　　雖然田地警衛隊一般都會對盜牛活動適度放行，但是在田地警衛隊之中，也有不被腐敗侵蝕的人物存在。當地田地警衛隊隊長喬范尼‧維拉是田地警衛隊中的另類，他是黑手黨的死敵，曾逮捕過許多黑手黨成員。

　　當地的黑手黨頭目對這個田地警衛隊隊長感到頭疼，因為在科萊奧內這樣一個不大的地方，雙方都知道彼此的根底。黑手黨已經知道了喬範尼‧維拉接下來將對他們採取行動。因此科萊奧內的黑手黨必須提前下手。

　　科萊奧內的黑手黨想了兩個解決喬範尼‧維拉的辦法，其中最簡單的就是將其殺害，但這樣會引起國家員警的注意；而另外的辦法，就是阻止其再次被選為田地警衛隊隊長。但是就在選舉之前，黑手黨推出的選舉人卻因為膽怯而退出了。沒有辦法，黑手黨只好選擇用最簡單的辦法。

　　而負責執行該辦法的就是「扳子手」朱塞佩‧莫雷洛，他瞭解喬範尼‧維拉每晚的行蹤，所以決定在這位隊長回家的路上伏擊。這是朱塞佩‧莫雷洛的首次謀殺，他在距離喬範尼‧維拉很近的地方開槍，但是只有一發子彈射穿了喬範尼‧維拉的肺葉，這樣的傷勢沒能讓目標當場死亡。

　　在隨後的調查中，警方在現場發現了兇器，也有目擊者聲稱見到朱塞佩‧莫雷洛出現在現場。不過幸運的是，那把

手槍就在警方的眼皮底下消失了，而有關的目擊者也在幾天之內被謀殺。甚至在最後，執著地想要尋找朱塞佩・莫雷洛的犯罪證據的員警皮特羅・米隆也在巷子裡被勒死。由此，警方結束了一切對朱塞佩・莫雷洛的起訴。

這次謀殺大大提高了朱塞佩・莫雷洛在科萊奧內黑手黨的地位，他的一些建議也得到了黑手黨頭目的認可。為了獲得更多的財富，朱塞佩・莫雷洛提議製造假幣。1889年，朱塞佩・莫雷洛開始製造假幣，但是當時在巴勒莫，已經有一個更大的黑手黨家族涉足假幣的製做。因此朱塞佩・莫雷洛的假幣集團所獲取的利潤並不多，但相對地也沒有面臨多大的風險。

但是警方在1892年開始對巴勒莫的黑手黨家族進行調查，並牽扯出了朱塞佩・莫雷洛的假幣犯罪集團。終於，警方在1892年9月發出了對朱塞佩・莫雷洛的逮捕令。1894年夏天，義大利政府對朱塞佩・莫雷洛進行了缺席審判，判處他6年又45天的單獨關押。然而這個判決並沒有對朱塞佩・莫雷洛起到任何影響，因為他早就已經到達了美國。

朱塞佩・莫雷洛在紐約最初的幾年過得很不如意，他們全家都從義大利搬到了美國，而這麼多人的生計是很嚴重的問題。他和他的繼父曾在美國做過農活，也自己開過煤場，辦了兩家義大利酒吧和一家紅棗工廠。但是這些正當行業都在美國遭到了失敗。朱塞佩・莫雷洛不得不重新幹起了自己最擅長的工作——製造假幣。

在距離紐約市中心不遠的106街道329號樓的一處公寓內，朱塞佩・莫雷洛安裝了一台簡陋的印刷機，簡陋的設備導致他只能製作帶有瑕疵的假幣。但是這也足夠了，因為

這些假幣主要是晚上在酒吧、賭場等熱鬧場所使用。

　　朱塞佩・莫雷洛原計劃在1900年的新年開始銷售假幣，但是在1899年2月底，他的女傭莫莉・卡拉漢在打掃房間的時候，無意中見到了印刷機。這名女傭控制不住自己的好奇心，偷偷檢查了印刷出來的產品。第二天，這名女傭就無聲無息地消失了。

　　這起謀殺案過後不久，朱塞佩・莫雷洛開始製造並銷售假幣。他很聰明地從來不出現在進行犯罪活動的區域附近，而是利用幾個身分低微的小混混去流通假幣，從中獲利。1900年，員警在執法的時候也只能抓到那些下層人員，卻對朱塞佩・莫雷洛束手無策，因為沒有直接的證據，能證明他和假幣集團的關係。

　　但是即便如此小心，朱塞佩・莫雷洛還是受到了波及。由於警方將他手下的幾個小混混都逮捕入獄，這讓朱塞佩・莫雷洛意識到這些人並不可靠，利用這些小人物來執行犯罪很不保險。而身為義大利人，朱塞佩・莫雷洛相信，只有在西西里人之中才能夠找到忠誠、堅定又富有智慧的合作夥伴。

　　新世紀之初，伊格納齊奧・盧波加入了莫雷洛犯罪家族，由於「盧波」在義大利語中有「狼」的意思，因此人們也叫他「豺狼盧波」。這個人比朱塞佩・莫雷洛年輕10歲，生於巴勒莫。早年他曾在紡織品店內工作，但他在1898年殺了名叫薩爾瓦多・莫雷洛的競爭對手，而被迫離開西西里。

　　「豺狼盧波」家裡很有錢，足以讓其剛到紐約就能做生意來養活自己。1901年，伊格納齊奧・盧波已經成為義大利

聚居地內最有聲望的食品雜貨店老闆。他的本部位於義大利聚居地中心的莫特街，是座七層樓的建築，同時「豺狼盧波」還擁有豪華嶄新的送貨車和價值十幾萬美元的存貨。當時的《紐約時報》曾評論：「整個社區都對其庫存商品量驚歎不已。」

實際上，伊格納齊奧・盧波剛到美國就與朱塞佩・莫雷洛聯手，「豺狼盧波」可以利用日益強大的莫雷洛犯罪家族力量，為其商業活動開路。作為回報，伊格納齊奧・盧波則為朱塞佩・莫雷洛提供了更隱蔽、更安全的活動基地。這讓他們可以以此為根據地，繼續去剝削那些剛到美國來的移民。

朱塞佩・莫雷洛把經由製造假幣和敲詐等手段得來的錢，交給了伊格納齊奧・盧波，伊格納齊奧・盧波則經由商業活動將這些錢改頭換面。在「扳子手」和「豺狼盧波」的合作下，黑手黨的洗錢計劃開始了。與此同時，莫雷洛犯罪家族開始大力發展其非法事業。他們用骯髒的手段打擊伊格納齊奧・盧波的競爭對手，毒死其他店面用來拉貨的馬匹，炸毀商店，甚至謀殺。

布魯克林區有個肉店店主，名叫蓋塔諾・科斯塔，因為他不願意支付莫雷洛犯罪家族勒索的1000美元，因此被槍殺在自己的店裡。而做義大利酒類和食品生意的薩爾瓦多・曼澤拉則很幸運，儘管他遭受了四年的勒索後最終破產，但是他還是活了下來。當他出庭做證的時候，他說「豺狼盧波」會按時到他的店裡，強迫他在空白的收據以及交貨單上簽字。如果不那樣做，那麼他和他妻子的性命都將難以得到保障。

　　雖然莫雷洛犯罪家族罪行累累，從製造假幣到殺人勒索無所不為，但是該家族卻一直沒有被警方搗毀。因為朱塞佩·莫雷洛曾在1900年險些入獄，所以他對犯罪活動中可能出現的漏洞尤為注意。每當發現潛在的漏洞出現時，他會第一時間將其堵住。

　　同時，朱塞佩·莫雷洛也吸取教訓，他的犯罪集團中幾乎全是西西里島人，而且在這些集團之中形成了一條規定，不論發生任何事情，都要和朱塞佩·莫雷洛與伊格納齊奧·盧波保持距離，犯罪集團絕不能留下任何把警方引到這兩個人身邊的蛛絲馬跡。

　　但是有時候這些黑幫成員並不是那麼守規矩的，其中有個名叫朱塞佩·卡塔尼亞的西西里人，他是「豺狼盧波」的合作夥伴，也負責把莫雷洛犯罪家族製造的假幣投放出去。但是這個人有個很嚴重的缺點，酒後失言，管不住自己的嘴巴。也因為他這個缺點，朱塞佩·莫雷洛和伊格納齊奧·盧波決定將其處理掉。

　　1902年，幾個在河裡游泳的男孩發現了兩個大的麻袋，其中一個裝著浸透血漬的衣服，另一個則裝著卡塔尼亞的屍體。當時的情景慘不忍睹，死者的腳踝部位已經被扳到緊貼背部的位置，被一條繩子捆得結結實實，身上的血幾乎流乾。朱塞佩·卡塔尼亞的死亡令人感到恐懼，他的頭幾乎被完全割斷。

　　有人說，朱塞佩·卡塔尼亞最後是和伊格納齊奧·盧波在一起的。因此人們認為「豺狼盧波」就是殺害他的兇手。實際上，「豺狼盧波」涉嫌超過60宗謀殺案，但是警方並沒有確鑿的證據來指控伊格納齊奧·盧波。他依然一如既往

地為莫雷洛犯罪家族進行殺人、勒索等犯罪行動。

紐約當局早已覺察到莫雷洛犯罪家族正慢慢成長，但是他們只能逮捕那些底層的犯罪分子，因為沒有任何證據能表明朱塞佩·莫雷洛或者伊格納齊奧·盧波參與到製造假幣以及殺人的罪行當中。但是他們不可能永遠安全，任何意外都可能導致他們被警方帶走。

1902年12月底，莫雷洛犯罪家族的兩名成員在投放假幣的時候被發現。伊薩多·克羅賽維拉和朱塞佩·迪·普里莫被捕後拒不合作，警方使用了各種手段，威逼利誘都無法奏效，這兩個人不願意透露任何和家族有關的事情。但是警方還是透過離間的方式，讓朱塞佩·莫雷洛以為朱塞佩·迪·普里莫已經出賣了家族。

朱塞佩·迪·普里莫的姐夫貝內德托·馬多尼亞正在水牛城進行非法活動。朱塞佩·莫雷洛讓貝內德托·馬多尼亞想辦法到匹茲堡去保釋兩名因投放假幣而入獄的黑手黨成員，但是貝內德托·馬多尼亞不僅沒有辦好這件事情，他還寫信給朱塞佩·莫雷洛，並匯去了1000美元，希望朱塞佩·莫雷洛能夠提供幫助，以便將朱塞佩·迪·普里莫保釋出來。但是因為朱塞佩·莫雷洛沒能成功將朱塞佩·迪·普里莫保釋，所以貝內德托·馬多尼亞開始不停地發表自己的抱怨。

面對這樣既不能完成任務又喋喋不休妄加指責的手下，朱塞佩·莫雷洛決定讓他消失。

1903年4月14日，凌晨3點左右，獲准面見朱塞佩·莫雷洛的貝內德托·馬多尼亞回到了紐約，他當時正在普林斯街的一家小餐館用餐，而這也將是他最後的晚餐。

　　朱塞佩‧莫雷洛帶著幾名得力的手下來到這家小餐館，用刀將貝內德托‧馬多尼亞殺死。他們就像殺死朱塞佩‧卡塔尼亞那樣，將貝內德托‧馬多尼亞的脖子割開，野蠻地折疊他的屍體。然後這些殺人犯又找來一個大桶子，將被折磨得不成人樣的貝內德托‧馬多尼亞塞了進去。雖然死者的腿和手臂還在外面，不過這不要緊，因為莫雷洛犯罪家族根本沒想過要隱藏屍體。

　　第二天，這個裝有屍體的大桶子就被人發現了。事實上，這已經不是莫雷洛犯罪家族首次用大桶子來裝屍體，因此這一系列的案件也被紐約警方稱為「大桶謀殺案」。有經驗的員警都能想到這些謀殺案是莫雷洛犯罪家族的手法，甚至當1903年「大桶謀殺案」被發現的時候，他們也逮捕了包括朱塞佩‧莫雷洛在內的13名黑手黨成員。

　　1903年4月19日，「大桶謀殺案」第一次庭審開始了，朱塞佩‧莫雷洛等人聲稱他們是艱難地生活在美國的下層人員，但是他們所聘請的卻都是曼哈頓最有名的律師。有報導稱，這些律師的律師費是由莫雷洛犯罪家族成員強行在美國各個城市收取來的。這顯示了莫雷洛犯罪家族的影響力，已經遠遠超過了警方的想像。甚至在波士頓，有7名西西里人跑到警察局尋求保護。

　　在審訊過程中，這些嫌疑犯都否認參與了這次兇殘的謀殺案。朱塞佩‧莫雷洛堅決否認認識死者，面對大多數的問題，他也只是說不記得了；而「豺狼盧波」雖然顯得很有禮貌，但就連記者都能聽出來，他在不停地撒謊。

◆早期莫雷洛犯罪家族經常使用這種謀殺手法，但是因為沒
　有足夠證據，警方難以將莫雷洛犯罪家族治罪。圖為1918
　年紐約警方在一個木桶內發現一具男性屍體

　　因為警方在第一時間就逮捕了嫌疑犯，但他們其實並沒
有任何實質性的證據去證明這些人和謀殺案有關。而那些
證人則在出庭時「集體失憶」，他們不是否認自己的證詞，
就是被嚇得說不出話。甚至對案件影響最大的幾個證人，
不是突然逃跑就是人間蒸發。庭審最後不了了之，在沒有
任何證據的情況下，警方只好將朱塞佩・莫雷洛等人釋放。

　　但是這不代表他們可以高枕無憂，有些人還是緊緊抓住
他們不放，試圖要找到能將莫雷洛犯罪家族繩之以法的證
據。這個人名叫約瑟夫・彼得羅西諾，是紐約警察局警員，
為人老練，知道如何引誘犯罪分子說出真話，有人稱他為
「紐約的福爾摩斯」。他在調查紐約黑手黨的時候，無意
中發現了莫雷洛家族謀殺犯罪的線索，隨後他開始針對該

家族進行調查。

◆為了打擊黑幫勢力，1909年，約瑟夫‧彼得羅西諾在義大
利搜集黑幫犯罪證據。圖為約瑟夫‧彼得羅西諾（左側站
立者）和他在義大利組建的員警小隊

　　1901年，約瑟夫‧彼得羅西諾在調查的時候逮捕了一名
西西里人，這個被捕的男人，就是日後的義大利的傳奇教
父維托‧卡希奧‧費爾羅。當時維托是到美國跟朱塞佩‧莫
雷洛進行生意上的協商。1904年，維托回到了義大利，但
這次美國之行也讓他記住了約瑟夫‧彼得羅西諾。

　　1908年，伊格納齊奧‧盧波跟約瑟夫‧彼得羅西諾發生
口角，在眾目睽睽下，約瑟夫‧彼得羅西諾將「豺狼盧波」
痛打了一頓，然後把他扔進了垃圾堆裡。這位傳奇的紐約
警員，就這樣跟美國和義大利兩個黑手黨頭目結下了仇怨。

　　事實上，即便約瑟夫‧彼得羅西諾沒有招惹維托或者

「豺狼盧波」，黑手黨也是不會放過這個總是盯住他們不放的警員。1909年，約瑟夫·彼得羅西諾到西西里巴勒莫去進行黑手黨的調查。3月12日，他被謀殺了。

西西里和美國的黑手黨都認為約瑟夫·彼得羅西諾的死是件值得慶祝的事情，然而莫雷洛犯罪家族卻在同年也遭到了真正的打擊。朱塞佩·莫雷洛因製造假幣被逮捕，這次他沒能逃脫美國法律的制裁，雖然警方只是掌握了他製造假幣的罪證，但這不妨礙他們將這個美國第一犯罪家族的老闆送入監獄。

朱塞佩·莫雷洛一直被關到了1920年，當他出獄的時候，恰好趕上了美國發佈的《禁酒令》生效，而在他被關起來的10年間，莫雷洛犯罪家族的境遇遠沒有他掌權的時候那麼順風順水，甚至他本人也被其他黑手黨同夥視為前進路上的障礙。為了維繫自己創造的犯罪家族，朱塞佩·莫雷洛無奈之下只能選擇屈居人下，為朱塞佩·馬塞利亞擔當智囊。

AMERICAN GANGSTER

第2章

地下王國的建立

禁酒時期

本修正案簽署一年之後，將禁止任何形式的酒精飲品的銷售、運輸或者進口行為。

——《美國憲法第十八修正案》

　　美國黑幫在開始的階段只能夠說是當地政府的打手，早期的愛爾蘭黑幫必須看塔馬尼派的臉色行事。一旦黑幫的舉動太過火，很容易遭到政府的打擊。

　　義大利人和猶太人到美國後，曾試圖改變這個狀況，因此五點幫和伊斯曼幫的交火十分激烈。他們儘管還在替塔馬尼派做事，但是私下的交鋒愈演愈烈，黑幫正在試著透過爭奪地盤來擴大自身的影響力，進而擺脫政府的制約。

　　隨後而來的朱塞佩‧莫雷洛則屬於一個外來的野蠻黑幫，莫雷洛犯罪家族不和政府打交道，他們只是純粹為了自己的利益去犯罪。美國政府當然不會允許這樣單純的犯罪集團出現，所以即便在證據不足的情況下，也要將莫雷洛犯罪家族的頭目抓進監獄中。

　　隨後，美國的黑幫似乎又回到了政客的手中。然而此時美國國會批准執行的一項修正案卻打破了美國黑幫的格局。

正是這項修正案讓美國黑幫成長壯大，擺脫了政府的控制，也讓這些黑幫頭目成為美國的地下國王。

1919年1月16日，美國國會批准《美國憲法第十八修正案》；10月28日，又通過了對修正案進行詳細解讀的《沃爾斯泰德法案》。該修正案確定，在美國釀造、運輸以及銷售酒精飲品的活動都是違法的，這預示著美國禁酒時期的開始。

第一次世界大戰後，美國婦女權利有所提升，她們不堪忍受酗酒的家人對其她們的家庭暴力，因此呼籲禁酒。同時，美國當地的清教徒也反對飲酒。最終在共和黨的爭取下，美國國會批准了《美國憲法第十八修正案》，也被人稱為《禁酒令》。

◆第一次世界大戰後，婦女權益獲得提升，她們的訴求得到多方面的認可，也正是基於這種認可，美國進入了禁酒時期。圖為婦女和兒童高舉呼籲禁酒的標語

　　1920年1月16日，美國正式進入禁酒時期，當天晚上，人們盡情暢飲剩下的酒精飲品。大多數人都將其視為狂歡的節日，他們以為禁止酒類流通後，對社會能產生良好的影響。但事實上，酒這種東西根本不可能被完全禁止。

　　禁酒時期開始後，的確對人們的生活起到了一定影響，但是禁酒是如此不現實的。當時各地都有人在私自釀酒，地下釀酒廠的生意甚至比禁酒時期之前還要好，人們經由釀造私酒，來獲取無法想像的利潤。

　　當然，隨著《禁酒令》的發佈，釀酒所需要的原材料也受到了限制，然而這些私自釀酒的人才不會在乎這些，他們從醫院或者工廠偷取醫療酒精和工業酒精。製造出粗製濫造的酒後，又使用各種手法對釀造出的酒進行染色，讓這些酒的外觀發生改變。同一時間釀造出的酒可以被當作蘭姆酒或者威士忌來販賣。

　　美國當局對這種情況也有所察覺，當時美國每年最多有5600萬升的工業酒精被偷，禁酒探員們為了杜絕這些犯罪分子偷盜工業酒精，不得不採取非常手段。1926年，當時的美國總統約翰·卡爾文·柯立芝決定用投毒的手段來阻止人們偷盜工業酒精，他允許人們在工業酒精之中加入有毒的甲醇。但私自釀酒的人可不管這些，這些犯罪分子花錢找了幾個化學家對這些酒精進行提純，然後再釀造成酒。政府不得已又在工業酒精中加入了馬錢子鹼、汽油、汞以及苯等有毒物質。

　　釀造私酒的這群黑幫成員，索性在最後只對這些酒精進行簡單的處理，隨後就把釀造好的酒拿出去賣。據統計，1926年，紐約共有超過1200人因酒精中毒住院，400人因喝

了有毒的酒而喪命。

　　但是即便如此，還是有人願意花大價錢去購買毫無安全保障的私酒。也正因此，越來越多的不法之徒開始進行販賣私酒的非法事業。他們從走私販賣酒精飲品的過程中獲取了大量的利潤，在當時，販賣私酒是成本最低、收益最大的斂財手段。

　　除了私自釀酒以外，美國各地都有地下酒吧，只要你小聲向看門人請求，他們就會把你放進去。當然，這些看門人不會不加選擇地把人放進地下酒吧。看門人的工作就是對要求進入地下酒吧的人員進行甄別，從中判斷出哪些是真正需要買酒的，哪些像是禁酒探員。

◆禁酒時期美國有很多地下酒吧，為那些需要酒精飲品的人提供烈酒。圖為禁酒時期的一家地下酒吧

　　當然，地下酒吧也不是獲取酒的唯一途徑，那些願意花錢買酒的人還可以從其他地下組織那裡獲取私酒。也有人鑽法律的漏洞，在自己家裡建立私人吧台，販賣個人存放

的私酒。還有很多人透過合法的途徑買到了酒。有些人會藉著宗教的名義經由正常管道獲取少量的酒，因為美國大多數人信奉天主教，而天主教在做禮拜或者禱告的時候會用到聖餐，有些人就以籌備聖餐的名義去積存酒。

除了借用宗教的名義，還有許多醫院為「病人」開立虛假的藥方，故意在藥方中增加了酒的比重，達到間接販賣私酒的目的。在小說《了不起的蓋茨比》中，主角蓋茨比也正是靠著開連鎖藥店私下販酒而發達的。

除此之外，一些烘焙工坊經營者也在購買原材料的時候，特意要求索取更多的葡萄酒，他們聲稱這些酒是製造麵包的材料，但實際上大部分的酒還是被他們販賣了。

同時，加拿大、法國等地也源源不斷地運來了走私酒，這些廉價優質的酒很快成為私酒之中利潤最大的一部分。但是並不是所有的人都能夠有幸販賣這些純正的酒。美國走私酒的管道已經被各個黑幫牢牢掌控住了，這些黑幫成員將馬車改裝，外表看上去只是裝卸木材的車，內部卻藏著滿滿一車的私酒。美國的黑幫正是在禁酒時期不斷發展壯大的，它們經由從各地走私販賣酒，在極短的時間內迅速累積了財富，擺脫了政府對其的制約。

走私酒的氾濫給當時已經處於腐敗深潭的美國政界帶來了更大的腐敗，那些經由走私獲取大量金錢的老闆上下打點，收買員警以及地方官員為其賣命。這些黑幫老闆在保證安全販酒的同時，也採取非法手段去提高酒的價格，打擊自己的競爭對手。這些都造成當時美國治安的混亂不堪。

20世紀的20年代被視為美國黑幫的黃金年代，許多當年在五點幫當過小弟的年輕人，都藉著這個年代成長為獨

霸一方的黑幫巨頭。這些巨頭包攬了走私、釀造、銷售的流程，他們在販賣私酒的事業中獲益良多。禁酒時期的美國永遠都存在著非法飲酒的人，而這些人也願意花費比以前高出數倍的價格去購買私酒。

　　《禁酒令》的結果是令人意想不到的，在禁酒時期，美國暗中生產、走私、販賣的酒比禁酒時期之前還要多。屢禁不止的黑市酒業，在這種大背景下達到了空前的繁榮，為了獲取高額利潤，黑幫巨頭們對競爭對手敲詐勒索、暴力挾持，無所不用其極。

　　為了能夠讓自己的事業更加穩定，他們和政府官員勾結，又在另一層次助長了美國腐敗的滋生。而因為酒已經被法令禁止，也造成了美國失去了相當大的稅收，這也對美國國庫造成了無法彌補的影響。

◆英國《每日鏡報》對美國廢除《禁酒令》的報導

　　1933年2月17日，美國國會通過了《布萊恩法》，將《禁酒令》規定的限度放寬，調整為允許買賣酒精含量在3.2%的飲品。這樣的做法只不過是為當局找回一些面子罷了，事實上此時的《禁酒令》已經成為一個笑話，它除了助長了美國黑幫、削減了美國稅收以外，幾乎沒有任何影響。

　　同年12月5日，《美國憲法第二十一修正案》通過，正式廢除了《美國憲法第十八修正案》。《美國憲法第十八修正案》也成為美國歷史上迄今為止被廢除的唯一一條修正案。自此，美國禁酒時期宣告結束，美國禁酒時期共持續了13年10個月又19日。

　　在這13年內，美國黑幫風起雲湧，許多曾經的老大被殺死，許多幫派被吞併，當然，還有更多的黑幫頭目在禁酒時期成為美國黑幫的老闆。也正是在禁酒時期過後，美國黑幫才有了秩序，美國才真正出現了在全國都備受尊敬的教父。

烈酒、子彈和權勢

吉姆‧科洛西莫在他的咖啡廳前被人謀殺，兇手是名不知身分的黑幫成員。

——《紐約時報》1920年5月12日

　　美國的禁酒時期是個機會，是美國政府為那些黑幫頭目提供的機會。但是也並不是所有人都能夠抓住這個機會。禁酒時期之前，紐約和芝加哥是美國犯罪活動的中心。紐約的局勢相對而言比較太平，當時勢力最大的是阿諾德‧羅斯汀的幫派，但是他個人覺得販賣私酒的利潤不如控制各種賭局和販賣毒品，所以他很快放棄了私酒營生，不過即便他自己不販賣私酒，也幾乎從不飲酒，但他也不反對其他人去販賣私酒。

　　其餘在紐約發展的幫派，都不同程度地參與到了私酒販賣的勾當裡，莫雷洛犯罪家族已經不再屬於朱塞佩‧莫雷洛，這個曾經的美國第一家族老闆已經成為朱塞佩‧馬塞利亞的智囊，而朱塞佩‧馬塞利亞是個十足的傳統黑手黨暴徒，也正是他貪得無厭的性格，才引起了日後美國黑幫的一場大戰。

另外的幾個勢力在禁酒時期初期都比較弱小，法蘭基·耶魯的主要勢力盤踞在布魯克林，邁爾·蘭斯基當時還沒有組建成規模的猶太幫，達茨·舒爾茨此時也只是個單打獨鬥的私酒販子。

但並不是任何地區都像紐約這樣涇渭分明地徐徐發展，禁酒時期開始後，芝加哥就籠罩在不和諧之中。造成芝加哥混亂的原因有很多，其中芝加哥最大的黑幫老大對販賣私酒毫無興趣，而且還阻礙其他想要經由販賣私酒發展實力的年輕人。

除此之外，芝加哥北城區的愛爾蘭黑幫勢力要比紐約強大，在紐約，勉強可以與義大利人爭鋒的，只有布魯克林港區的白手幫等少數黑幫，另一個比較有名的愛爾蘭黑幫成員歐文·麥登，則把主要的精力放在了棉花俱樂部等娛樂場所的經營上。但在芝加哥，這些仇視義大利人的愛爾蘭黑幫卻要強大兇狠得多。

當時芝加哥黑幫的老大是吉姆·科洛西莫，1878年出生於義大利的卡拉布里亞，他是最早移民到美國來的義大利人。吉姆·科洛西莫和他的義大利同胞一樣，剛到美國的時候處境非常不好，當時他只能靠掃馬路來維持生活。

在這個階段，他不斷從事扒竊、拉皮條、勒索等非法活動，然後慢慢成為當地工會的首領，這讓他能夠接觸到當地的官員。這些官員給了吉姆·科洛西莫更大的權力，以便在該地區獲得更多的稅收。吉姆·科洛西莫就像早期的愛爾蘭人那樣，成為政客的打手。

◆被稱為「鑽石吉姆」的吉姆・科洛西莫是早期芝加哥的黑
幫老大。圖為吉姆・科洛西莫和他的律師

　　1902年，吉姆・科洛西莫因為婚姻而獲得了一個「賢內
助」。他娶了芝加哥當地的妓院老闆維多利亞・莫里斯科，
開始了操控妓院的勾當。他憑藉自己在社會上的名氣，聲
稱可以幫年輕女孩介紹工作，這些年輕女孩被他許諾的待
遇所吸引，但是一旦她們跟隨吉姆・科洛西莫來到芝加哥，
就會遭到非人的對待。在對這些女孩進行監禁和虐待之
後，吉姆・科洛西莫會把她們送到自己經營的妓院去。禁
酒時期之前，吉姆・科洛西莫憑藉所謂的「白奴」獲取了大
量資金。

　　由於吉姆・科洛西莫喜歡穿白色西服，在胸口佩戴鑽石
胸針，並隨身攜帶鑽石，所以他被稱為「鑽石吉姆」。但

是當時他在黑幫的名聲還不是很好，黑幫成員普遍把他視作投機主義者，所以很多黑幫成員都寫信勒索吉姆·科洛西莫。

1909年，又有三個黑幫成員寫信勒索吉姆·科洛西莫。「鑽石吉姆」找來了他妻子的表弟，被叫作「狐狸」的強尼·托里奧。強尼·托里奧從紐約乘坐列車趕往芝加哥，隨後在交易地點將那三個黑幫成員擊斃。

強尼·托里奧憑藉這次出色的表現，成功獲得了吉姆·科洛西莫的信任。當初強尼·托里奧只是五點幫的一員，但是五點幫的規模十分有限，甚至以現在的眼光來看，五點幫頭目保羅·凱利都登不上檯面。由此可知，強尼·托里奧在五點幫是不會有太大前途的。

雖然強尼·托里奧成為吉姆·科洛西莫的副手，但是他們的關係卻只維持了10年左右。禁酒時期早期階段，強尼·托里奧經由販賣私酒為吉姆·科洛西莫賺取了比經營妓院還要豐厚的財富，但是「鑽石吉姆」卻拒絕跟「狐狸」分享收益。與此同時，吉姆·科洛西莫還為了迎娶一個19歲的歌女而打算和維多利亞·莫里斯科離婚。吉姆·科洛西莫這樣的做法斬斷了他和強尼·托里奧之間的血緣關聯。

在強尼·托里奧看來，「鑽石吉姆」已經變得懶惰、貪婪、懦弱。吉姆·科洛西莫不願意在販賣私酒上投入太多，因為他已經依靠妓院獲取了大量財富，他不願意冒險踏入新的領域。但是這種古板的思想無疑堵住了強尼·托里奧等年輕人的財路。

像吉姆·科洛西莫這樣頑固不化的人畢竟是少數，美國新澤西州的伊諾克·路易士·詹森抓住了禁酒時期的機會，

在大西洋城隻手遮天。在美國電視劇《大西洋帝國》中，伊諾克・路易士・詹森曾經邀請阿諾德・羅斯汀、查理・盧西安諾、吉姆・科洛西莫和強尼・托里奧到大西洋城商談私酒份額，劇中的「鑽石吉姆」就像歷史上那樣，沒有表現出太大的興趣。透過這個鮮明的對比，可以看出「鑽石吉姆」目光短淺，已經無法跟上時代的步伐。

◆強尼・托里奧。他被人稱為「狐狸」，他的表姐嫁給了吉姆・科洛西莫，他也因此獲得了掌控整個芝加哥的契機

　　強尼・托里奧很清楚如果能在這個時間走私、販賣私酒將帶來巨大的利益，但是吉姆・科洛西莫多次對私酒表現得極為淡漠。恰好此時強尼・托里奧和吉姆・科洛西莫的關係出現了裂痕，這令強尼・托里奧終於下定了決心。他找來在五點幫內認識的法蘭基・耶魯，要他槍殺吉姆・科洛西莫。「鑽石吉姆」在他自己的咖啡廳內被法蘭基・耶魯射中了頭部。1920年5月11日，吉姆・科洛西莫成為禁酒時期第一個被謀殺的黑幫老大。

　　法蘭基・耶魯早年是由強尼・托里奧介紹進入五點幫的，所以他們的關係非比尋常，除了幫強尼・托里奧謀殺「鑽石吉姆」，法蘭基・耶魯對這個朋友最大的幫助，莫過於給強尼・托里奧帶來了一個富有朝氣的年輕人，這個當時

才21歲的小夥子在日後接管了強尼・托里奧的犯罪帝國。

阿爾・卡彭於1899年1月17日出生於那不勒斯，早年移民到美國後也在五點幫內活動，隨後他到法蘭基・耶魯經營的哈佛酒店當服務員。

在調戲了法蘭克・加魯西奧的妹妹後，阿爾・卡彭被法蘭克・加魯西奧在臉上留下了刀疤，這也成為阿爾・卡彭日後的標誌。法蘭基・耶魯把阿爾・卡彭帶到了芝加哥，但是他在禁酒時期的早期只是在強尼・托里奧的妓院做一些簡單的工作。

強尼・托里奧接管了吉姆・科洛西莫的犯罪組織後，全力投入了走私犯罪之中，他先是將芝加哥的大批釀酒廠收入囊中，然後又以芝加哥黑幫老大的身分劃分了各個黑幫的勢力範圍。芝加哥各個幫派都對這個新上任的老闆表示尊敬，他們強迫當地的酒吧去買強尼・托里奧的酒，並對其走私、販賣酒的管道加以特殊保護。

強尼・托里奧從走私、販賣私酒中獲益匪淺，20世紀的20年代初，他每年都能經由造酒、販酒、賭博和色情行業獲得1000萬美元的純利潤。雖然強尼・托里奧的生意越做越大，但是有不少他的手下也開始蠢蠢欲動。

迪昂・奧巴尼曾經是強尼・托里奧犯罪組織的一員，他表面上是個花店老闆，但實際上是名愛爾蘭裔的黑幫成員，而當時義大利人已經奪取了愛爾蘭人舊有的勢力，所以迪昂・奧巴尼像其他愛爾蘭人一樣，對義大利人充滿了厭惡。

這個花店店主有一半的收入都來源於他的花店，看起來倒顯得很敬業。迪昂・奧巴尼並不參與色情活動，他表現得

像個古板的愛爾蘭人一樣，從不出售劣質酒，他只販賣從加拿大進口的威士忌。但是迪昂‧奧巴尼的舉動越來越過分，他在暗中支援地區候選人的同時，培養了一批兇狠的槍手，去對付那些可能影響他生意的人。

他的手段慢慢變得殘忍，他的目標也指向了同伴。在迪昂‧奧巴尼的允許下，他手下有「甲殼蟲」之稱的喬治‧摩蘭等人開始搶劫同伴販運的私酒。對這種不理智的做法，強尼‧托里奧感到很為難。他試圖勸說迪昂‧奧巴尼停止這樣的行為，但是迪昂‧奧巴尼依然我行我素，非但沒有收斂，他還將目標對準了昔日的上司強尼‧托里奧和日益受到重用的阿爾‧卡彭。

禁酒時期開始的時候，他們三個人共同享有西本酒廠的股份，後來這個酒廠被租給喬治‧法蘭克酒廠，用於生產合乎法規的非酒精飲料。當然這只是強尼‧托里奧和阿爾‧卡彭販賣私酒的掩護。

1924年，芝加哥北城區已經脫離了強尼‧托里奧的掌控，這裡幾乎每天都會發生搶劫私酒的事情，各個幫派老大之間也是明槍暗箭地爭鬥不休。這時候迪昂‧奧巴尼找來了強尼‧托里奧和阿爾‧卡彭，聲稱想要退出北城區的紛爭，因此他希望以50萬美元的價格轉讓他在酒廠的股份。

強尼‧托里奧和阿爾‧卡彭很高興地答應了迪昂‧奧巴尼的建議，因為他們也想趕走這個脾氣古怪的合作夥伴。如果迪昂‧奧巴尼退出了芝加哥北城區，那麼北城區將成為他們兩個人的領地。

三個人約定於1924年3月19日在酒廠會面，以便迪昂‧奧巴尼將酒廠內屬於他的最後一批私酒運走。然而這是迪

昂‧奧巴尼的一個陰謀，他從埋伏在警方內的眼線得知，芝加哥的禁酒探員將在3月19日對西本酒廠進行突擊檢查。當晚，包括強尼‧托里奧在內的29人被禁酒探員逮捕。

被抓後的強尼‧托里奧被判處九個月的監禁，但在交付了保釋金後，強尼‧托里奧獲得了緩刑。早在被捕的時候，強尼‧托里奧就懷疑這是迪昂‧奧巴尼在搞鬼。果然，他從其他人那裡聽說，迪昂‧奧巴尼曾向朋友吹噓他不費吹灰之力騙取了強尼‧托里奧50萬美元。

「狐狸」強尼‧托里奧得知真相後當然不會讓迪昂‧奧巴尼好過，而且迪昂‧奧巴尼和警方勾結的舉動，已經違背了黑手黨不與警方合作的原則。於是他立刻私下聯繫了當時西西里聯盟的主席邁克爾‧莫洛。

雖然西西里聯盟只是美國的義大利黑幫們推出的傀儡，用於平息各個黑幫勢力的紛爭，本身並沒有任何實權。但是強尼‧托里奧等人當時還是很尊重義大利黑幫的處事原則，他們在遇到嚴重的事情時，還是會適當遵從當時西西里聯盟主席的處理方法。

但是當時芝加哥已經出現了很多血腥的爭鬥，邁克爾‧莫洛不願意讓芝加哥捲入黑幫戰火之中，於是他極力勸說強尼‧托里奧，要他暫時忍讓。強尼‧托里奧鑑於邁克爾‧莫洛的威望，只好答應不對迪昂‧奧巴尼執行報復。

強尼‧托里奧當然不可能善罷干休，他知道邁克爾‧莫洛年事已高，而且他不願意背著違背西西里聯盟主席的罵名去報復。過了大約半年，邁克爾‧莫洛於1924年11月去世。強尼‧托里奧決定讓迪昂‧奧巴尼付出代價。

11月10日，法蘭基‧耶魯帶著約翰‧斯卡利斯和阿爾伯

特·安塞爾米來到了迪昂·奧巴尼的花店，他們在前一天預訂了要送給邁克爾·莫洛的花圈。迪昂·奧巴尼伸出手表示歡迎，這時候有著豐富刺殺經驗的法蘭基·耶魯死死地抓住了他的手腕，另外兩名槍手拔出槍，在他身上連開了六槍。由於是近距離射擊，所以迪昂·奧巴尼的遺體很難辨認，他的臉都被高熱的子彈灼傷了。

迪昂·奧巴尼的死，開啟了芝加哥黑幫大規模的爭鬥。雖然當時強尼·托里奧和阿爾·卡彭都來參加了他的葬禮，但芝加哥北城區都知道是誰殺了迪昂·奧巴尼。

接替迪昂·奧巴尼的是海米·韋斯，他1989年出生於波蘭，和迪昂·奧巴尼的私人感情很好。當他接管了芝加哥北城區黑幫後，急於為老朋友報仇。他弄到了一批湯普森衝鋒槍，並命令「甲殼蟲」喬治·摩蘭等人共同參與復仇行動。

雖然海米·韋斯已經成為芝加哥北城區黑幫的老大，但

是海米·韋斯卻表現出和一個老大不符的瘋狂。由他掀起的芝加哥南北區戰爭歷時六年，其間死傷上百人。面對如此瘋狂的敵人，「狐狸」強尼·托里奧也顯得膽怯了。在迪昂·奧巴尼的葬禮之後，強尼·托里奧就把芝加哥的事務都交給阿爾·卡彭打理，他自己則暫時去了外地。

◆圖為芝加哥黑幫老大阿爾·卡彭

也許強尼‧托里奧是個成功的領導者和戰略家，但是他不是名勇士。面對海米‧韋斯這樣的狂徒，只能夠用子彈和鮮血才能分出高下。1925年1月12日，海米‧韋斯和喬治‧摩蘭等人偶然在第55大街的路邊餐館門口發現了阿爾‧卡彭的汽車，他們掏出了機槍，瘋狂對汽車進行了掃射。司機被打傷，但是在餐館內的阿爾‧卡彭沒有事。

1月份，強尼‧托里奧在阿爾‧卡彭遭到襲擊後就返回了芝加哥，也許他是不放心芝加哥的事業，也許他是擔心阿爾‧卡彭的安全。不管他是因為什麼回到芝加哥的，但這個決定卻差點葬送了他的性命。

1925年1月24日，回到芝加哥的強尼‧托里奧陪同家人外出購物，但是在回家的時候遭到了襲擊。海米‧韋斯、「甲殼蟲」喬治‧摩蘭和文森特‧德魯西從一輛汽車裡跳了出來。他們認為強尼‧托里奧就在車子裡，於是手持霰彈槍和手槍朝他的汽車開火，但是猛烈的子彈也只是打傷了強尼‧托里奧的司機。

正好走到門口的強尼‧托里奧還來不及躲進屋子，也遭到了他們的射擊。海米‧韋斯等人射中了強尼‧托里奧的帽子和脖子，他們以為射中了強尼‧托里奧的要害，但其實子彈從帽子穿過，並沒有打中強尼‧托里奧的頭部。

儘管如此，強尼‧托里奧的脖子和肚子還是被射中了，正當「甲殼蟲」喬治‧摩蘭想要了結他的時候，槍裡已經沒有子彈了，而且此時附近開過了一輛卡車，芝加哥北城區黑幫眾人擔心是強尼‧托里奧的援手，於是倉皇離開了現場。事實上，這只是輛碰巧路過的車輛而已。

強尼‧托里奧很快就被人發現，他被送到了醫院並奇蹟

般地倖存了下來。阿爾‧卡彭在收到消息後馬上趕到了醫院，並在病房周圍佈置了全天候的警衛，以防芝加哥北城區黑幫在強尼‧托里奧住院時對他進行暗殺。在美國電影《教父》中，老教父中槍住院的場景和強尼‧托里奧此時的情況頗為相似，在當時這種經歷也可以說是黑幫老闆們都有過或者接觸過的。

芝加哥最大的黑幫頭目被槍擊，員警自然會上門詢問，儘管他們迫切想知道發生了什麼，但是強尼‧托里奧和阿爾‧卡彭信守黑手黨的「緘默原則」，拒絕向警方透露任何事情。四個星期後，強尼‧托里奧痊癒出院，隨後他必須履行早先因西本酒廠被查處，而被判處的九個月監禁。

強尼‧托里奧被關進了伊利諾斯州的萊克監獄，並跟監獄的典獄長成為朋友。他在監獄裡的日子很安逸，他的朋友們也專門為其安排了警衛來確保他的安全。但是他在這幾個月的監禁中，越發意識到芝加哥的形勢已經超出了他的掌握。

強尼‧托里奧找來了阿爾‧卡彭，向他說了自己要退隱的想法，而且他準備把芝加哥的事務全權交託給阿爾‧卡彭。出獄之後，強尼‧托里奧就離開了美國，返回家鄉義大利。而阿爾‧卡彭將在日後成為芝加哥的教父，同時出生於那不勒斯的他，也將是義大利黑幫中第一位非西西里出身的黑幫老闆。

芝加哥王

我要殺你，我剷除你，把你的生命變成死。

——威廉·莎士比亞《如願》

　　強尼·托里奧離開了芝加哥，阿爾·卡彭以26歲的年紀接管了強尼·托里奧留下的黑幫事業，但是目前擺在他面前的難題很明顯，芝加哥黑幫局勢已經十分混亂。當初強尼·托里奧將芝加哥劃分成了各個勢力範圍。但是隨著法蘭基·耶魯暗殺迪昂·奧巴尼後，芝加哥的格局遭到了破壞。

　　阿爾·卡彭接掌權力之後，獲得了吉納兄弟等義大利黑幫的支持；而海米·韋斯則獲得了芝加哥西城區等黑幫的支持。由此時開始，芝加哥似乎又回到了早年義大利人和愛爾蘭人爭鬥的年代，雙方為了奪取更大的利益而不停交戰。

　　芝加哥北城區的愛爾蘭黑幫率先發動了攻勢，他們追殺阿爾·卡彭的支持者，首先遭到毒手的就是吉納兄弟。1925年5月26日，芝加哥北城區黑幫的海米·韋斯、喬治·摩蘭和文森特·德魯西在高速公路上追殺吉納兄弟的老大安傑洛·吉納，而當時安傑洛·吉納是西西里聯盟的主席，芝加哥北城區黑幫的這種做法簡直是公開向義大利人宣戰。

　　他們在高速公路上肆意妄為，最終導致安傑洛·吉納的汽車撞到了哈德森大道和奧格登大道之間的電線杆。安傑洛·吉納被送到了醫院，但當警方詢問他時，安傑洛·吉納謹守黑手黨的原則，沒有說出兇手。不久之後，他就在醫院去世了。

　　6月13日，邁克·吉納在跟員警的槍戰中被槍殺；7月8日，安東尼奧·吉納也被人謀殺。剩下的吉納兄弟不得不投靠阿爾·卡彭，以尋求庇護。原本吉納兄弟是個獨立性很強的幫派，它的領導層由六個兄弟構成，他們野蠻兇悍，和警方也有很好的關係，因此強尼·托里奧還在芝加哥的時候，就對他們禮讓三分。但由於私酒擁有巨大的利潤，導致吉納兄弟已經漸漸脫離了強尼·托里奧劃定的經營區域，開始在其他人的地盤內以更低的價格銷售私酒。這種行為在早年就遭到了迪昂·奧巴尼的抗議，所以吉納兄弟和芝加哥各個黑幫的關係都不是很好，因此率先在芝加哥混戰中犧牲的也是他們。

　　阿爾·卡彭雖然很仁義地接受了吉納兄弟，但這也不代表他是個心懷慈悲的人。相反的，阿爾·卡彭是個心狠手辣、處事果斷決絕的狠角色。儘管芝加哥北城區的愛爾蘭黑幫步步緊逼，但是阿爾·卡彭的反擊更為猛烈。

　　由於強尼·托里奧已經宣佈將芝加哥黑幫交付阿爾·卡彭，因此海米·韋斯的怒火集中到了阿爾·卡彭的身上。芝加哥幾乎成為了一處戰場，阿爾·卡彭也表現出戰士的本能，他極力擴大自己在芝加哥的地盤，逐步吞併芝加哥其他區域的黑幫。

　　當時芝加哥郊區高地是一處義大利社區，該區域由勢力

較小的西西里黑幫掌控，他們的業務也只是向釀造和販賣私酒的商販收取保護費而已。但是阿爾・卡彭依舊將他們清除，奪取了他們的生意。

與此同時，海米・韋斯也沒有停止他對阿爾・卡彭的打擊。在經過一系列規模不大的騷擾性質進攻後，海米・韋斯在1926年9月20日做出了更加瘋狂的舉動，這次海米・韋斯的目標居然是阿爾・卡彭本人。當天八輛芝加哥北城區黑幫的貨車從街頭開過，他們的目的地是霍桑旅館，當時阿爾・卡彭正在那裡吃午飯，除了他以外餐廳裡大約還有60幾人。

最前頭的貨車一頭撞進了霍桑旅館，然後車上的槍手開始對餐廳掃射，隨後，芝加哥北城區黑幫的槍手們向旅館內射出了超過1000發子彈，把旅館打得千瘡百孔。但是神奇的是，這次聲勢浩大的襲擊並沒有殺死任何人，只有幾個倒楣的路人被流彈擊傷。

這次襲擊證明海米・韋斯擁有很準確的情報來源。但是相對地，他手下的這些槍手素質很差，如此大規模的襲擊居然都無法將阿爾・卡彭殺死。海米・韋斯的襲擊並沒有停止的跡象，他曾經綁架阿爾・卡彭的司機，希望得知阿爾・卡彭的行蹤，但是司機並沒有出賣自己的老大，因此這名司機也被海米・韋斯殺死。

海米・韋斯的舉動是如此瘋狂，即使是兇悍的阿爾・卡彭也感到心驚，因此他發出訊息希望跟海米・韋斯進行和解，但是雙方積怨已深，而且利益的衝突是根本不可能緩解的。因此，阿爾・卡彭最終下定決心要除掉海米・韋斯。

◆1926年9月20日，海米‧韋斯手下的槍手對霍桑旅館進行
突襲，意圖殺死阿爾‧卡彭。圖為位於芝加哥的霍桑旅館

　　雖然迪昂‧奧巴尼早已經被殺死，但是他的花店仍然被
用作芝加哥北城區黑幫的總部。阿爾‧卡彭可不像海米‧韋
斯那樣有勇無謀，他不會讓自己的子彈白白浪費。阿爾‧卡
彭先在花店的對面租了間公寓，並且在公寓內安置了一名
配備機槍的槍手，讓他時刻關注花店的動態。

　　1926年10月4日，海米‧韋斯與他的司機、保鏢、一名
政治家和一名律師從花店門前經過，阿爾‧卡彭埋伏好的槍
手不失時機地開槍，將海米‧韋斯和他的保鏢射殺。

　　儘管海米‧韋斯像頭野獸一樣迫使強尼‧托里奧離開了
美國，多次讓阿爾‧卡彭陷入危機，但是這頭不聰明的野獸
所採用的方式多為野蠻的對決，阿爾‧卡彭稍加設計就將他
輕易解決。

　　殺死了海米‧韋斯，阿爾‧卡彭又成為芝加哥最大的黑

幫老大，他再次召開了芝加哥黑幫會議，要求各個幫派和平共處，忘掉過去發生的所有不愉快，所有幫派必須保證只在自己的地盤活動。也就是說，海米‧韋斯的繼承人「甲殼蟲」喬治‧摩蘭不能再為了他兩個已經死掉的兄弟和阿爾‧卡彭交戰。而且雙方必須退回自己的勢力範圍，不再發生糾紛。

對於阿爾‧卡彭的建議，所有人都不敢有任何意見，這樣的局面也是所有人都樂意見到的。會議結束後的兩個半月內，芝加哥沒有出現任何謀殺事件，阿爾‧卡彭的威信似乎已經確立了。

解決了海米‧韋斯和芝加哥的相關事項，阿爾‧卡彭也開始著手擴張自己的犯罪帝國。1926年12月，他前往紐約，與引導他走上犯罪道路並把他介紹給強尼‧托里奧的法蘭基‧耶魯會面。他們就從加拿大走私威士忌等問題進行了協商，業務順利完成後，法蘭基‧耶魯邀請阿爾‧卡彭參加在紐約布魯克林阿多尼斯俱樂部舉辦的聖誕晚會。

但是法蘭基‧耶魯在晚會之前就警告阿爾‧卡彭，有些人可能會在晚會上搗亂。當時法蘭基‧耶魯覬覦布魯克林區，想透過這個區來獲得更大的利益。而布魯克林區一直以來都屬於愛爾蘭黑幫的勢力範圍，所以由愛爾蘭人所組成的「白手幫」現在和法蘭基‧耶魯處於水火不容的地步。阿爾‧卡彭瞭解到布魯克林的情況後，立刻通知位於芝加哥的手下到紐約來。

白手幫的首領叫作理查‧羅納根，他在一次電車事故中失去了自己的右腿，所以人們叫他「假腿」羅納根。1926年12月25日晚間，理查‧羅納根帶著五名手下闖進了阿多尼

斯俱樂部,這些愛爾蘭人當眾胡言亂語,他們調戲服務生,肆意要酒喝,並大聲辱罵在座的義大利人。當他們看到三名愛爾蘭少女出現在俱樂部裡時,他們大聲叫嚷,要她們回到愛爾蘭人這邊。

就在此刻,俱樂部的燈熄滅了,同時俱樂部內傳出激烈的槍聲。俱樂部內一片騷亂,顧客趁亂從出口逃出了。等到員警來到的時候,他們在街角發現一具愛爾蘭人的屍體,在遍地碎玻璃和桌椅碎片的俱樂部裡找到了理查·羅納根和另一名手下的屍體。有一名幸運的白手幫成員僥倖生還,但他說自己是路過被擊中的。

有人說理查·羅納根是阿爾·卡彭親手射殺的,但因為證據不足,阿爾·卡彭又一次避免牢獄之災。這次事件被稱為阿多尼斯俱樂部大屠殺,布魯克林區的勢力平衡被這次事件打破,愛爾蘭人已經喪失了和義大利人爭鋒的本錢。而阿爾·卡彭也憑藉這次兇殘的殺戮讓紐約黑幫記住了他這個「芝加哥王」。

說阿爾·卡彭是「芝加哥王」也許言過其實,但是芝加哥的「地下市長」這個稱號他是當之無愧的。1927年4月,在阿爾·卡彭的支持下,威廉·哈里·湯普森成功當選為芝加哥市市長。作為他的支持者,阿爾·卡彭在選舉中花費了25萬美元。

這個芝加哥市長外號叫作「大比爾」,在其作為市長的四年中,他從阿爾·卡彭的各種違法行為中分取利潤,而且要員警忽視芝加哥腐敗的現狀。然而僅僅在他當選一個月後,美國最高法院通過了一項特別的《沙利文法案》。該法案規定,販賣私酒也需要像其他合法生意一樣向美國政

府繳稅。

這條法案看起來很荒誕，有誰會為了違法的行為去繳稅呢？但其實這條法案是打擊走私和販賣私酒的最有力武器。一旦這些販賣私酒的人被調查出逃漏稅，那麼他們將面臨非常嚴重的罰款和長時間的刑罰。但是他們根本不可能繳稅，因為那樣做的話就等於證明自己在進行違法事業。

阿爾・卡彭的犯罪集團從事走私、賭博、販賣私酒、色情等各個行業，簡單統計，阿爾・卡彭很可能從中獲利超過1.05億美元。但是阿爾・卡彭是個異常謹慎的人，他一輩子只簽過一張支票，他在任何場所都使用現金結帳，因此想要逮捕阿爾・卡彭十分困難。

不得不說，阿爾・卡彭是個謹慎、兇狠、冷酷無情的黑幫老闆，他會用任何手段去達成自己的目的，不管這手段多麼恐怖。芝加哥市長「大比爾」威廉・哈里・湯普森在任一年就已經把芝加哥弄得烏煙瘴氣。在他任期內，城市內到處充滿著腐敗墮落，芝加哥市政府也已經欠下了3億美元的債務，人們迫切希望他下台。

1928年，芝加哥市民都在等待4月份的市政選舉，但是早在1月份，恐怖的氣氛就已經籠罩了整個城市。芝加哥的官員們已經對威廉・哈里・湯普森的舉措不滿，因此他們準備在選舉中撤掉這個無能的市長。但是阿爾・卡彭等黑幫成員，當然不會讓這麼好用的保護傘下台。在短短的幾個月內，黑幫成員一共策劃了62起爆炸案件，至少有兩名政客被手榴彈炸死。由於芝加哥人把手榴彈稱為「鳳梨」，因此這次普選也被戲稱為「鳳梨普選」。威廉・哈里・湯普森就在這種恐怖、荒謬的情況下保住了市長寶座。

　　確保了本地勢力範圍，爭取了紐約的利益，穩固了保護傘的權力，阿爾·卡彭真正成為芝加哥的地下王者。但是這個芝加哥的地下市長也不是事事順心的，有些人認為他的鋒芒已經過去，貿然地冒犯他的權威，這些人也將付出不可挽回的代價。即便這個人是將阿爾·卡彭帶上黑幫道路並將他介紹給強尼·托里奧的法蘭基·耶魯，阿爾·卡彭也不會表現出任何心慈手軟。

　　阿爾·卡彭的私酒生意越來越紅火，在芝加哥的風頭也蓋過了其他的黑幫老大。然而阿爾·卡彭還是個喜歡炫耀的人，因此他成為美國最為人所知的黑幫老大。作為他領路人的法蘭基·耶魯見到這種情況，自然心生不滿。而且當時法蘭基·耶魯想要爭取西西里聯盟主席的位置。一旦他能夠成功當上主席，那麼他在美國黑幫中的地位將得到很大的提升，這不僅會為他帶來金錢上的收益，還能夠讓他獲得超然於其他黑幫成員的地位。

　　但是作為芝加哥最大黑幫老闆的阿爾·卡彭卻不認為法蘭基·耶魯適合擔任西西里聯盟的主席。也許他在內心一直提防自己這個導師，阿爾·卡彭知道法蘭基·耶魯是個著名的殺手，他的野心是無法得到滿足的。因此，為了限制法蘭基·耶魯的發展，他促使安東尼奧·隆巴多得到了西西里聯盟主席的位置。

　　因為阿爾·卡彭的插手，讓法蘭基·耶魯錯失了成為西西里聯盟主席的機會，因此他們的關係開始惡化，於是他開始暗中算計阿爾·卡彭。

　　法蘭基·耶魯知道阿爾·卡彭的酒主要是從加拿大走私來的威士忌，因此他在布魯克林區劫走了阿爾·卡彭用來運

威士忌的船隻和貨車。起初阿爾‧卡彭並不確定這些是法蘭基‧耶魯做的，於是他派一名手下去調查，但是做賊心虛又殺人無數的法蘭基‧耶魯居然殺人滅口。

也許法蘭基‧耶魯開始只是為了表示自己對阿爾‧卡彭的不滿，因此才劫走了阿爾‧卡彭的酒，但是他並沒有殺死阿爾‧卡彭的打算，他可能只是想要教訓一下羽翼豐滿的徒弟罷了。但是在阿爾‧卡彭看來，這是不可原諒的背叛行為，他已經處於上位，是不容冒犯的芝加哥黑幫老大，自然不能容忍法蘭基‧耶魯一而再再而三的挑釁。

1928年7月1日，阿爾‧卡彭的手下打電話給法蘭基‧耶魯，謊稱他正在家照看女兒的妻子出了意外。法蘭基‧耶魯焦急地駕駛自己的林肯轎車趕回家去。當他開車經過布魯克林第44大街的時候，遭到了一輛別克轎車的追殺，別克轎車裡有四名持槍的黑幫成員，他們不停地向法蘭基‧耶魯射擊。法蘭基‧耶魯的林肯轎車在他中彈之後失去了控制，撞進了路邊的建築之中，而法蘭基‧耶魯的屍體也被甩了出來。

法蘭基‧耶魯算是紐約布魯克林區最大的黑幫老大，而且他也是殺死「鑽石吉姆」和迪昂‧奧巴尼的兇手，這個傳奇黑幫老大的葬禮在當時可以說是黑幫歷史上最隆重的。而作為法蘭基‧耶魯的得意門生以及涉嫌殺害他的阿爾‧卡彭自然也出現在了葬禮上，不過極具諷刺意味的是，這個臉上帶著刀疤的「芝加哥王」居然在葬禮上痛哭不已。也許身為黑幫老大的他必須處理掉法蘭基‧耶魯，但是從個人感情來看，法蘭基‧耶魯可以說是他的恩師。

◆1928年7月1日，阿爾·卡彭手下四名殺手將法蘭基·耶魯槍殺。圖為躺在路邊的法蘭基·耶魯的屍體

　　法蘭基·耶魯雖然死了，但是他在布魯克林區的幫派不會善罷干休。有傳言說當時的西西里聯盟主席安東尼奧·隆巴多也參與了對法蘭基·耶魯的暗殺計劃。1928年9月8日，這個西西里聯盟主席在散步的時候被人槍殺。隨後，他的繼任者則被喬·艾洛殺死，繼任者為朱塞佩·吉安達。

　　喬·艾洛是個十足的西西里惡棍，他認為能夠在美國成為黑幫頭目的必須是西西里人，因此當阿爾·卡彭在1925年推舉安東尼奧·隆巴多成為西西里聯盟主席後，他就處處針對阿爾·卡彭。因為阿爾·卡彭並不是西西里人，由他舉薦的人成為西西里聯盟主席，這簡直是對西西里人權威的冒犯。而且事實也證明，阿爾·卡彭的確經由操控安東尼奧·隆巴多來間接控制整個西西里聯盟。

　　早在1925年，喬·艾洛就開始了針對阿爾·卡彭的舉

措，他先是斷絕和安東尼奧‧隆巴多以及阿爾‧卡彭在生意上的往來，隨後又與芝加哥北城區黑幫聯盟，希望藉此打擊阿爾‧卡彭日益強大的勢力。但是1926年海米‧韋斯也被阿爾‧卡彭除掉了，而且阿爾‧卡彭還強制劃定了芝加哥的勢力範圍。所以喬‧艾洛只能暗中和「甲殼蟲」喬治‧摩蘭合作。喬治‧摩蘭雖然不能公開打破芝加哥的局勢，但是他可以暗中支持喬‧艾洛的行為，並為其提供情報以及暗殺阿爾‧卡彭的打手。

但是不得不說，芝加哥北城區黑幫手下的能力實在太差勁了，喬‧艾洛至少有數十次可以殺死阿爾‧卡彭的機會，但都讓阿爾‧卡彭輕鬆逃生。阿爾‧卡彭最喜歡的餐廳是芝加哥第19區的「城市老闆」約瑟夫‧埃斯波西托的咖啡廳，喬‧艾洛就曾經試圖收買咖啡廳的廚師，他提出如果廚師能夠在阿爾‧卡彭或者安東尼奧‧隆巴多的食物裡投放氰化鉀之類的劇毒，那麼他將分別支付廚師35000美元和10000美元。

然而這名廚師並沒有這樣做，相反的，他還把喬‧艾洛的暗殺計劃告訴了阿爾‧卡彭。作為報復，1927年5月28日，阿爾‧卡彭命令手下襲擊了喬‧艾洛名下的麵包店。槍手們用機槍向麵包店掃射了超過200發子彈，並打傷了喬‧艾洛的弟弟。

喬‧艾洛自然也不會善罷干休，1927年下半年，他又找來了多名殺手企圖暗殺阿爾‧卡彭。但是這些殺手都被阿爾‧卡彭身邊的保鏢解決了。其中大部分殺手都被文森佐‧吉巴爾迪解決。文森佐‧吉巴爾迪和早年到達美國的大多數義大利人一樣，也有個很歐洲化的名字「傑克‧麥古恩」，以及一個簡單但聽起來極具殺傷力的外號「機槍傑克」。

經歷了多次失敗後，喬‧艾洛依然沒有放棄對阿爾‧卡彭的暗殺行動。1927年11月，他在阿爾‧卡彭經常光顧的雪茄店對面埋伏了機槍手，準備效仿阿爾‧卡彭幹掉海米‧韋斯的手段一樣殺死他。但是阿爾‧卡彭手下的法蘭克‧尼蒂擁有很強大的情報網絡，也正因此，阿爾‧卡彭才能從危險中一次次逃脫。這次，阿爾‧卡彭獲悉了喬‧艾洛的計劃，他派人匿名舉報，讓員警把喬‧艾洛等人抓了起來。

阿爾‧卡彭的殺手等候在警察局附近，這些殺手並沒有隱藏自己的行蹤，他們明目張膽地對喬‧艾洛進行恐嚇。喬‧艾洛此時終於知道自己遠不是阿爾‧卡彭的對手，他懇求阿爾‧卡彭饒了他的性命，他願意出售自己的產業並離開芝加哥。但是阿爾‧卡彭的手下拒絕了他的求饒。喬‧艾洛被釋放之後，在員警的保護下暫時保障了自己的安全。

但是短暫的退讓並不能打消喬‧艾洛對阿爾‧卡彭的敵意。尤其是在他當上西西里聯盟的主席後，阿爾‧卡彭之前能夠從西西里聯盟那裡獲得的便利幾乎蕩然無存。而且阿爾‧卡彭懷疑喬‧艾洛涉嫌參與殺害安東尼奧‧隆巴多。為了警告喬‧艾洛和漸漸變得倡狂的「甲殼蟲」喬治‧摩蘭，阿爾‧卡彭採納了他的貼身保鏢傑克‧麥古恩的建議，準備在1929年的情人節將芝加哥北城區黑幫徹底掃清。

1929年初，一連幾週，傑克‧麥古恩都化裝成街頭推銷員，對芝加哥北城區黑幫進行跟蹤。經由跟蹤，他發現芝加哥北城區黑幫，常在當地一個貨車運輸公司的車庫裡進行私酒交易。他小心翼翼地記下這夥人來去的時間，經過多次驗證，他斷定，這個位於克拉克北大街2122號的車庫，正是「甲殼蟲」喬治‧摩蘭和他的手下運輸私酒的場所。

　　傑克・麥古恩派人偽裝成私酒販子給了喬治・摩蘭訊息，聲稱他的手上有批價格低廉、品質出眾的威士忌。當時芝加哥的私酒基本已經被阿爾・卡彭壟斷，芝加哥北城區黑幫只能從販賣私酒中獲取小份額的利益，因此，喬治・摩蘭很高興能夠獲得這批私酒。他約好在2月14日情人節那天的上午10點，到克拉克北大街2122號的車庫內進行交易。當天上午10點，喬治・摩蘭臨時有事會稍後到達，當時到場的有七人，其中五人是芝加哥北城區黑幫成員，另外兩人也和喬治・摩蘭的黑幫有關聯。

　　當他們進入車庫後，傑克・麥古恩的四名手下駕駛一輛偷來的警車也來到了車庫。他們之中兩人裝扮成便衣警察，另兩人則穿著偷來的員警制服。進入車庫後，這四個人命令車庫內的七個人面對牆壁站好。然後他們拿出了兩支機槍、一支鳥槍和一支手槍，向七人射擊。很快這七個人就倒在了血泊之中。

　　按照傑克・麥古恩的計劃，槍擊結束後，這四名假員警之中穿著便衣的兩人就雙手抱頭，走在前面，而在他們身後的兩名身穿員警制服的殺手，則押解他們走出了車庫。就這樣，四名殺手在眾目睽睽之下，堂而皇之地坐上那輛偷來的警車逃之夭夭。而周圍的目擊者，還以為是員警在逮捕販賣私酒的黑幫成員。

◆1929年2月14日，阿爾·卡彭手下的四名槍手偽裝成員警，
　對芝加哥北城區黑幫幫眾進行槍殺。圖為情人節大屠殺的
　受害者

　　傑克·麥古恩策劃的「情人節大屠殺」並沒有完全成功，因為在他的計劃中，是要將喬治·摩蘭一併槍殺的。但是由於「甲殼蟲」臨時有事，所以槍擊發生時他並沒有在場。而且在那七名受害者之中，有一人的體貌特徵和喬治·摩蘭很像，所以這些殺手以為自己成功殺死了喬治·摩蘭。

　　事實上，喬治·摩蘭在幾分鐘之後也到了現場，但是他看到車庫附近的警車，就警覺地沒有現身。事後有人問喬治·摩蘭對此事的看法，喬治·摩蘭憤怒地說：「只有阿爾·卡彭那個惡魔才會用這種殘忍的手段殺人！」

　　當然，警方也是這樣認為的，但是阿爾·卡彭當時正在

佛羅里達逍遙快活，另一個深受懷疑的傑克・麥古恩也正和他的女友在一起。因為當天是情人節，所以傑克・麥古恩和他女友的排場很足，有許多人都可以為他們做證。

情人節大屠殺雖然沒能殺死喬治・摩蘭，但是突然死掉多名幫派骨幹，這對喬治・摩蘭來說也是難以承受的損失了。從此之後，喬治・摩蘭的芝加哥北城區黑幫再也沒有能力跟阿爾・卡彭爭雄。

芝加哥的黑幫交戰終於落下了帷幕，阿爾・卡彭也成為「芝加哥王」。因為他在同芝加哥北城區黑幫交戰幾年間遭到了多次暗殺，所以他不得不在1928年把車子換成了具有防彈功能的凱迪拉克。阿爾・卡彭的這輛凱迪拉克可能是史上最早的防彈汽車之一，美國珍珠港遭到空襲後，這種防彈凱迪拉克成為當時美國總統富蘭克林・羅斯福的座駕。

雖然阿爾・卡彭在1929年真正控制了整個芝加哥，但是新的危機又接踵而至，首先他要解決的就是幫派內部的不和諧聲音。而他早先在對付法蘭基・耶魯的時候，就已經展現出了解決這類事情的最合理辦法，那就是將任何對他個人有害的人剷除掉。

1929年初，曾在阿爾・卡彭手下工作的西西里聯盟主席朱塞佩・吉安達密謀暗殺阿爾・卡彭，他收買了阿爾・卡彭手下的阿爾伯特・安塞爾米以及約翰・斯卡利斯。這兩個人曾經暗殺了迪昂・奧巴尼，並參與了情人節大屠殺。他們策劃煽動另一名殺手法蘭克・里奧，但是沒想到法蘭克・里奧居然將他們的計劃告訴了阿爾・卡彭。阿爾・卡彭很果斷地抓來了這三個人，用棒球棍打碎了他們的頭，然後把他們的屍體扔到了公園裡。

　　1929年5月，美國絕大部分的黑幫老大集聚大西洋城，在該城市召開了大西洋城會議，該會議被認為是各個黑幫組織在美國舉辦的最早犯罪組織峰會。在會議上，多個黑幫老大共同規劃了日後黑幫的發展方向。而且，他們還針對芝加哥發生的一系列影響重大的鬥爭想出了個處理辦法。

　　由於阿爾‧卡彭和芝加哥北城區愛爾蘭人黑幫鬥得不可開交，導致全美的打黑呼聲越來越高，因此黑幫老大必須想出能夠平息群眾怒火的措施。在大西洋城會議上，黑幫老大們一致認為，阿爾‧卡彭已經成為黑幫邪惡的代名詞，他用純粹的暴力去解決問題，已經為大家帶來了更嚴重的問題。因此經過協商，大家一致同意削減阿爾‧卡彭的勢力。

　　阿爾‧卡彭也知道冒犯整個美國的黑幫可不是好玩的事情，因此他也同意把自己旗下的賭場交給強尼‧托里奧領導的黑幫委員會，雖然這個美國黑幫的委員會只是剛剛有了個雛形，但阿爾‧卡彭對強尼‧托里奧還是十分信任的。

　　不過會議上的另外幾項決定，卻讓阿爾‧卡彭十分憤怒。大西洋城會議決定由阿爾‧卡彭的仇敵喬‧艾洛擔任芝加哥的西西里聯盟主席，而且為了轉移社會輿論的壓力，這些黑幫老大決定把阿爾‧卡彭關進監獄。

　　當然，這並不是說他們準備為了所有人的利益而去謀害一個大老闆，他們所說的關進監獄是希望阿爾‧卡彭能夠到監獄做客一陣子，分散媒體的注意力，降低芝加哥暴力事件的影響程度。

　　大西洋城會議結束後的第二天，阿爾‧卡彭和法蘭克‧里奧在看完電影後，被兩名員警以私藏武器的罪名逮捕。其實這兩名員警是阿爾‧卡彭供養的員警中的蛀蟲，為了讓

他們有勇氣逮捕「芝加哥王」，阿爾·卡彭甚至還支付了他們每人10000美元來作為「片酬」。當然，這場戲只不過是按照大西洋城會議商定好的劇本執行罷了。

　　阿爾·卡彭很輕鬆地住了幾個月的牢房，他在監獄裡的牢房簡直可以用奢華來形容，對他而言，坐牢只不過是另一種形式的渡假，他可以利用這個「假期」平息群眾的怒火，並好好規劃自己的犯罪帝國。

　　當阿爾·卡彭出獄回到芝加哥時，他依然是「芝加哥王」、芝加哥的地下市長。此時芝加哥的外患已經被清除，阿爾·卡彭身邊的內憂也都變成了死人，他的事業達到了頂峰。阿爾·卡彭甚至還向好萊塢伸出魔爪，由於他高調的行事風格，讓他成為公眾認識的最有名老大，所以也有導演準備拍攝和他相關的影視作品。

　　和阿爾·卡彭有深仇大恨的喬·艾洛以為成為西西里聯盟的主席就可以倖免於難，但是他在這個位置上的時間只有短短一年。出獄後的阿爾·卡彭有恃無恐，他當然要和喬·艾洛清算了。1930年10月23日，喬·艾洛被阿爾·卡彭的殺手殺死，當時他身中將近100發子彈，整個人幾乎都從中間裂開。現在看起來，阿爾·卡彭才把所有敵人都清理乾淨了。然而好景不長，阿爾·卡彭很快又迎來了新的敵人，而這個敵人的能力十分有限，但也正是這個敵人，讓阿爾·卡彭真正地栽了。

　　前文已經說過，美國為了對付這些走私販賣酒的黑幫成員，制定了特殊的法案。黑幫成員必須小心謹慎，不能讓禁酒局的禁酒探員發現蛛絲馬跡，更不可以讓人抓到他們稅務上的漏洞。當時的美國總統赫伯特·胡佛上台後，美國

就爆發了嚴重的經濟危機，為了緩解當時的窘迫，胡佛對內試圖減稅並追討黑幫成員偷逃的稅款。在總統的計劃中，阿爾・卡彭首當其衝地成為調查對象。情人節大屠殺震驚了整個美國，而且阿爾・卡彭的勢力也已經讓總統都感到恐懼，他在邁阿密的莊園讓總統都感到吃驚。

為了調查阿爾・卡彭，禁酒局內組建了一支專門的小分隊，但是由於禁酒局內大部分人都被阿爾・卡彭收買，而剩下的人又不得不面對阿爾・卡彭的威脅，所以這支小分隊困難重重。小分隊的領頭人是艾略特・內斯，他出生於芝加哥，但是他的父母是瑞典移民。艾略特・內斯從小就對偵破案件很嚮往，而且他品行端正，充滿正義感，是少有的既能幹又不會和阿爾・卡彭同流合污的員警。

一開始他的小分隊有50人之多，但是慢慢就縮減為15人的規模，最後，只有9個人堅持了下來。雖然這個小分隊的人數只有區區9個，但是他們都是公正清廉、不畏懼黑惡勢力的人。他們希望能夠用自己的雙手將阿爾・卡彭這個芝加哥的地下市長繩之以法。

他們跟蹤從地下酒吧偷偷運出來的啤酒桶去向，順藤摸瓜找到了阿爾・卡彭釀造私酒的幾家釀酒廠。儘管封停這幾家釀酒廠並不能對阿爾・卡彭造成多嚴重的損傷，但是卻沉重地打擊了「芝加哥王」的氣焰。

阿爾・卡彭試圖用慣用的手段去收買艾略特・內斯，但是艾略特・內斯不為所動。他甚至召開了新聞發表會，公佈了阿爾・卡彭想要收買他的意圖，並義正詞嚴地宣佈，他絕對不會向黑幫成員屈服，更不會和他們同流合污。一時之間，艾略特・內斯成為美國的英雄，而阿爾・卡彭又一次成

為媒體爭相報導的對象，儘管這次不是他願意的。

　　阿爾·卡彭和艾略特·內斯已經到了水火不容的程度。某天中午，艾略特·內斯打電話給阿爾·卡彭，要他在當天中午從辦公室的窗口往下看，於是阿爾·卡彭看到了有趣的一幕。40多輛卡車從大街上開了過去。這些車輛是艾略特·內斯查封釀酒廠的時候繳獲的，他特意把這些車子擦拭一新，然後開到街上示眾。

　　經過這番作為，阿爾·卡彭越發覺得必須除掉艾略特·內斯了。艾略特·內斯覺得他無時無刻都被人跟蹤，他身邊的同事也遭到了暗殺。但是神奇的是，艾略特·內斯居然躲過了阿爾·卡彭的一次次暗殺行動。阿爾·卡彭甚至為艾略特·內斯準備了汽車炸彈，但是這一切都被證明是毫無作用的。

◆1931年，阿爾·卡彭因偷稅漏稅被捕入獄

最終，在充足的證據面前，阿爾·卡彭被指控逃漏個人所得稅。人們透過統計認定，阿爾·卡彭從1924年到1929年的收入至少為1038654.84美元，逃漏的各項稅款共計215080.48美元。當然，阿爾·卡彭在禁酒時期所得利益，絕對比禁酒探員們統計出來的金額要多更多。阿爾·卡彭表示願意補交稅款以代替刑罰，但是這個想法卻遭到了拒絕。

1931年6月5日，阿爾·卡彭因逃漏個人所得稅被起訴。10月7日，「芝加哥王」被判處11年有期徒刑，並罰款80萬美元。阿爾·卡彭首先被關在芝加哥庫克縣監獄，他在這裡依舊過著奢華的生活，並在監獄裡控制犯罪集團。

八個月後，他被轉移到亞特蘭大的州立監獄。1934年，他又被轉移到阿爾卡特拉斯監獄。早在入獄之前，阿爾·卡彭就已經患有梅毒，但是在1939年，他的梅毒症狀變得更劇烈，於是他在又一次轉移後獲得了假釋。

1947年1月25日，阿爾·卡彭在邁阿密的莊園內去世。

AMERICAN GANGSTER

第3章

秩序的建立

黑幫帝國

只要我過得好，每個人都會過得好。

——伊諾克·路易士·詹森

　　芝加哥的黑幫充斥著鬥爭和鮮血，但是其他地區在禁酒時期就顯得平和多了。紐約的黑幫涇渭分明，互相之間的爭鬥較少。這種現象很奇怪，紐約的黑幫遠比芝加哥要多，但是紐約並沒有芝加哥那樣混亂。

　　嚴格來說，芝加哥只存在阿爾·卡彭的芝加哥犯罪集團和芝加哥北城區愛爾蘭人黑幫這兩個幫派，但是他們之間的鬥爭卻無休無止地進行了多年。但是紐約幫派林立，卻沒有如此大規模的爭鬥。

　　紐約當然也有愛爾蘭黑幫，其中既有富有商業頭腦、掌控棉花俱樂部的歐文·麥登，也有曾在達茨·舒爾茨手下工作後來卻到處暴力施為的「瘋狗」文森特·科爾，以及佔據布魯克林區的白手幫。但是這些愛爾蘭人都恪守原則，很少同義大利人發生糾紛，雙方也沒有太多的利益衝突。

　　棉花俱樂部是位於紐約哈萊姆的一家著名夜總會，為紐約民眾提供最上乘的夜間娛樂。雖然這裡對外宣稱是只允

許白人進入的俱樂部,但是諸如美國爵士樂靈魂人物艾靈頓公爵、格萊美終身成就獎獲得者路易士‧阿姆斯壯等黑人音樂家卻在此登台。可見這個俱樂部在當時的影響力。但是實際上,棉花俱樂部從1923年開始處於愛爾蘭黑幫老闆歐文‧麥登掌控之下。

這個愛爾蘭人和他那些好勇鬥狠的同胞不同,歐文‧麥登在販賣私酒的同時發現了夜總會巨大的潛在價值,他透過發展俱樂部,將這裡變成了他販賣私酒的平台。而且這個俱樂部也成為紐約的一種文化象徵,它被視為藝術和黑幫的另類結合,也體現出了美國那個特殊年代所發展出的畸形產物。1983年,曾經執導《教父》的法蘭西斯‧福特‧科波拉導演了《棉花俱樂部》,該影片即是以此俱樂部作為背景的。

◆位於紐約哈萊姆的棉花俱樂部

　　當然，也不是所有的愛爾蘭人都願意像歐文·麥登一樣去買下一家俱樂部，他們更願意用槍去搶劫自己所需的一切。而且絕大多數的愛爾蘭人都對義大利人抱有很深的仇恨。其中白手幫的表現就很突出。

　　這個幫派成立的時間很早，而它和義大利黑幫之間的仇恨也由來已久。1920年3月31日，白手幫老大丹尼·米漢在家中被人槍殺，人們推測，槍殺他的是法蘭基·耶魯手下的殺手。因為白手幫和法蘭基·耶魯的幫派一直都在爭奪布魯克林區域的利益。這種爭奪一直持續到1926年阿爾·卡彭介入雙方的爭鬥為止。

　　禁酒時期開始階段，美國黑幫有兩位導師級人物，其中一個就是果斷殺死「鑽石吉姆」並將芝加哥犯罪集團交給阿爾·卡彭的「狐狸」強尼·托里奧。另一個則是美國黑幫中真正的紳士，對任何事都瞭若指掌的「首腦」阿諾德·羅斯汀。前者奠定了芝加哥犯罪集團的基礎，而後者則是培養出不亞於阿爾·卡彭的眾多黑幫新星。

　　查理·盧西安諾早年只是五點幫中普通的一員，他十幾歲的時候就開始在街頭收取小孩的保護費。但有一天他遇到了一個倔強的小孩，這個人將成為他一生的摯友和合作夥伴，也將成為美國猶太幫的創始人，這個人就是邁爾·蘭斯基。但是這兩個人當時都是年輕氣盛的小夥子，完全沒有想到自己會成為影響整個美國黑幫格局的大人物。

　　隨後查理·盧西安諾在朱塞佩·馬塞利亞的手下做事，還曾槍殺過一名試圖暗殺朱塞佩·馬塞利亞的殺手，但是即便如此，他依然覺得自己沒有受到重用，直到他遇到了阿諾德·羅斯汀。這個足智多謀的猶太人一直保持著謙和有禮

的處世態度，查理‧盧西安諾受他影響很大。可以說，阿諾德‧羅斯汀是查理‧盧西安諾的導師，他教會了查理‧盧西安諾應該如何做生意、如何斂財、如何待人處事……甚至阿諾德‧羅斯汀還教會了查理‧盧西安諾如何跟各界名流交流。

除了對查理‧盧西安諾的教導，阿諾德‧羅斯汀還資助邁爾‧蘭斯基成立了他的第一家企業，雖然邁爾‧蘭斯基的這個企業表面上只是一家普通的卡車租賃公司，但實際上邁爾‧蘭斯基的卡車正是那些需要運輸私酒的黑幫老大所渴求的。阿諾德‧羅斯汀本人並不太熱衷販賣私酒，但是他清楚地知道如何利用社會的大趨勢去賺取利潤。

阿諾德‧羅斯汀還時不時參與到查理‧盧西安諾的販毒事業中。而查理‧盧西安諾也偶爾和邁爾‧蘭斯基共同從事走私。而此時和邁爾‧蘭斯基在一起的還有班傑明‧西格爾，他們從很小的時候就認識了。但是班傑明‧西格爾是個兇狠的猶太暴徒，他在禁酒時期早期階段一直從事販賣私酒和殺人越貨的勾當，他在日後也成了邁爾‧蘭斯基的合作夥伴。

阿諾德‧羅斯汀不僅幫助查理‧盧西安諾和邁爾‧蘭斯基這兩個人，他還擔任了路易士‧布查爾特和雅各‧夏皮羅的贊助人和私人顧問。這兩個人是紐約夏皮羅幫的老大，他們的幫派勢力在紐約並不出眾，但是在日後，他們都將成為謀殺公司的一分子。

除了以上眾人，阿諾德‧羅斯汀還作為美國黑幫同塔馬尼派聯繫的中間人，也可以說他是美國黑幫同政府之間關聯的最後一根紐帶。他經常出入上流社會，幾乎沒人會把

他當成黑幫老大。阿諾德‧羅斯汀在紐約黑幫中的導師地位是無法撼動的，他的理念也深深地影響著其他黑幫成員。

　　早年阿諾德‧羅斯汀就設想過成立全國性質的黑幫委員會，用以調解各個勢力之間的矛盾，但是他在生前並沒能完成這個想法。在日後的大西洋城會議上，他的這個想法才粗具規模。而直到查理‧盧西安諾掌權，才真正建設了全美範圍的黑幫委員會。

　　紐約當時雖然處於和平狀態，但這種和平依然是無序的。雖然紐約並沒有像芝加哥那樣陷入不斷的交戰之中，但是小規模的爭鬥還是處處可見的，因為這些黑幫成員都希望能夠擴大自己的勢力範圍，從而獲得更多的販賣私酒的利潤。

　　其實早在1910年朱塞佩‧莫雷洛被逮捕後，就有許多黑幫成員從莫雷洛犯罪家族分離出來，只不過他們都沒有得到迅速發展的契機，只能緩慢地壯大自己。但是禁酒時期恰好是黑幫成員的黃金時代。

　　薩爾瓦多‧德拉奎拉曾經是莫雷洛犯罪家族的一員，他在1910年組建了一個小的犯罪組織，隨後慢慢吞併了布魯克林區的黑幫，成為比較大的勢力。

　　這個人的野心很大，甚至曾經宣稱他是繼朱塞佩‧莫雷洛之後最大的黑幫老闆。雖然這樣囂張的做法並沒有什麼實際作用，但他的勢力的確是未來美國紐約五大家族之一的甘比諾家族的雛形。

　　當時實力最強大的紐約黑幫，屬於繼承了莫雷洛犯罪家族的朱塞佩‧馬塞利亞，除了他的勢力之外，還有許多小勢力。也許正是因為禁酒時期並沒有能夠撼動朱塞佩‧馬塞利

亞地位的黑幫存在，才導致了紐約一直處於相對和平的狀態。

禁酒時期的美國可以說是眾生百相，芝加哥因愛爾蘭人和義大利人之間的仇恨而混戰連連，紐約因朱塞佩‧馬塞利亞獨霸而暫時安然無事，其他區域內則又有不同的情況。位於新澤西州的大西洋城是一個海濱旅遊勝地，當然，如果這裡有美酒的話，那將會吸引更多的遊客前往。

但是當時美國已經通過了《美國憲法第十八修正案》，酒已經屬於違禁物品，按照常理，大西洋城自然也無法例外。然而在大西洋城，一個隻手遮天的人物公然藐視美國的法律，他允許大西洋城可以在週末公然販酒。

這個人就是伊諾克‧路易士‧詹森，綽號「努奇」。1883年，伊諾克‧路易士‧詹森出生於新澤西州的大西洋城，在他22歲的時候，他就已經成為父親史密斯‧詹森的助理，而當時他的父親是大西洋城梅斯蘭丁的治安官。次年，伊諾克‧路易士‧詹森與他在梅斯蘭丁的愛人瑪貝爾‧傑佛瑞斯結婚。

1908年，伊諾克‧路易士‧詹森接替了父親的職位，成為大西洋城梅斯蘭丁的治安官。隨後，伊諾克‧路易士‧詹森的職位穩步上升。

1909年，他被任命為大西洋城下屬大西洋縣的共和黨委員會執行書記。從此，他踏上了重要的政治道路。1911年，大西洋城的「城市老闆」因腐敗而下台，伊諾克‧路易士‧詹森順理成章地成為這座濱海小城的最高長官。然而好運並不總是伴隨著他，1912年，他的妻子因病離世，在這之前滴酒不沾的伊諾克‧路易士‧詹森自此成為一名酗酒者。

1917年，新澤西州成為最先宣佈全面禁酒的地區，但是大西洋城的經濟支柱主要就是旅遊業，市政官員們都清楚，一座旅遊城市想要吸引更多的遊客，就需為遊客提供一切他們所需要的東西。而當時美國人所需要的就是烈酒、景點和賭博。人們到大西洋城來渡假，自然離不開威士忌和蘭姆酒。

為了吸引更多的遊客，並從中獲利，伊諾克·路易士·詹森的組織公然違背法令，允許大西洋城在周日出售酒類飲品，同時他還允許賭場與妓院正常營業。除了支持這些產業的發展以外，伊諾克·路易士·詹森個人也在私下收受賄賂，導致了當地政府的腐敗。

在伊諾克·路易士·詹森掌控大西洋城的30年間，他除了擔任治安官和財政長官，還擁有自己的報社，並擔任銀行經理、建築公司主席以及一家費城啤酒廠的主管。雖然他擁有如此多的頭銜，但是他卻拒絕競選參議員，因為伊諾克·路易士·詹森認為，「城市老闆」的尊嚴會被競選所破壞，相比於競選，他更樂於成為幕後老闆。事實上，他在幕後支持了多位新澤西共和黨人去競選州長以及美國參議員。

作為大西洋城的財政長官，伊諾克·路易士·詹森當然不是個只知道腐敗政治的政客，他自己有一套完善的發展經濟計劃。如今許多國家各個地區都有選美比賽，殊不知其實大西洋城才是選美活動的誕生地。

1921年9月7日，來自多個城市的女孩們收到邀請來到了大西洋城，這些美人到此是為了參加一場為期兩天的選美大賽。獲勝者將得到諸如「紐約小姐」之類帶有其家鄉

◆伊諾克‧路易士‧詹森。大西洋城的地下皇帝，操控著這個城市的一切

名稱首碼的稱號，而且除了稱號之外，獲勝者還將贏得一尊接近一米高度的「金美人魚」獎盃。同時，大西洋城作為娛樂勝地，吸引了無數音樂家、演員、藝術家和各界名人。這裡的飯店、演藝廳和地下酒館都是他們喜愛光顧的地方。

　　伊諾克‧路易士‧詹森成功地讓大西洋城成為「世界的遊樂場」，同時他也把這座城市建設成了富有朝氣的城市。他在1926年建設大西洋城會議廳，歷時三年。這個能夠容納4萬多人的會議廳在1929年5月正式開始啟用，成為該市的地標建築。

　　在建設城市的同時，伊諾克‧路易士‧詹森更讓他自己的權力和財富達到了頂峰，而其主要財富毫無疑問來自販賣酒類飲品、允許開辦賭場以及妓院。伊諾克‧路易士‧詹森曾經這樣形容大西洋城的這些生意：「我們有威士忌、葡萄酒、女人、歌舞以及老虎機。我不否認這些就在大西洋城裡，但是我也不會因為這些東西的存在而向任何人道

歉。如果大部分的人都不想要這些東西，那麼它們根本不會存在。但是它們的存在恰好證明了人們到底需要些什麼，這些都是人們的需求。」

伊諾克·路易士·詹森毫不掩飾自己的財富，他坐著價值14000美元的豪華藍灰色轎車，身穿昂貴的衣服，其中包括了一件價值1200美元的浣熊皮大衣，而當時普通工人的年工資大約只有1300美元。他出現在任何公共場合的時候都會穿著體面的西裝，他衣服翻領上鮮紅的康乃馨已經成為他的標誌。伊諾克·路易士·詹森居住在位於海濱大道上的麗思卡爾頓酒店套房裡，這個飯店在1921年開業。伊諾克·路易士·詹森在這個酒店舉辦了多次奢華宴會，人們也叫他「麗思沙皇」或者「麗思的囚犯」。

只要他過得好，美國的那些黑幫老大就會過得好。大西洋城是美國東海岸重要的運輸通道，因此那些想要進行私酒販賣的黑幫老大就必須跟伊諾克·路易士·詹森搞好關係。因為在大西洋城，伊諾克·路易士·詹森掌控一切。

伊諾克·路易士·詹森和眾多黑幫都有著千絲萬縷的聯繫，他為黑幫提供走私的通道，以及負責在這條通道上的安全。1927年，伊諾克·路易士·詹森接受「福星」查理·盧西安諾的邀請，加盟了美國東海岸最大的私酒販運集團——由阿諾德·羅斯汀和強尼·托里奧構想出來的七家私酒聯盟，這個聯盟在嚴格的意義上來說並不屬於任何黑幫，聯盟的主要成員為查理·盧西安諾以及邁爾·蘭斯基等人。伊諾克·路易士·詹森加入了他們，然後他利用大西洋城的港口專門從事走私酒的生意。

1933年，美國總統羅斯福意識到《美國憲法第十八修

正案》對美國經濟造成了極其嚴重的破壞，而且禁酒還造成了社會的動亂，因此他宣佈廢除《禁酒令》。此時，伊諾克‧路易士‧詹森也把自己的主要生意轉往了房地產和金融。但是即便他看起來像個正經的生意人，可是他依然牢牢掌控著大西洋城的走私通道和各種見不得光的事業。

1935年，伊諾克‧路易士‧詹森在紐約遭到了綁架，綁匪是一個野蠻單幹的亡命徒。隨後紐約和費城的黑幫老大們主動積極地處理了這件事情，營救了伊諾克‧路易士‧詹森。此後，各個勢力的黑幫成員在大西洋城的生意，都得到了伊諾克‧路易士‧詹森的大力支持。現在很多人都認為，那次綁架是由日漸掌權的美國黑幫「少壯派」一手導演的戲碼，其目的就是分割伊諾克‧路易士‧詹森在大西洋城的利益，而結果也很簡單，伊諾克‧路易士‧詹森妥協了。

伊諾克‧路易士‧詹森對大西洋城的控制被一點一點的削弱，而他的地位也遭到了其他政敵的覬覦。他的名字開始出現在美國著名記者威廉‧藍道夫‧赫斯特的文章中。而透過這些文章，社會輿論開始關注這個大西洋帝國的掌控者，同時也引來了國稅局對他的關注。

1939年5月10日，伊諾克‧路易士‧詹森被指控逃漏各項稅款共計125000美元，調查人員指控他每年都有大約50萬美元的不明收入。1941年，聯邦法院以「偷稅漏稅」的罪名判處伊諾克‧路易士‧詹森10年監禁，這個判決結果讓興盛了30年的「大西洋帝國」土崩瓦解。

伊諾克‧路易士‧詹森落得了和阿爾‧卡彭同樣的下場，都因偷稅漏稅而鋃鐺入獄。也許正如阿爾‧卡彭為後人留下的遺產一樣，你可以違法犯罪，但千萬不能偷稅漏稅。

判決結果宣佈的第二個月，伊諾克·路易士·詹森就與同居多年，年僅33歲的舞蹈演員弗洛倫斯·奧里貝克結婚。四年後，伊諾克·路易士·詹森獲准被提前釋放，回到了大西洋城的伊諾克·路易士·詹森選擇在一家石油公司擔任銷售人員。

但是出獄後的他與妻子仍然常常參加當地的政治晚宴或政治集會，為當地想要參加選舉的政客提供意見，當地的名流仍然尊敬他，每次都讓他坐在主席的位置上。每次出席活動，伊諾克·路易士·詹森仍舊像以往那樣，一絲不苟地穿上筆挺的西裝，在西裝翻領上夾上一朵紅色康乃馨。

1968年12月9日，85歲的伊諾克·路易士·詹森死在大西洋城一個養老院裡。大西洋城報社特別為他寫了悼詞：「他天資過人，不按常理出牌且冷酷無情，是天生的領導者。他終於帶著一生的榮譽和罵名去世了。」

在伊諾克·路易士·詹森充滿傳奇的一生中，最輝煌的時刻就是1929年他在大西洋城召開大西洋城會議時。這次是美國黑幫第一次全國性質的會議，此次會議為日後的全美犯罪組織委員會奠定了基礎。美國黑幫曾經舉辦了三次意義重大的會議，在這三次會議之中，大西洋城會議遠比1946年的哈瓦那會議，以及1957年的阿巴拉欽會議重要得多。

幾乎所有美國黑幫老大都趕到了大西洋城，但是有兩個思想最保守的黑幫元老沒有參加。一個是朱塞佩·馬塞利亞，另一個是從義大利趕到美國來的薩爾瓦多·馬蘭扎諾。他們兩個是最傳統的西西里人，查理·盧西安諾等「少壯派」稱這些不知變通的義大利黑手黨為「鬍子皮特」。

　　當時到大西洋城的黑幫老大，包括已經金盆洗手並充當紐約黑幫顧問的強尼·托里奧；來自紐約的查理·盧西安諾、法蘭克·科斯特洛、維托·傑諾維斯、文森特·曼加諾、阿爾伯特·阿納斯塔西亞、邁爾·蘭斯基、班傑明·西格爾、達茨·舒爾茨、路易士·布查爾特、雅各·夏皮羅、歐文·麥登、法蘭克·埃里克森；芝加哥的阿爾·卡彭、法蘭克·尼蒂、法蘭克·里奧；底特律的阿伯拉罕·貝因斯坦；克里夫蘭的莫里斯·達里茲、列奧·貝爾科維奇以及費城等其他地區的猶太和義大利黑幫老大。

　　這次會議主要是由伊諾克·路易士·詹森和七家私酒聯盟發起的。七家私酒聯盟這個組織是由義大利人和猶太人組建的獨立組織，但是在當時，這個小團體的影響力很大，因為在顧問強尼·托里奧等人的領導下，這個組織已經成為美國東海岸最大的走私酒團體，它掌握的金錢足以獲得其他黑幫足夠的尊重。此時美國黑幫正處於朱塞佩·馬塞利亞和薩爾瓦多·馬蘭扎諾爭霸的初期，這兩個元老級的黑幫老大都希望能夠拉攏這個組織。

　　在會議初期，各個黑幫老大之間的氣氛並不是很和諧。由於伊諾克·路易士·詹森為他們訂的布雷克酒店主人信仰的是新教，因此當酒店主人看到這些名字裡帶有明顯愛爾蘭人或義大利人的特徵時，他就知道這些人肯定不是新教徒，因為愛爾蘭人和義大利人大多數都是天主教徒。而且這些黑幫老大的衣著實在令人無法恭維，其中尤以阿爾·卡彭等人最為粗野。因此酒店主人拒絕為他們服務並出言不遜。

◆1929年5月，美國各個黑幫老大齊聚大西洋城，參加大西
洋城會議

　　大西洋城會議舉辦的時候，正好七家私酒聯盟的「智
囊」猶太黑幫的邁爾·蘭斯基剛剛結婚，他正好利用來大西
洋城的機會度蜜月，而度蜜月又可以為他們的會議做簡單
的掩護。

　　伊諾克·路易士·詹森每次入住這家酒店的時候用的都
是化名，所以他本人沒想到會出如此大的意外。於是他很
快趕到現場為他們解圍。但是脾氣火爆的阿爾·卡彭很生
氣，他當著各地老大的面和伊諾克·路易士·詹森吵了起來。

　　根據查理·盧西安諾日後的回憶：「詹森和卡彭當時吵
開了，詹森比卡彭高一個頭，他們的聲音就像汽笛一樣，
我想你在費城都可以聽到他們的聲音。他們之間的對話沒
有一句好話，詹森素來以善於講髒話而聞名，而卡彭則向

我叫嚷。最後，詹森用一隻手把卡彭夾在腋下，扔進汽車，怒聲高叫道：『你們他媽的都跟我走！』」

雖然阿爾・卡彭總是稱呼查理・盧西安諾為他的表哥，但是查理・盧西安諾並沒有幫助這個實際上和他沒有任何血緣關係的煞星的想法。阿爾・卡彭的怒氣並沒有平息，到了麗思卡爾頓酒店之後，他又撕下了牆上的壁畫，向伊諾克・路易士・詹森扔了過去。

大西洋城會議從1929年5月13日一直進行到5月16日，作為東道主，伊諾克・路易士・詹森為黑幫老大們提供大量的酒和娛樂。而且他還給每個攜帶家眷的黑幫老大都贈送了毛皮披肩。邁爾・蘭斯基和他的新婚妻子住在總統套房裡，享受著無窮無盡的法國香檳。從此可以看出伊諾克・路易士・詹森在大西洋城的勢力，因為在其他地方，最好的私酒大概也就是從加拿大走私來的威士忌了，其他黑幫老大幾乎都沒有販賣過法國香檳。

每天清晨，各個地區的黑幫老大都在自己的房間內用餐，然後他們開始在海濱大道隨意漫步，有些人還合坐在一輛帶篷子的車子裡，讓服務員推著他們緩緩地在海邊觀賞風景，同時談論著和天氣相關的事情。一切都很和諧，似乎這些人真的只是來這裡渡假的。但實際上，卻不是這樣。

在海濱大道盡頭的地方就是大西洋城城區和郊區的交界處，當他們悠閒地漫步到這裡時，他們會走下車，脫掉腳上的鞋子和襪子，捲起了他們的褲管，然後走上海灘，漫步在海邊，這才開始低聲說著那些祕密的事情。曾有一張照片描述了當時的場景，但在照片裡看，阿爾・卡彭和伊諾克・路易士・詹森的關係還算不錯，也許是雙方的生意談得

比較順心吧。

在大西洋城會議的三天內，一切重大的決定都是這些黑幫老大在露天行走時做出的。他們在海灘上以及到切爾西郊區的漫步過程中交談並做出安排。最後他們決定，停止一切在海外市場對私酒的爭奪，因為根據他們所獲取的資訊來分析，《禁酒令》很快就將失效。所以他們決定進行更深入的合作並按照配額分配所得，這樣會讓所有人都滿意。一旦酒價降了下來，他們也將是贏家。

雖然此時阿諾德・羅斯汀已經不幸去世，但是這次大西洋城會議卻實現了他曾經的構想。這次的大西洋城會議，預示著西西里聯盟委員會這個組織的開端，這個組織將不是由某個單獨的人所控制，它是由多個組織共同組成以及共同經營的集團。這個組織的任何決定，都將由各個黑幫老大之間平等地參與決定，以便形成全國性的犯罪組織。

隨後大家又開始討論，一旦《禁酒令》被廢除，那麼他們該如何適應新的潮流。很多人認為，一旦《禁酒令》被廢除，那麼他們應該參與到合法的經營中。因為不管怎麼說，再也沒有比他們更熟悉賣酒這個行業的人了，而且想必也沒有多少人會和他們進行競爭吧。由於販賣酒是他們黑幫帝國的基礎，因此這些黑幫老大決定各自撥出部分錢款，用於購買各類酒廠和酒類進口特許證，以便為日後做準備。

除了賣酒上的生意之外，他們還談論到在日後應該如何在賭博等產業上進行合作的相關事項。然而賭博不像賣酒那樣靈活，每個地區的賭場基本都是各個黑幫老大的地盤，所以在賭博上進行合作的事情要比在賣酒的合作上複雜得

多。這些黑幫老大都在小心地保護自己的地盤。

　　大西洋城會議中，關於賭博合作事項的僵局在一次巧合下被打破了，而打破僵局的是「芝加哥王」阿爾・卡彭。阿爾・卡彭偶然在海濱大道上遇到了一個名叫摩西・安嫩伯格的人，這個人在芝加哥從事新聞媒體事業，而且他的家庭也是美國的富豪家族之一。其勢力之大，足可以操縱那個日後坑害了伊諾克・路易士・詹森的威廉・藍道夫・赫斯特。

　　這樣的能耐在當時是很難得的，因為在芝加哥這樣一個沒有法紀的城市，即便是賣報紙，你也需要搶奪地盤，該市的媒體行業競爭很激烈。威廉・藍道夫・赫斯特也正是因為背後有摩西・安嫩伯格的幫助，才能讓他的報紙具有巨大的影響力。

　　阿爾・卡彭與摩西・安嫩伯格交談之後，雙方都意識到這將是一個機會。他們就此決定開始把美國賽馬彩票與《每日賽馬集錦表》搭配起來出售，而基於這種合作，美國各個黑幫的老大，也開始劃分彼此在賽馬賭博地盤的份額。

　　為了能夠保證這個計劃的可行性，黑幫老大們找來了昔日阿諾德・羅斯汀的合作夥伴法蘭克・埃里克森，由他來制定具體的細節。這也是美國黑幫與富豪家族之間的合作模式之一，由安嫩伯格家族提供情報，由黑幫從中牟取更多的利益。

　　除了規劃賣酒事業、賭博合作之外，大西洋城會議上還通過了對阿爾・卡彭的制裁決定。這一點已在之前有關阿爾・卡彭的文章中有所提及。

　　大西洋城會議主要決定了三件事情：美國黑幫老大們都從各自支持的政客口中獲知了《禁酒令》將被廢除，為此，

他們共同商定了日後的行動準則，以及新的組織運行模式；其次，在保證賣酒利益的同時開拓其他的領域，讓各個區域的美國黑幫老大們能夠獲得相應的收入；最後，則是讓阿爾‧卡彭付出一定的代價去平息群眾的怒火，因為他所造成的情人節大屠殺影響實在太過惡劣。

雖然大西洋城會議確定了一旦《禁酒令》被廢除，那麼各個地區的美國黑幫就要按照計劃行事，而且從現在開始，就要減少彼此之間的爭鬥。但是那兩個沒來參加會議的元老級黑幫老大卻並不認同這個決定。朱塞佩‧馬塞利亞和薩爾瓦多‧馬蘭扎諾為了爭奪美國黑幫中教父的地位，在美國展開了一場曠日持久的戰爭。

卡斯塔拉馬雷戰爭

你們也要聽見打仗和打仗的風聲,總不要驚慌。因為這些
事是必須有的,只是末期還沒有到。

——《聖經·新約》

　　某種程度上來說,卡斯塔拉馬雷戰爭更像是義大利移民
黑幫與義大利本土黑手黨之間的較量。義大利移民黑幫最
開始的代表人物是朱塞佩·莫雷洛,當他入獄後,薩爾瓦多
·德拉奎拉從莫雷洛犯罪家族分裂出來,形成了勢力較大的
犯罪組織。他自稱是朱塞佩·莫雷洛之後的「老闆的老闆」。

　　「老闆的老闆」這個詞的意思就是整個黑幫的教父級人
物,當然這個詞是從義大利黑手黨中誕生的,但是放在美
國黑幫內,這個「老闆的老闆」的意思卻少了一些血緣關係。

　　1920年,剛剛出獄的朱塞佩·莫雷洛陷入了極其危險的
境地。佔據紐約曼哈頓地區的薩爾瓦多·德拉奎拉和其他黑
幫老大沆瀣一氣,對昔日的美國黑幫教父發出了追殺令。
也許是害怕昔日的教父東山再起,所以薩爾瓦多·德拉奎拉
才決定斬草除根。

　　但是莫雷洛犯罪家族已經沒有往日的輝煌,在薩爾瓦多

這個囂張的教父面前，他們已經無力保護朱塞佩・莫雷洛。而且莫雷洛犯罪家族也在幾經易手之後，落入了朱塞佩・馬塞利亞手中。

朱塞佩・馬塞利亞是個貪得無厭的傢伙，這是所有人對他共同的印象。他是個貪吃鬼，總是不停地在吃，也正因此，他的身材矮胖。雖然他像禁酒時期的其他黑幫老大一樣試圖穿得光鮮體面，他在裡面穿著絲綢的襯衫，外面是找人訂做的套裝，但是他生來就帶著野蠻和粗俗，根本無法奢望在他身上展現出優雅或者瀟灑。

當時跟隨薩爾瓦多・馬蘭扎諾的喬・波納諾曾在自己的自傳中，描述自己和朱塞佩・馬塞利亞見面時對他的印象：「他的肚子從半開的背心裡挺出來，他的衣領沒有扣好，領帶鬆了。一邊襯衫的袖口也扣錯了扣眼。我必須承認，他就是個髒兮兮的食客！當他進攻一盤義大利麵的時候就像是一隻流著口水的獒犬。他就餐的樣子和野人一樣，這是個庸俗、腫脹的人，他是那種吃飯時很緊張的人，他的內心肯定是不完整的。他內心的貪吃迫使他餵飽肚子，就像用暴徒心理增強自信。」

喬・波納諾是正統的西西里人，因此他自視過高，很看不起朱塞佩・馬塞利亞這樣邊邊的人。但是就是這樣的一個人，卻慢慢地成為美國黑幫舉足輕重的人。

早在1907年，他就因闖入室內盜竊而被判刑，幾年之後他再次因行竊被捕，這些經歷都像是個小混混。但是很幸運地，禁酒時期到來之後，朱塞佩・馬塞利亞很碰巧地控制了一處叫「場外交易所」的地方，這裡是紐約酒商進行非正式的會面和交易的地點。因此掌控了該區域的朱塞佩・

馬塞利亞就能夠掌控紐約的部分私酒交易。

　　幾個月內，朱塞佩‧馬塞利亞這樣一個粗鄙又矮胖的骯髒傢伙，就成為極具影響力的黑幫老大了。1921年，他和布魯克林與曼哈頓的義大利人結盟，此時他的勢力僅次於自稱為「老闆的老闆」的薩爾瓦多‧德拉奎拉。而且他擁有了一批名氣響亮的副手，其中包括「黑道首相」法蘭克‧科斯特洛、「福星」查理‧盧西安諾、喬‧阿多尼斯。

不得不說朱塞佩‧馬塞利亞擁有比外表更重要的特性，他殘酷無情，能夠在第一時間給予對手致命的打擊；他貪婪無度，永遠沒有滿足的時候。但是最讓美國黑幫們歎為觀止的是他的運氣。他曾經遭遇了至少兩次伏擊，然而毫髮無損，早期的黑幫是迷信的，很多人因此認為朱塞佩‧馬塞利亞得到了某種庇護。

◆朱塞佩‧馬塞利亞。人稱「喬老闆」，紐約最大的黑幫老大，同時也是已經沒落了的莫雷洛犯罪家族的庇護者

　　此時的莫雷洛犯罪家族也已經日趨衰弱，自己的老闆朱塞佩‧莫雷洛也處於朝不保夕的困境中。在他們看來，朱塞佩‧馬塞利亞已經成為值得巴結的人，而且他是唯一有能力對抗莫雷洛犯罪家族頭號敵人薩爾瓦多‧德拉奎拉的人。為了保護自己，為了穩固自己一手創辦的犯罪事業，朱塞佩‧莫雷洛甘居人下，當他再次現身的時候，已經是朱塞佩‧馬

塞利亞的智囊。

雖然這種聯合比較像是朱塞佩·莫雷洛在尋求保護，但是朱塞佩·馬塞利亞從朱塞佩·莫雷洛那裡獲得了非常大的幫助。

這個昔日的美國第一犯罪家族老大，擁有豐富的犯罪經驗和社會關係。透過「扳子手」，朱塞佩·馬塞利亞迅速拉攏昔日的莫雷洛犯罪家族人員，他的犯罪事業日漸膨脹。朱塞佩·馬塞利亞經由自己掌控的莫雷洛犯罪家族以及特拉諾瓦兄弟，將自己的生意擴展到了哈萊姆，透過販賣私酒積蓄了大量資金，為日後跟其他人進行鬥爭打下了良好的基礎。

特拉諾瓦兄弟可以算是朱塞佩·莫雷洛的兄弟，他們的父親就是「扳子手」的繼父，也是把朱塞佩·莫雷洛領到犯罪道路上的博納多·特拉諾瓦。特拉諾瓦兄弟共有三人，其中最小的尼克·特拉諾瓦在1916年被殺。其餘兩人都在禁酒時期內得到了很好的發展。但是他們跟朱塞佩·馬塞利亞的合作，導致了薩爾瓦多·德拉奎拉對他們的報復。

1922年3月8日，有「哈萊姆之虎」稱號的文森佐·特拉諾瓦遭到了薩爾瓦多·德拉奎拉手下殺手的伏擊。文森佐·特拉諾瓦是兄弟中的老大，當時他正經過116街道的一家霜淇淋店，一輛放下了車頂的遊覽車悄悄跟隨在他的身後，並在人行道上停了下來。有兩個人從車子裡探出了身子，他們的手裡拿著被鋸短了的獵槍，用大型鉛彈射中了文森佐·特拉諾瓦的肩膀、背部和肺部。儘管文森佐·特拉諾瓦被多次射中，但他還是在倒地的瞬間用一隻手支撐住自己的身體，並用手槍向逃跑的殺手開槍，但在這之後，他很

快就死了。

據說執行此次刺殺的是薩爾瓦多‧德拉奎拉手下的頭號殺手、綽號「幽靈」的翁貝托‧瓦倫蒂。他在謀殺了文森佐‧特拉諾瓦後，又試圖殺死朱塞佩‧馬塞利亞。但是他充分見識到了朱塞佩‧馬塞利亞的運氣。

翁貝托‧瓦倫蒂一共進行了三次襲擊，第一次比較失敗，他選擇在鬧區下手，雙方共有五個人參與了槍戰，一邊是朱塞佩‧馬塞利亞本人和兩個手下，另一邊則是「幽靈」的兩名手下。翁貝托‧瓦倫蒂的這兩名手下的準確性很差，幾分鐘內只打傷了幾名路人，朱塞佩‧馬塞利亞則毫髮無傷。

1922年8月9日，翁貝托‧瓦倫蒂又派了四名殺手到朱塞佩‧馬塞利亞的家附近去伏擊。然而朱塞佩‧馬塞利亞走出屋子的時候就發現了他們，隨後他逃到附近的商店裡，並躲開了隔著玻璃射過來的一顆子彈，以及兩顆距離他非常近的子彈。

當他回到家裡時才發現，那兩顆子彈居然在他的帽子上打穿了兩個洞，幾乎擦到了他的耳朵。幸運的朱塞佩‧馬塞利亞也因此獲得了一個稱號──「能躲子彈的男人」。這件事情為他贏得了更大的威望，也讓薩爾瓦多‧德拉奎拉變得處於劣勢。

8月11日，翁貝托‧瓦倫蒂走進一家餐館時遭到了伏擊，雖然他試圖往一輛計程車跑去，但殺手還是在他要跳上汽車前射中了他。一小時之後，翁貝托‧瓦倫蒂死在了醫院。據說殺死他的，就是「福星」查理‧盧西安諾。

1923年初，薩爾瓦多‧德拉奎拉和朱塞佩‧馬塞利亞的

爭端漸漸平息，槍擊案也減少了。但這並不表代表雙方已經妥協，相反的，朱塞佩・馬塞利亞已經在與薩爾瓦多・德拉奎拉交戰的過程中站穩了腳跟。

朱塞佩・馬塞利亞彷彿突然沉寂了一般，但是1928年阿爾・卡彭殺死了法蘭基・耶魯，紐約又失去了一個黑幫老大，這讓朱塞佩・馬塞利亞覺得自己擴張勢力的時機到來了。於是他派手下在1928年10月10日黃昏殺死了薩爾瓦多・德拉奎拉。

薩爾瓦多・德拉奎拉早已失去了和朱塞佩・馬塞利亞爭雄的能力，他在1925年遷居到紐約最北邊的布朗克斯。他自稱已經當了18年老闆的老闆，但是他沒想到自己會被人槍殺。當天他開車去看病，隨後離開診所。他在一處街角遭到了三名刺客的伏擊，這些刺客小心翼翼，避免傷到其他人。

當時陪在薩爾瓦多・德拉奎拉身邊的是他的妻子和四個孩子。刺客們先把汽車引擎破壞，隨後執行暗殺，薩爾瓦多・德拉奎拉共被射中九槍。

朱塞佩・馬塞利亞除去了薩爾瓦多・德拉奎拉後，他已經成為紐約最大的黑幫老大，因此人們開始稱呼他為「喬老大」，他本人對這個稱呼很滿意，似乎美國所有的黑幫都已經處於他的操控之下，他已經成為美國黑幫的國王。

但是很多來自義大利的擁有顯赫聲譽的西西里傳統黑幫們則對這個稱呼嗤之以鼻。根據喬・波納諾的個人回憶錄記載，他個人認為「喬老大」這個詞「是一種新事物，事後看來，這個稱呼正在將我們帶到美國來的那些傳統破壞掉。英語『老闆』這個詞一開始只是我們所說的『教父』的誤

讀。然而遺憾的是，美國人認為『老闆』這個詞應該具有更加廣泛的意義。當然『教父』和『老闆』是不應發生置換的。

但是現在人們越來越頻繁地用『老闆』這個稱呼來代替『教父』，這表示在美國，已經不再有家族的觀念，『老闆』所代表的更多是經營上的從屬關係，而這種關係在層次上要較我們義大利的血緣觀念淡薄。因此『老闆』這個詞代表的是新的現實」。

雖然「喬老大」已經重權在握，但是他犯了一個嚴重的錯誤，就是他企圖擴張自己的犯罪帝國，而這種倡狂的獨裁做法往往將引起強烈的反抗。儘管昔日的薩爾瓦多‧德拉奎拉是個專橫的老大，但是「喬老大」的野心要大得多。他希望自己掌握美國所有黑幫，讓黑幫成為他個人的犯罪工具。

這一切構想都與其他的黑幫老大相悖，尤其是那些曾在大西洋城會議上達成共識的黑幫老大，他們已經就美國黑幫的勢力分配做好了計劃，而朱塞佩‧馬塞利亞的這種目空一切、唯我獨尊的想法，卻在侵蝕其他人的利益。他希望分享所有人的利益，掌控所有能夠賺錢的生意。

起先，很多黑幫老大都認為「喬老大」這種異想天開只不過是短期的臆想，但並不是所有人都認為朱塞佩‧馬塞利亞只是做個假樣子。薩爾瓦多‧馬蘭扎諾認為朱塞佩‧馬塞利亞已經成為美國黑幫的公敵，而這個從西西里島來的黑幫老大認為美國黑幫一直處於無序狀態，必須出現一個西西里人來領導，這才是真正的黑幫正統。

薩爾瓦多‧馬蘭扎諾和大多數的黑幫老大不同，他是個

真正的文化人，他早年的時候曾經希望當一個牧師，據說他會七種語言，本來擁有很好的未來。但是在他年輕的時候，家裡賴以為生的幾頭牛被人偷走，我們在介紹莫雷洛犯罪家族的時候已經介紹過，當時耕牛對於普通西西里農民家庭來說意義重大，這件事迫使薩爾瓦多‧馬蘭扎諾放棄了成為牧師的初衷。

幸好薩爾瓦多‧馬蘭扎諾比其他的西西里人要幸運得多，他的母親是特拉帕尼省一個實力強大的黑手黨教父之女，因此薩爾瓦多‧馬蘭扎諾背叛了上帝之後，投入了黑手黨的懷抱。有人猜測，他後來到美國發展犯罪事業，其實是受到了維托‧卡希奧‧費爾羅的指派，將美國黑幫整合在一起，統一接受義大利黑手黨的指揮。

根據這個猜測，我們大致可以推斷薩爾瓦多‧馬蘭扎諾在黑手黨中的地位，用較通俗的語言來形容，他是類似欽差大臣的存在。雖然維托‧卡希奧‧費爾羅的想法很好，但是他本人很快就被墨索里尼率領的法西斯政權逮捕，所以薩爾瓦多‧馬蘭扎諾已經不必聽命於維托‧卡希奧‧費爾羅，他渴望一個只屬於他自己的犯罪帝國。

薩爾瓦多‧馬蘭扎諾來到美國之後，成為眾多私酒販子中的一員，他在紐約的北部廣泛活動，結交了許多生意上的朋友，因此，他的生意在短期內就開始快速發展壯大。在薩爾瓦多‧馬蘭扎諾自己的非法蒸餾廠內，儲存著大量的酒精飲料，包括了從加拿大走私而來的威士忌等烈酒。他的每一步都按部就班，在很多西西里人的眼裡，薩爾瓦多‧馬蘭扎諾是美國人之中最成功的典範。

和朱塞佩‧馬塞利亞這樣的莽漢完全不同，薩爾瓦多‧

馬蘭扎諾就像是真正的貴族，他衣著得體，舉止優雅，他的聲音具有吸引人的魅力，能夠讓手下為之賣命。同時薩爾瓦多・馬蘭扎諾善於收買人心，他能夠透過利用敵人自身的內部矛盾去創造勝利。

薩爾瓦多・馬蘭扎諾特別迷戀古羅馬的尤利烏斯・凱撒，而且這個擁有大學學位的黑手黨老大也熱衷於在學歷不高的美國同行面前炫耀他的學識。在薩爾瓦多・馬蘭扎諾的家裡，他甚至建了一個大的圖書館來存放包括神學在內的各種書籍，以及各種凱撒的半身雕像。因為他對凱撒的這種癡狂，所以為他迎得了「小凱撒」的綽號。

1930年，「喬老大」朱塞佩・馬塞利亞已經著手準備吞併那些不服從自己的勢力，當時同他進行結盟的或者聽從於他的，包括芝加哥的阿爾・卡彭、查理・盧西安諾、維托・傑諾維斯和加埃塔諾・雷納等人。

其中加埃塔諾・雷納曾經是莫雷洛犯罪家族的一分子，但是他在脫離日漸衰弱的莫雷洛犯罪家族後，組成了自己的犯罪家族。早年，加埃塔諾・雷納壟斷了布朗克斯地區的製冰生意，隨後他也跟特拉諾瓦兄弟中的西羅・特拉諾瓦一同進行洋蔥生意。

1920年，以加埃塔諾・雷納為首領的犯罪家族牢牢地掌控了布朗克斯和哈林東部部分地區的犯罪活動，隨後他與朱塞佩・馬塞利亞組成了聯盟，對抗從西西里來並日益強大的薩爾瓦多・馬蘭扎諾。

◆由於朱塞佩‧馬塞利亞企圖吞併加埃塔諾‧雷納在布朗克斯區的生意,所以加埃塔諾‧雷納準備投靠薩爾瓦多‧馬蘭札諾。
圖為紐約布朗克斯區黑幫老大加埃塔諾‧雷納一家

　　然而他們之間的聯盟關係並不牢靠,尤其是「喬老大」越發蠻橫,甚至企圖分享雷納犯罪家族的利潤,「喬老大」試著用武力迫使加埃塔諾‧雷納讓出布朗克斯的一部分生意。然而加埃塔諾‧雷納拒絕了。1930年2月26日,維托‧傑諾維斯受命將加埃塔諾‧雷納槍殺,隨後加埃塔諾‧雷納的二老闆湯姆‧加利亞諾和「三指布朗」湯姆‧盧切斯投奔了薩爾瓦多‧馬蘭札諾。朱塞佩‧馬塞利亞不僅奪取了布朗克斯區的冰生意,還順勢佔據了曼哈頓的服裝生意中相當大的份額。

　　隨後，「喬老大」真正開始了他瘋狂的擴張道路，他以美國黑幫「老闆的老闆」自居，要求底特律和芝加哥等地區的黑幫老大們交出手中的部分生意，與他進行分享。這種要求是毫無道理且沒有任何根據的。這些黑幫老大的所得都是自己用血汗爭取來的，現在要平白無故地和「喬老大」分享，這簡直是明目張膽的掠奪，因此這些黑幫老大開始準備反擊。

　　對「喬老大」最強烈的抵抗，由生於卡斯塔拉馬雷的布魯克林黑手黨發起，因此後人稱這場黑手黨內部的戰爭為「卡斯塔拉馬雷戰爭」。卡斯塔拉馬雷地區的人是一群桀驁不馴的戰士，他們是真正的西西里人，骨血之中充滿著對任何人的不信任，他們信奉「不肯聽從任何人的胡說」，當然他們也不可能對任何人屈服。

　　卡斯塔拉馬雷戰爭是美國黑手黨歷史上重要的轉捩點，也是美國黑幫發展歷史上最大的動亂時期。以朱塞佩·馬塞利亞和薩爾瓦多·馬蘭扎諾這兩人為首的犯罪組織在紐約大開殺戒，而在這場混亂過後，美國黑幫才真正獲得了高度的統一，併發展出了有秩序的委員會制度。

　　雖然「喬老大」才是這場戰爭的主角，但是更多人認為，朱塞佩·馬塞利亞之所以能夠獲得成功，都要歸功於他的智囊，昔日莫雷洛犯罪家族的老闆——朱塞佩·莫雷洛。戰爭初期，朱塞佩·馬塞利亞等人的動作讓人歎為觀止。

　　當時紐約西部有兩個很大的目標，他們都是在戰爭中站在薩爾瓦多·馬蘭扎諾那一方的黑幫老大。其中一個是底特律黑手黨家族的老大加斯帕·米拉佐，他不僅是底特律的犯罪頭目，同時他也在紐約布魯克林操控著部分犯罪事業。

有人認為，他的犯罪家族在後來與薩爾瓦多·馬蘭扎諾等人的犯罪組織混合在一起，共同造就了美國黑手黨五大家族之中的波納諾犯罪家族。

在暗殺了加斯帕·米拉佐之後，朱塞佩·莫雷洛又將目標轉向了另一個勢力龐大的黑幫老大。這個人就是當時的西西里聯盟主席喬·艾洛。喬·艾洛十分看不起那些年輕的黑幫成員的所作所為，又將自己的身分看得過高。朱塞佩·莫雷洛挑唆他跟「芝加哥王」阿爾·卡彭產生摩擦，最終將其剷除。人們普遍認為當時是阿爾·卡彭的槍手把喬·艾洛射成了兩半，但也有人認為殺死喬·艾洛是朱塞佩·莫雷洛派人動的手。

◆喬·艾洛早先曾因為看不起不是西西里人的阿爾·卡彭而和他發生連續不斷的爭執，卡斯塔拉馬雷戰爭開始後，他更被朱塞佩·莫雷洛挑唆，加劇了他和阿爾·卡彭之間的衝突，最終被阿爾·卡彭殺死。

圖為西西里聯盟主席喬·艾洛

解決了這兩個人之後，朱塞佩·莫雷洛並沒有打算停止對薩爾瓦多·馬蘭扎諾一方的持續打壓。在對西西里人進行敲詐勒索的同時，朱塞佩·莫雷洛還謀殺了卡斯塔拉馬雷人之中最富有的維托·邦文特。這種做法展現了「扳子手」朱塞佩·莫雷洛早期的行事風格，謀殺維托·邦文特，能夠直接打擊西西里人的士氣，而同時對其加以勒索，更能夠榨取敵人的資金。

受到打壓的卡斯塔拉馬雷人已經準備反擊，薩爾瓦多·馬蘭扎諾幾乎把他的家族打造成了一支軍隊，這支軍隊擁有複雜的情報網絡和清晰的判斷力。在這個隊伍中，有許多計程車司機，這些人能夠一眼就看出誰是「喬老大」的得力助手，誰是「喬老大」的頭號殺手。加埃塔諾·雷納和加斯帕·米拉佐的不幸告訴薩爾瓦多·馬蘭扎諾，想要贏取戰爭的勝利，就要避免「喬老大」的暗槍。

同時，薩爾瓦多·馬蘭扎諾自己也承認在財力、物力、人力上都不如「喬老大」，因此他決定要將打擊朱塞佩·馬塞利亞集團之中的領導人作為首要目標。「小凱撒」曾經對現狀進行過分析，他對手下說：「我們這裡人數不多，但是在一個月之後，我們這裡的人就會越來越多，我相信我們至少會有400至500人。是的，我們要更加努力，敵人的金錢比我們多很多，我們寡不敵眾。」

「我要求你們全部都駐守在紐約各處的公寓裡，密切監視著你們能看到的一切。我們必須在各個街頭佈置觀察員，這些觀察員要有我們主要的指揮部電話號碼，他們必須能夠在最短時間內為我們提供最有效的資訊。我舉個例子，一旦有觀察員打電話過來說布朗克斯區出現了某個人，那

麼該區域的總部就要立刻做出行動。一旦電話打來，你們就要儘快做出反應。當然，你們的手裡都有朱塞佩・馬塞利亞的照片，記住，他是最重要的人。」

「你們要牢記，我們必須集中所有力量去幹掉敵人的主要領導人，事實上我認為我們必須幹掉朱塞佩・馬塞利亞本人！因為這個人貪得無厭，我們不可能和喬老大和平共處，如果我們不能幹掉他，那麼這場戰爭會僵持10年！」

「喬老大」的軍師「扳子手」朱塞佩・莫雷洛早先依靠製造假幣以及敲詐勒索起家，這個兇狠的人慣於用突然襲擊的手段去攻擊對手，他擅長找到敵人最疏忽大意的瞬間，以斬首行動瓦解對方的組織。

顯然「小凱撒」薩爾瓦多・馬蘭扎諾也很懼怕敵人的伏擊，他可不想像加埃塔諾・雷納、加斯帕・米拉佐和維托・邦文特那樣死得不明不白。他從美國各地運來了供給物品，其中包括了彈藥、設備和食物。他還在紐約等地設立了幾處堡壘，以供自己和保鏢休息，並憑藉這些堡壘躲避朱塞佩・馬塞利亞可能發動的突襲。

除了固定的防禦堡壘之外，這個「小凱撒」還透過他和底特律人的關係弄到了兩輛附加了裝甲的轎車。阿爾・卡彭將他的凱迪拉克改造成防彈車後，越來越多的老闆意識到自身安全是最重要的。這個轎車的兩邊安裝了特殊的金屬板和防彈窗，如果沒有坐車的話，薩爾瓦多・馬蘭扎諾很少去任何地方，甚至當他在搭車外出時，他的轎車周圍也要有護送隊來保護，這令朱塞佩・馬塞利亞很難對其進行伏擊。

據說薩爾瓦多・馬蘭扎諾坐在汽車後座，在他的兩腿之間有一個安裝著機槍的旋轉架，他隨身攜帶兩支手槍，在

他的背後還插著用於自保的匕首。他的表現簡直可以和上過戰場的戰士相媲美。薩爾瓦多‧馬蘭扎諾避免一切意外，甚至連槍械的子彈他都要自己製作，他每天晚上上床睡覺之前都會做這種事情。

當然，最好的防守永遠是進攻，薩爾瓦多‧馬蘭扎諾不可能永遠像個懦夫一樣躲避隨時可能出現的暗殺，他要用一個決定去改變整個戰爭的局勢。此時對抗的雙方已經陷入了勢均力敵的局面，雙方都已經對對方的樣子瞭若指掌，甚至當他們在大街上閒逛的時候，都會突然拔槍對著旁邊的路人狂射，因為那個路人實際上是一名敵人。卡斯特拉馬雷這一邊的人已經進行了多次伏擊，然而由於人力不如「喬老大」，整體局勢上還是他們略占下風。

為了平衡雙方的實力，也為了能夠解決人手不足的問題，薩爾瓦多‧馬蘭扎諾吸收了很多新人到他的犯罪組織中來。同時，他也從紐約之外的地方調來幾名殺手，準備隨時反擊。雖然薩爾瓦多‧馬蘭扎諾骨子裡是個傳統古板的黑手黨成員，但是因為朱塞佩‧馬塞利亞對他的壓迫太具有威脅性，導致他無法保證這些新人的血統。雖然這些人之中的大多數還是來自卡斯塔拉馬雷，但是其中也包括了約瑟夫‧沃洛奇這樣的那不勒斯人。

在這些殺手之中，有一個被稱為神槍手的小夥子，他是一個來自密西根州的年輕人，他的親人幾乎都因在禁酒時期捲入了黑幫之間的爭鬥而死亡。他的名字叫作塞巴斯蒂安‧多明戈，但是布魯克林黑幫們喜歡叫人的綽號，因此他們都叫他「芝加哥來的巴斯特」。

塞巴斯蒂安‧多明戈命途多舛，他剛到紐約的時候才22

歲,但是他已經成為令敵人聞風喪膽的殺手。約瑟夫‧沃洛奇是這樣形容他的:「塞巴斯蒂安‧多明戈就像個大學生一樣,但是他卻是我們這些人裡面舉槍最快,也是打得最準的。他能夠從任何角度往任何方向射擊。他的專長是機槍,是個機槍大師。他喜歡將湯普森機槍藏在大提琴盒子裡,然後從中拿出武器射殺目標。」

雖然約瑟夫‧沃洛奇的描述很生動,但是也有人認為這個所謂的「芝加哥來的巴斯特」其實就是約瑟夫‧沃洛奇本人。他曾經是加埃塔諾‧雷納家族的小嘍囉,加埃塔諾‧雷納被殺後他成為薩爾瓦多‧馬蘭扎諾的殺手。朱塞佩‧馬塞利亞和薩爾瓦多‧馬蘭扎諾死後,他又加入了查理‧盧西安諾的犯罪組織,隨後他加入了傑諾維斯犯罪家族,但是他一直是底層的黑幫成員,直到1963年,他向警方告密了不為人知的黑手黨祕聞。因此有人認為,他為了獲得從輕處理,把一些他做的事情嫁禍到虛構的人物身上。

且不管後世對這個塞巴斯蒂安‧多明戈的猜想,按照約瑟夫‧沃洛奇本人所說,薩爾瓦多‧馬蘭扎諾很欣賞塞巴斯蒂安‧多明戈。這個年輕的小夥子槍法一流而且值得信賴,而最為重要的一點,是這個小夥子是個新鮮的面孔,「喬老大」那邊並沒有人見過他。

薩爾瓦多‧馬蘭扎諾意識到,塞巴斯蒂安‧多明戈可以在朱塞佩‧馬塞利亞的手下,甚至是他本人覺察到危險之前,走到他們的面前將他們殺死。而此時,薩爾瓦多‧馬蘭扎諾認為有一個聰明、危險但又愚蠢的人,是他必須要剷除的目標。自大的朱塞佩‧莫雷洛在卡斯塔拉馬雷戰爭階段一直按照慣例來行動,他的一舉一動都有跡可循。只不過

這隻老狐狸能夠嗅到危險，薩爾瓦多·馬蘭扎諾的殺手根本無法靠近他，但是現在塞巴斯蒂安·多明戈可以。

薩爾瓦多·馬蘭扎諾曾經說過，如果卡斯塔拉馬雷人想要贏取戰爭，就必須在朱塞佩·莫雷洛這隻老狐狸停止按照日常慣例來行動之前就動手。否則的話，一旦「扳子手」感到危險，這個傢伙就可以躲在下水道裡，永遠依靠硬麵包來存活。所以想要殺死朱塞佩·莫雷洛，機會只有一次！

1930年8月15日下午3點45分，兩名殺手開車來到了朱塞佩·莫雷洛位於紐約哈萊姆的辦公室。這間辦公室位於116街道352號，早年「扳子手」的兄弟文森佐·特拉諾瓦就死在這條街上。

當時薩爾瓦多·馬蘭扎諾派出的兩名殺手之中就有塞巴斯蒂安·多明戈，而另一人無法確定他的身分。根據查理·盧西安諾的回憶錄記載，暗殺朱塞佩·莫雷洛是他的計劃，負責暗殺的是阿爾伯特·阿納斯塔西亞和法蘭克·斯卡萊斯。當然，所有黑幫老大的回憶錄或者自傳都不可避免地美化自己，而且普遍認為，查理·盧西安諾的回憶錄可信度十分有限，因此相對而言，約瑟夫·沃洛奇的描述更加可信。

當時位於辦公室內的有三個人，因為當時「喬老大」這邊處於明顯的優勢地位，所以朱塞佩·莫雷洛並沒有想到會遭到暗殺，他此刻正沉浸於自己對敵人所造成的巨大打擊勝利中，他對自己在卡斯塔拉馬雷戰爭中的運籌帷幄十分滿意。甚至已經認為卡斯塔拉馬雷人開始全面撤退了。但也正因這種自信，在他的辦公室樓道內並沒有任何的安全措施，也沒有警衛。

兩名殺手來到了辦公室門口，輕輕地敲了敲門，雖然當

時屋子裡的人並沒有覺察到任何危險，也沒有對陌生人的闖入做出任何反應，但是時刻謹慎的「扒子手」還是將門拉開了一條縫。殺手們用力推開了門，手裡的槍不停向屋裡射擊。朱塞佩‧莫雷洛表現得很頑強，他不停繞著辦公室跑，殺手們又給了他幾槍才讓他倒地。

美國第一個黑手黨家族的老闆就這樣倒在了地上，他的臉面向北方，雙腿叉開，當時他的頭上戴著頂帽子，他全身都有彈孔，脖子、腮部、左肩、右側臀部、肋下、後背、大腿上都有。擊中他的子彈有兩顆打穿了他的肺，其中一顆劃破了主動脈；第三顆子彈擊碎了他的腸子，最後一顆切斷了他頸部左側動脈。這四顆子彈是造成他死亡的主要因素。

「喬老大」失去了他的智囊，朱塞佩‧莫雷洛的死造成了雙方實力的逆轉，但是真正結束這場戰爭的，並不是這個昔日美國第一個「老闆的老闆」的死亡，而是另一個幸運的小子。這個男人不僅殺死了「喬老大」，還將「小凱撒」殺死，自己則成為美國黑幫的教父。這個男人就是「福星」查理‧盧西安諾。

福星

讓小夥子自己建功立業吧！

——英國國王愛德華三世

　　1897年11月24日，薩爾瓦多・盧卡尼亞出生於義大利西西里島的賴爾卡拉弗里迪，這裡是個貧困的小村莊，這個小男孩是他家庭中的第三個孩子，他一出生就取代了他的哥哥姐姐，成為家中的寵兒。日後，這個小男孩將成為美國黑暗世界的王者，他將成為美國現代組織犯罪的奠基人，而那個時候，他的名字已經變成了查理・盧西安諾。

　　早年，薩爾瓦多・盧卡尼亞一家來到美國後，他的父親將孩子的名字都改成了美國化的，但是他的名字縮短後就是「薩爾」，太像女孩的名字了，所以五個兄弟姐妹裡只有他沒有改名字。但是幾年後，他自己將名字改成了更簡單的查理・盧卡尼亞。大西洋會議結束後，查理・盧卡尼亞的地位上升，可是人們念他的名字時總覺得很繞舌，於是他又改了一次名字，就成了查理・盧西安諾。

　　查理・盧西安諾九歲的時候，他們全家漂洋過海來到了美國，當時人們認為在美國等待他們的將是富足生活，但

是他們錯了，美國並沒有帶給當時的窮人們希望，而是讓
他們變得更加貧困。

◆早期的義大利移民中，大多數都是舉家移民的貧苦農民，
查理‧盧西安諾也出生在這樣的家庭。圖為帶著多個孩子
到美國來的義大利夫婦

　　歷史總是具有相似性的，不論是在上個世紀還是在現
在，人們總以為其他國家代表著富裕，但其實自己的國家
才是最適合自己的。起碼在義大利，那種貧困還是查理‧盧
西安諾一家可以適應的，但是到了美國，他們連貧困都要
與人爭奪。

　　查理‧盧西安諾的父親安東尼奧‧盧卡尼亞認為美國也
並不是一無是處的，起碼這裡的學校是免費的。但是查理‧
盧西安諾卻不這麼認為，因為他當時已經九歲了，所以他
在同時期的同學中顯得太大。而且因為他不懂英語，導致

了老師根本不去關照他。小查理·盧西安諾也對學校感到無趣，在他看來，這些學生就像是繈褓裡的嬰兒。於是他把更多的時間花在大街上，他在街頭巷尾學習英語，這也是他最遺憾的事情，他一直都沒能掌握正確的語法，他的口音總是帶著紐約鄉下口音。

小查理·盧西安諾不喜歡上學，他只在必要的時候到課堂去露個臉，其餘的時候他總是選擇翹課。上學期間，他偶然發現了一種賺錢的方法。一些年齡較大、身材魁梧的愛爾蘭人和義大利人總會堵在路上，對那些看起來瘦小的猶太人進行搶劫。而查理·盧西安諾則收取保護費，去保護這些猶太小孩。

1911年6月25日，由於查理·盧西安諾多次翹課，教育委員會對其採取了最為嚴厲的措施，把他關進了布魯克林流浪兒教養所。但是查理·盧西安諾在被關起來的四個月裡，並沒有覺得這是種懲罰。在教養所裡，沒有人教他該怎麼做，有的只是排擠和掠奪。他在教養所裡學會了如何偷竊不被人抓住，以及如何去欺負別人。

出來之後，查理·盧西安諾並沒有任何改變，而身邊的小事卻讓他覺得做個壞人要好得多。有次，安東尼奧·盧卡尼亞的同鄉人從西西里寄來一個火腿，當天查理·盧西安諾和他的四個兄弟姐妹感覺就像過節一樣。然而一個放債人突然造訪，前些日子安東尼奧·盧卡尼亞向他借錢為兒女們買了張新床，但是直到現在也沒錢償還。放債人惡狠狠地恐嚇他們，找來兩個夥計搬走了床，並在臨走時順手拿走了火腿。兩個月後，小查理·盧西安諾撬開了那個放債人的公寓，偷走了400美元。

也許查理・盧西安諾本來是想做個好孩子的，從他的個人回憶錄來看，他對父親和母親還是很尊重的，而且他也會因為對母親說了不敬的話而感到愧疚。但是當時的美國的確是個「原始叢林」，在這個弱肉強食的世界，查理・盧西安諾學到了兩件事情，第一就是錢是萬能的，第二就是壞人能夠得到更多的錢。不過顯然他的父母不這麼認為，他們希望查理・盧西安諾能夠有個正當的工作。

1914年，17歲的查理・盧西安諾到馬克思・古德曼的帽子店上班，他當時的工作是為婦女們送帽子。和許多人一樣，馬克思・古德曼很賞識查理・盧西安諾，他對查理・盧西安諾很好，甚至將他當成了自己的孩子。

但是查理・盧西安諾是匹野馬，他不會甘心長期做一個替別人送帽子的小工。他盯上了該區域內的毒品供應商喬治・斯坎倫，還利用一次幫他擦車的機會獲得了他的賞識。他利用送帽子的機會開始偷偷販賣毒品。這樣，他又獲得了更多的工資。

然而好景不長，由於他經常出沒於那些癮君子的場所，他被人盯上了。1916年6月26日，查理・盧西安諾因非法持有麻醉藥被判處一年監禁。六個月後獲得假釋，這件事情讓他下決心再也不會被抓到，這不是說他放棄了犯罪，而是指他會更小心地去犯罪。

早年查理・盧西安諾曾在電影院裡結識了法蘭克・科斯特洛，他們在將來的幾十年裡一直是關係很要好的夥伴。在一次向猶太人收取保護費時，他認識了邁爾・蘭斯基和班傑明・西格爾。當時邁爾・蘭斯基還是個小孩，當查理・盧西安諾說要保護他時，他並不領情，只是惡狠狠地訓斥，

而班傑明‧西格爾也是個十幾歲的毛頭小子，誰也不會想到他日後會變成一個瘋狂的猶太暴徒。

這四個人成為一個高效率的犯罪集團，搶劫、偷盜無惡不作。他們之中有兩個猶太人，一個精明、善於算計，另一個勇敢、毫無畏懼。他們之中還有兩個義大利人，一個溫文爾雅像個首相，一個則充滿著狡猾。

他們曾經想過把累積的錢存到銀行去，但是像首相一樣文雅的法蘭克‧科斯特洛在視察了銀行的環境後犯了職業病，他把銀行的保安和路線調查得一清二楚，幾個月後，四個小夥伴搶劫了銀行，並搶走了銀行內的8000美元。

法蘭克‧科斯特洛並不是西西里人，他是義大利本土的卡拉布里亞人，他說話的時候嗓音很沙啞，像是一頭鬥牛在喘氣，也像是得了感冒。當時很多義大利小孩都有這個問題，因為當孩子們第一次流鼻涕時，義大利的母親們都覺得把扁桃體割掉會對他們比較好，然而當時的醫療水準有限，這造成了小孩的喉嚨受到永久性損傷。

這種損傷有時候卻也有其獨特的好處，當時美國正準備參與第一次世界大戰，由於法蘭克‧科斯特洛有喉炎，所以不用服兵役。邁爾‧蘭斯基和班傑明‧西格爾年紀還小，但是查理‧盧西安諾就必須要服兵役了，如果上了戰場，生死可不是能夠保證的。為了「幫助」查理‧盧西安諾逃脫兵役，班傑明‧西格爾想到了個好點子，他找了名患有疾病的妓女，讓查理‧盧西安諾染病，因此逃脫了兵役。這樣一來，儘管他用了一年時間受盡了苦頭去治病，卻也得以倖免。

◆從第一次見面起，邁爾‧蘭斯基這個小個子猶太人就成為
查理‧盧西安諾最忠實的夥伴。圖為查理‧盧西安諾和邁
爾‧蘭斯基在1932年拍攝的照片

　　1920年，美國國會通過了《美國憲法第十八修正案》，
美國進入了禁酒時期。查理‧盧西安諾在開始時並沒有注意
到這個能賺取上百倍利潤的事業，而當時跟他有交情的幾
個人都已經享受到了《禁酒令》的好處。

　　查理‧盧西安諾早年曾參與五點幫的犯罪活動，當時參
加五點幫的，有不少和他年紀差不多的年輕人，其中阿爾‧
卡彭非常尊敬查理‧盧西安諾。由於查理‧盧西安諾曾經照
顧過他，所以他總是叫查理‧盧西安諾為「查理表哥」。當
阿爾‧卡彭被當地警方盯上後，也是查理‧盧西安諾通風報

信，並透過法蘭基・耶魯使他到了芝加哥。

　　大約一年後，阿爾・卡彭回到了紐約，當時他已經是強尼・托里奧的副手。阿爾・卡彭穿著得體的手工衣服，手上戴著闊綽的鑽戒，嘴裡還叼著雪茄，一副暴發戶的樣子。昔日的同伴都趕來表示對阿爾・卡彭的祝賀，他們在街角的飯店喝著從義大利進口的葡萄酒。深夜時分，阿爾・卡彭向查理・盧西安諾敬酒：「為我的查理表哥乾杯，他應該成為紐約的私酒大王。」

　　查理・盧西安諾準備把阿爾・卡彭的預言變為現實，雖然當時他只有23歲，但是他的集團正在不斷擴大，他的夥伴也在不斷增加。喬・阿多尼斯就像是查理・盧西安諾的弟弟，他就是在這個時候加入了這個集團。這個小夥子是個慣偷，也正是他率先到費城去運輸私酒的。查理・盧西安諾經由喬・阿多尼斯見識到了販賣私酒的利潤。

　　他開始組建自己的私酒販賣團隊，收攏有潛力的年輕人。查理・盧西安諾偶然在老街道上見到了一個年紀輕但是極具野心的人，這個人像邁爾・蘭斯基一樣是個小個子，但是他肌肉發達，孔武有力。他笑起來的時候總是咧開嘴巴，他的所作所為都讓其他人覺得詭異。這個人叫維托・傑諾維斯，查理・盧西安諾希望他能夠獲得一個類似邁爾・蘭斯基一樣的人物，他以為維托・傑諾維斯將會忠心於他，但是在很多年之後他才發現這是個很嚴重的錯誤。

　　經由喬・阿多尼斯的推薦，法蘭克・斯卡萊斯也加入了他們，並且還帶來一個布魯克林的青年罪犯，他叫卡洛・甘比諾。查理・盧西安諾曾在1961年說過，甘比諾將會統率美國的所有黑幫。同時，查理・盧西安諾也收了他最忠心手下

之一——阿爾伯特‧阿納斯塔西亞，這個壯漢身材魁梧，肌肉發達，但是他的頭腦不太靈光，脾氣暴躁，不知道該如何控制自己。不過查理‧盧西安諾很需要這樣一個人來作為黑幫的執法者。

當然查理‧盧西安諾的朋友並不侷限於義大利人，邁爾‧蘭斯基找來了值得信賴的合作夥伴路易士‧布查爾特。他們從走私販賣私酒開始合作，日後他們將共同組建犯罪集團，而這個圓圓胖胖的醜陋男人也將為他們的謀殺公司做出貢獻。

當然在查理‧盧西安諾事業的早期，對他幫助最大的還是阿諾德‧羅斯汀。雖然他認為販賣私購買酒的利潤並不如賭博大，但他還是和蘇格蘭人簽訂合法的合同，付出大筆保證金從他們那裡購買酒，隨後將這些酒經由歐文‧麥登統統賣給了查理‧盧西安諾，讓他再向外兜售。就這樣，查理‧盧西安諾和阿諾德‧羅斯汀認識了。

雖然查理‧盧西安諾很崇拜阿諾德‧羅斯汀，但是他跟隨的第一個比較有分量的黑幫老大卻是朱塞佩‧馬塞利亞。當然他早先曾在五點幫內進行犯罪活動，不過五點幫的實力的確無法同「喬老大」相提並論。傳言查理‧盧西安諾曾在1922年殺死了翁貝托‧瓦倫蒂，按照常理他應該經由這次事件成為犯罪組織中的佼佼者，然而此時他卻又一次被警方逮捕了。

1923年，維托‧傑諾維斯帶了一個毒品販子來找查理‧盧西安諾，儘管查理‧盧西安諾表示他再也不想和毒品接觸，但是維托‧傑諾維斯宣稱這些毒品可以為他們賺取12萬美元的利潤，而且他說這些毒品已經包裝起來了，他還建

議查理‧盧西安諾帶一些到喬‧阿多尼斯那裡去檢驗一下。

1923年6月5日，查理‧盧西安諾被捕，當時他的口袋裡有幾盒純海洛因。由於他曾經因為販賣毒品而進過監獄，所以警方很明白他是怎樣的人。雖然當時查理‧盧西安諾和法蘭克‧科斯特洛同警察局和禁酒探員的關係不錯，但是他們在禁毒局內並沒有夥伴。儘管查理‧盧西安諾承諾願意給抓住他的員警們一大筆好處，但是他們絲毫不為所動。

後來查理‧盧西安諾想出了個方法，他讓弟弟把一大批毒品放到指定地點，然後把這些毒品交給了禁毒局的員警們，這些足夠讓他們加官進爵。經由這次交易，查理‧盧西安諾成功獲釋。不過這件事情也為他造成了不好的影響，因為他的朋友們都知道他曾因為販賣毒品被抓了兩次，所以他們都叫他「毒品大王。」

這次事情讓查理‧盧西安諾成為當地的笑柄，員警對他嚴防死守，他的合夥人在對他表示同情的同時，卻也防範著這樣一個被警方「重點關照」的罪犯。因此查理‧盧西安諾必須找到逆轉這個局勢的方法。邁爾‧蘭斯基為他想到了最好的方法。

1923年9月14日晚上，足足有82000人會到紐約波洛運動場去觀賞一場拳擊比賽，當時這場比賽的門票售價不菲。查理‧盧西安諾找到一位體育雜誌的記者，強制要來了180張最靠近前面的票。這花了查理‧盧西安諾2.5萬美元。

查理‧盧西安諾宣稱免費邀請100個人去觀看比賽，透過這種方式，查理‧盧西安諾瞬間成為紐約最受歡迎的人。為了在那天表現得更加紳士，他找了阿諾德‧羅斯汀。阿諾德‧羅斯汀把他帶到百貨商場，為他量身購買了西裝、大

衣、帽子等，還特意送了他一條法國領帶，據說阿諾德·羅斯汀很喜歡這種領帶，他每次去巴黎都會買上100條。

　　經由這次拳擊比賽，查理·盧西安諾改善了自己的形象，而且讓很多老闆都記住了他。他當時並不屬於任何組織，擁有很高的自由度。

　　所以昔日並不重視他的朱塞佩·馬塞利亞也開始和他溝通，來自卡斯塔拉馬雷的薩爾瓦多·馬蘭扎諾也試著讓他成為自己的副手。同時，大西洋城的伊諾克·路易士·詹森等人也準備和他進行生意上的往來。

　　薩爾瓦多·馬蘭扎諾表現出了很強的侵略性，他希望和查理·盧西安諾合作，剷除布魯克林區的特拉諾瓦兄弟。雖然「扳子手」朱塞佩·莫雷洛已經失勢，但是西羅·特拉諾瓦等人還掌控著布魯克林區的食品進口、橄欖油進口等生意。而朱塞佩·馬塞利亞則透過加埃塔諾·雷納對查理·盧西安諾進行招攬。

　　查理·盧西安諾拒絕了這兩個黑幫巨頭的招攬，因為當時他更傾向和自己的夥伴從事私酒走私。而一旦屈居人下，那麼一切所得都將不受保障。然而就在一段時間之後，查理·盧西安諾的運酒隊伍遭到了洗劫，他在曼哈頓的倉庫也遭到了襲擊。他的酒源枯竭，生意面臨最大的困難。這個時候，伊諾克·路易士·詹森向他伸來了橄欖枝，他說他可以把大西洋城的碼頭給查理·盧西安諾使用，而且他能夠為查理·盧西安諾提供運酒路上的保護。

　　當天，伊諾克·路易士·詹森把薩爾瓦多·馬蘭扎諾即將在大西洋城卸私酒的時間和地點告知了查理·盧西安諾，查理·盧西安諾掠奪了這批私酒渡過危機。而從此刻起，查

理·盧西安諾和伊諾克·路易士·詹森握手達成了交易，只要《禁酒令》有效，那麼伊諾克·路易士·詹森就能獲得查理·盧西安諾所有收入的十分之一。雖然這不是一筆小數目，但是這些錢能夠讓伊諾克·路易士·詹森保證查理·盧西安諾的生意，所以這筆投資是非常有價值的。

伊諾克·路易士·詹森在交易結束後對查理·盧西安諾說了一句讓他興奮異常的話：「查理，我喜歡你的一舉一動，特別是喜歡你的衣著。你看起來已經像個正經生意人了。」他們離開的時候，喬·阿多尼斯也說：「這是你有生以來最精明的一步棋，價值數百萬美元。」

渡過危機並跟伊諾克·路易士·詹森達成協議的查理·盧西安諾的犯罪組織日益龐大，但是當時這個組織並不統一。查理·盧西安諾有他自己販賣私酒的管道；法蘭克·科斯特洛有他自己的賭博事業；喬·阿多尼斯也在繼續幹著搶劫珠寶的勾當。但是他們在私下裡總會互相為彼此出謀劃策，他們之間變得越來越有凝聚力。

這個以查理·盧西安諾為中心的圈子變得越來越正規，規矩也越來越多。查理·盧西安諾非常厭惡芝加哥黑幫那樣囂張的做法，他命令手下要穿戴整齊，不允許他們穿戴寬邊的帽子和過分花俏的衣服，他厭惡地說：「讓阿爾·卡彭和他的芝加哥夥伴們這麼穿衣服吧。我們不可以這樣！」

作為阿諾德·羅斯汀的得意門生，查理·盧西安諾在學習他那種優雅氣質和紳士一樣的裝扮的同時，他也參與到賭博的事業中。當然，他不可能像阿諾德·羅斯汀那樣逢賭必贏，他一開始也只是經營賽馬彩票，並從中抽取高額利潤。

　　為了保證他的彩票有更大的銷路，查理‧盧西安諾讓維托‧傑諾維斯去把各個小商店聯合起來，讓這些店面為他經銷賽馬彩票。為了讓這些店主為他在店內賣彩票，查理‧盧西安諾可沒少下功夫，他給每個店主150美元，這變相地資助了這些猶太商販。

　　而維托‧傑諾維斯卻把主要的精力放在了那些推著小車到處販賣冰鎮水果汁的小商販身上，他讓這些小販在賣兒童喜愛的水果汁同時，也負責販賣賽馬彩票。然而維托‧傑諾維斯除了販賣賽馬彩票之外還有其他目的。

　　當時查理‧盧西安諾並不知道，維托‧傑諾維斯糾結了一批商販為他送毒品。查理‧盧西安諾在知道之後差點把他揍了一頓，雖然讓賣水果汁的幫忙販賣賽馬彩票是個不錯的主意，但是查理‧盧西安諾並不允許他的夥伴販毒。

◆理查‧恩萊特。他曾在1918年至1925年之間擔任紐約警察局局長，在此期間，他從查理‧盧西安諾等人手中收受賄賂，為這些人的犯罪行為做庇護

1925年，查理‧盧西安諾的犯罪組織已經成長起來了，如果只算販賣私酒這一條，那麼他們就已經有每年1200萬美元的收入。當然這些私酒販子不會去繳納稅款。不過他們還是必須要給手下們發工資的。當時美國正規公司的員工一週最多只能獲得25美元的薪酬，但是在查理‧盧西安諾手下工作的人每週都能夠獲得200美元。也就是說，每年查理‧盧西安諾都要為這些司機、會計、通信員、放哨的支付出100萬美元。

而剩下的1100萬美元也並不是全部可以到查理‧盧西安諾等人的口袋，他們還需要上下打點。為了獲得保護，查理‧盧西安諾等人，每個星期都要拿出1萬美元給警察局內管事的員警，當時紐約警察局局長理查‧恩萊特也很配合地幫助這些黑幫成員。

除了給理查‧恩萊特這樣的高層送錢之外，送給那些基層員警的賄賂當然也是必不可少的。而且查理‧盧西安諾已經答應伊諾克‧路易士‧詹森，把每年的收入之中的十分之一送到大西洋城去。上上下下算下來，查理‧盧西安諾每年能夠賺取400萬美元。

有了如此龐大的金錢，查理‧盧西安諾開始考慮如何用這些錢去賺取更多的金錢。他漸漸對那些銀行家懷有敬意了，因為他發現這些銀行家用儲戶的錢去進行投資，在付清儲戶的本金和利息之後，銀行家還可以獲取更高額的利潤。然而查理‧盧西安諾這類人是不可能去開一家銀行的，不過他們想到了另一種賺錢的方式，為那些無法從銀行借到錢的窮人提供貸款，或者說是高利貸。

高利貸這種職業古來有之，而且當時在美國從事高利貸

的犯罪分子也不是少數，在這些人之中，薩爾瓦多·馬蘭扎
諾對高利貸最為瞭解，這個擁有豐富知識並且喜歡引經據
典的準牧師，總喜歡引用《威尼斯商人》裡面的話。不過
薩爾瓦多·馬蘭扎諾並沒有像牧師一樣的慈悲心，他總是把
錢借給剛移民到美國來的義大利同胞，然後再以高額的利
息讓這些貧民永遠還不起借款。這些貧苦的義大利人不敢
去向警方告發，而且薩爾瓦多·馬蘭扎諾還有一批打手，保
證這些欠債者隨叫隨到。

　　不過查理·盧西安諾並不欣賞這種欺壓弱小的做法，他
聯絡和他來自同一個街區的湯姆·盧切斯，和已經在服裝區
混得風生水起的路易士·布查爾特。由於服裝會隨著季節和
潮流不斷發生變化，所以服裝商們需要不斷買進新的布料
和新的機器，因此他們很需要短時間內獲取大量金錢。查
理·盧西安諾正是看準了他們的這一特點，才決定在服裝區
大力發展高利貸。而且查理·盧西安諾也不像薩爾瓦多·馬
蘭扎諾那樣用暴力去脅迫。如果有服裝商借了他們的錢無
力償還，但是經營狀況還不錯的話，查理·盧西安諾就會選
擇成為這名服裝商的合夥人，合理合法地分割更有前景的
利益。

　　1925年，查理·盧西安諾的事業正全面開花，這時候，
一個老朋友從芝加哥來到了紐約。「狐狸」強尼·托里奧在
芝加哥遭到了海米·韋斯的暗殺，險些喪命，隨後他自願在
監獄內待了九個月以躲避可能出現的謀殺。他來到了紐約，
和查理·盧西安諾進行了會談，他認為美國不可能永遠處於
禁酒時期，《禁酒令》總有一天會被廢除。因此他預言在
未來幾年內，販賣酒將會再次變得合法。他自薦成為查理·

盧西安諾在歐洲的代理，開始購買以合法價格出售的優質蘇格蘭威士忌。

查理・盧西安諾把強尼・托里奧的說辭告訴了其他人，但是只有邁爾・蘭斯基一個人對此表示贊同。不過強尼・托里奧在義大利待的時間並不長，因為墨索里尼憎惡黑手黨，在義大利掀起了打黑熱潮。很多黑幫成員都被墨索里尼逮捕，甚至就連義大利黑手黨的教父維托・卡希奧・費爾羅也被關進了監獄。因此強尼・托里奧又回到了美國，並成為查理・盧西安諾等人的顧問。

事實證明，強尼・托里奧很有先見之明，他的提議也在大西洋城會議上得到了美國黑幫老闆們的一致贊同。而且在強尼・托里奧和阿諾德・羅斯汀的努力下，查理・盧西安諾等人也組成了美國東海岸最大的私酒走私集團——七家私酒聯盟。

該聯盟由強尼・托里奧發起，是七個屬於義大利人和猶太人的組織構成。其中邁爾・蘭斯基和班傑明・西格爾的猶太幫負責運輸和安全；喬・阿多尼斯負責布魯克林區域的活動；猶太人艾伯納・茨維爾曼控制著新澤西的北部；費城的由猶太人歐文・韋克斯勒和昔日阿諾德・羅斯汀是手下哈里・羅森；波士頓的金・所羅門，他操控著波士頓的碼頭；大西洋城的伊諾克・路易士・詹森，他負責七家私酒聯盟在新澤西海岸的安全；最後則是查理・盧西安諾。

七家私酒聯盟的成功是如此顯著，以致於越來越多的黑幫老闆想要加入他們。「荷蘭人」達茨・舒爾茨和阿爾・卡彭在後期也加入了他們。只不過阿爾・卡彭還在和芝加哥北城區的黑幫混戰，所以他並沒有從中獲取太多的利潤。

作為七家私酒聯盟的一員，而且還和強尼·托里奧、阿諾德·羅斯汀這兩個黑幫導師有良好的關係，這些都令朱塞佩·馬塞利亞不得不允許查理·盧西安諾在一定程度內的絕對自由。朱塞佩·馬塞利亞不得干預查理·盧西安諾的私酒行當以及賭博生意。

在阿諾德·羅斯汀不幸被殺之前，查理·盧西安諾一直和阿諾德·羅斯汀、法蘭克·埃克里森聯合經營賭博生意，他們操控無限額的紙牌遊戲、賽馬等賭博生意，而這種合作也在早期保障了七家私酒聯盟的權益。

當時七家私酒聯盟的貨源還是比較緊張的，幸好一個從芝加哥來的私酒販子撒母耳·布魯姆幫他們聯絡到了蘇格蘭的威士忌酒廠。在幾個月內，這個酒廠出產的蘇格拉威士忌源源不斷地透過金·所羅門和伊諾克·路易士·詹森的碼頭流入了美國。然而幾個月後，七家私酒聯盟卻遭到了攔路搶劫，他們的私酒被人劫走了。

查理·盧西安諾讓維托·傑諾維斯去調查這件事情後發現，撒母耳·布魯姆在阿諾德·羅斯汀的賭場裡輸了10萬美元。查理·盧西安諾走訪了阿諾德·羅斯汀，阿諾德·羅斯汀證實撒母耳·布魯姆有很大的嫌疑。隨後班傑明·西格爾悄悄解決了撒母耳·布魯姆。而七家私酒聯盟也慢慢壯大，成為美國販賣私酒行業中的龍頭。

1928年，阿諾德·羅斯汀被人暗殺，隨著他的死亡，查理·盧西安諾覺得自己必須找個新的靠山暫時依附，然後繼續發展。他在當時的「喬老大」與「小凱撒」之間進行了選擇，並最終決定效忠於朱塞佩·馬塞利亞。

此時朱塞佩·馬塞利亞和薩爾瓦多·馬蘭扎諾也已經處

於劍拔弩張的地步。而朱塞佩‧馬塞利亞並不能保證能夠打敗薩爾瓦多‧馬蘭扎諾，因為那些卡斯塔拉馬雷人是西西里島最兇狠瘋狂的傢伙，所以在這個時候，他更需人才。

朱塞佩‧馬塞利亞殺死加埃塔諾‧雷納之後，雷納家族的部分精英就投奔到了薩爾瓦多‧馬蘭扎諾的陣營，陰險狡猾的朱塞佩‧莫雷洛也被槍殺，而具有很大影響力的喬‧艾洛也被阿爾‧卡彭殺死。

朱塞佩‧馬塞利亞感到自己漸漸處於下風，他慢慢變得瘋狂，他需要更多的金錢去和薩爾瓦多‧馬蘭扎諾做鬥爭，他需要更忠心的手下。而他認為查理‧盧西安諾的表現不夠忠心，他找到了剛剛結束大西洋城會議並返回紐約的查理‧盧西安諾，他叫囂要佔據查理‧盧西安諾的威士忌收入。

查理‧盧西安諾意識到朱塞佩‧馬塞利亞已經是個危險的瘋子，查理‧盧西安諾提醒朱塞佩‧馬塞利亞，他們是握過手的合作夥伴，在義大利人的傳統中，握手之後是不容許反悔的。但是朱塞佩‧馬塞利亞喊叫著：「威士忌屬於我！如果我要的話，我自己就統統把它喝光！我收回我的握手！」

這次查理‧盧西安諾必須要做出選擇了，是繼續跟隨朱塞佩‧馬塞利亞，還是轉而投向薩爾瓦多‧馬蘭扎諾。薩爾瓦多‧馬蘭扎諾一直期待著將查理‧盧西安諾收入麾下。據查理‧盧西安諾自己回憶，薩爾瓦多‧馬蘭扎諾曾經在1929年10月17日和他進行會面，當時卡斯塔拉馬雷戰爭還沒有開始。

然而朱塞佩‧馬塞利亞的貪婪已經讓查理‧盧西安諾難以承受，正因為如此，他才決定孤身赴會，和薩爾瓦多‧馬

蘭扎諾會面。薩爾瓦多·馬蘭扎諾在這次會面時，並沒有像以往那樣表現得像個羅馬君主，但在得知查理·盧西安諾對朱塞佩·馬塞利亞心懷不滿後，他卻提出了讓查理·盧西安諾無法接受的條件──查理·盧西安諾必須親手殺死朱塞佩·馬塞利亞。

當然，這個條件是個陷阱。根據西西里人的傳統，殺死領袖的人不能夠接替領袖的位置，殺死領袖的人只能夠在組織裡繼續充當二老闆。雖然後期的美國黑幫很少有人遵守這個不成文的規定，而且這裡是美國不是義大利，但是在當時，美國的黑幫還是必須按照義大利傳統的。如果查理·盧西安諾真的答應了親手殺死朱塞佩·盧西安諾，那麼無疑葬送了他的未來，他將不能名正言順地繼承朱塞佩·馬塞利亞的犯罪帝國，更可能遭到報復和暗殺。查理·盧西安諾認為薩爾瓦多·馬蘭扎諾瘋了，這個儒雅準牧師的條件讓他無法接受。

然而薩爾瓦多·馬蘭扎諾要手下把查理·盧西安諾捆了起來。他把查理·盧西安諾的雙手吊在橫梁上，讓他的腳尖剛好碰到地面。當他醒來的時候，他能夠看到大約有六個人圍在他身邊，他們都用厚厚的手帕蒙著臉，但是他還是可以看出離他最近的是薩爾瓦多·馬蘭扎諾。

雖然薩爾瓦多·馬蘭扎諾一句話也沒說，但是查理·盧西安諾知道他想做什麼。查理·盧西安諾不停地拒絕薩爾瓦多·馬蘭扎諾的條件，然後那些不敢露出真面目的人就開始用皮帶、菸頭、木棍去折磨查理·盧西安諾，直到他暈了過去。查理·盧西安諾再次醒來的時候感到雙手火辣辣地疼痛，因為這次只有他的雙手大拇指被吊住了。毒打和折磨

繼續著，查理·盧西安諾承受著痛苦但並仍不妥協。

薩爾瓦多·馬蘭扎諾還不停用他君主般的威嚴勸說著：「查理，這太愚蠢了。只要你同意，現在我就可以把你放下來。查理，我們這樣的人還會在乎殺一個人嗎？聽我的勸，他早晚都會死，只不過區別是死在你手裡還是別人手裡罷了。為什麼你要因為自己的頑固而受苦呢？我要你做的事情並不難，殺死他，親手殺死他。是的，你必須親手殺死朱塞佩·馬塞利亞。如果你不這麼做，那麼我保證你自己就得死。」

「小凱撒」不停重複這個條件，並且要手下不停毆打查理·盧西安諾。面對這種持續不斷的精神折磨和肉體折磨，查理·盧西安諾不知道從哪裡來的力氣，重重地踹了薩爾瓦多·馬蘭扎諾的肚子。

暴怒的薩爾瓦多·馬蘭扎諾怒吼著要宰了查理·盧西安諾，還沒等手下把查理·盧西安諾放下來，薩爾瓦多·馬蘭扎諾就用一把刀子劃在了查理·盧西安諾的右眼上。查理·盧西安諾的右臉頰被劃開，骨頭都露了出來。

從此以後，查理·盧西安諾的右眼就帶著這條傷疤，而且他右眼皮的神經也遭到了破壞，導致他的右眼皮一直往下垂。這讓他看起來更兇狠。

當然這個故事是他自己講述的，外人只知道查理·盧西安諾遍體鱗傷地躺在街頭，路過的警車把他送到醫院並縫了55針。很少有黑幫成員能夠在遭到綁架和虐待之後還存活下來，因此人們開始叫他「福星」查理·盧西安諾。

人們認為在那個夜晚，查理·盧西安諾遭到了蒙面劫匪的毆打，隨後又把他扔在路上要他支付1萬美元；也有謠言

說是百老匯附近的敵對勢力將他綁架，威脅他不要插手其他地盤的生意；而最值得人相信的說法，則是查理・盧西安諾不小心讓一個女子有了他的孩子，因此被那個女子的員警父親痛打了一頓。

不管怎樣，「福星」查理・盧西安諾逃過一劫，而且隨著卡斯塔拉馬雷戰爭的加劇，他越來越覺得生存在兩個元老級的黑幫領袖之間是朝不保夕的。於是他決定有所行動。而且此時卡斯塔拉馬雷戰爭也如火如荼，雙方已經到達不死不休的局面。

◆查理・盧西安諾於1936年所拍攝照片。從照片中可以明顯看出他的右眼皮下垂，這是因為他在1929年遭到了綁架，並被劃破了面部神經

第4章　美國教父

去見上帝吧

無論以何種形式出現的暴力，都必然引發抵抗。

——拉科塔部落格言

　　舊的制度總有被打破的時候，歷史從來都是不停前進
的，沒有人能改變這個規則。而陳腐的事物也必將被新興
事物所取代。美國黑幫之間爆發的戰爭，是因老派的義大
利黑幫爭權奪利而起的，終結這場戰爭的，則是以查理·盧
西安諾為代表的「少壯派」黑幫成員。

　　不論是差點成為牧師富有涵養的「小凱撒」薩爾瓦多·
馬蘭扎諾，還是貪婪無度的矮胖子「喬老大」朱塞佩·馬塞
利亞。他們都將在這場戰爭中失去一切，他們都將為後來
者讓路。

　　也許美國黑幫不相信上帝，但是這兩個曾經的美國黑幫
老大卻不得不信奉上帝，因為他們的性命將歸上帝所有，
也許這將是上帝在美國黑幫中唯一擁有的東西了，一幫惡
棍的性命。

　　「喬老大」失去了朱塞佩·莫雷洛。他已經沒有能為他
出謀劃策的人才了。而且以查理·盧西安諾為首的「少壯

派」對他的命令也是陽奉陰違的。這些都讓他在卡斯塔拉馬雷戰爭中處於劣勢。「喬老大」這一方已經出現了大量的叛逃者，他們都選擇投奔薩爾瓦多·馬蘭扎諾。

朱塞佩·馬塞利亞也發現形勢發生了逆轉，雙方實力也產生了變化。而且，此時芝加哥的警方對阿爾·卡彭更加關照，他從芝加哥得到的幫助也有所減少。在缺少智囊和外援的情況下，朱塞佩·馬塞利亞只能讓薩爾瓦多·德拉奎拉名義上的繼承者曼弗雷迪·米內奧作為他新的軍師。

這個新軍師並沒有「扳子手」狡猾和謹慎，這一點從「喬老大」策略上的不足就可以看出。以前朱塞佩·莫雷洛在世時，朱塞佩·馬塞利亞的計劃總能夠靈活多變地對「小凱撒」造成致命的威脅，而且「喬老大」聽從「扳子手」的建議，同時打擊了位於紐約和芝加哥等地的卡斯塔拉馬雷人的盟友。

但是這種優勢僅僅保持在一定程度，隨著朱塞佩·莫雷洛的死亡，朱塞佩·馬塞利亞再也找不到能夠替代「扳子手」的人選。雖然曼弗雷迪·米內奧也算是個合格的軍師，但是他的計劃很簡單，就是簡單的斬首行動，集中「喬老大」的力量去找到薩爾瓦多·馬蘭扎諾。

雖然這種簡單的策略往往能夠決定戰爭的結果，但是朱塞佩·馬塞利亞的隊伍已經欠缺了組織力，根本無法執行對「小凱撒」的暗殺行動。在各個方面，卡斯塔拉馬雷人都表現出比美國黑幫更為高漲的戰鬥熱情。現在雙方的行動方針都很一致，就是想要找到對方的頭目，一旦查明對方隱藏的地點，那麼就集中力量對其進行最後的打擊。

率先做出突破的依然是卡斯塔拉馬雷人，前文已經有所

介紹，薩爾瓦多・馬蘭扎諾廣布眼線，街頭的計程車司機就有不少是他的手下，因此在他成體系的觀測系統下，卡斯塔拉馬雷人找到了「喬老大」的藏身之所。

1930年底，約瑟夫・沃洛奇聽從命令租下了布朗克斯區的一間房子，薩爾瓦多・馬蘭扎諾已經調查到這裡是曼弗雷迪・米內奧的二老闆史蒂夫・費里格諾的住處。當時約瑟夫・沃洛奇還只是個周邊成員，還沒有被允許成為真正的成員，因此他對這次任務十分看重。然而他在房間裡蹲守了一個月的時間，卻沒有發現史蒂夫・費里格諾或者其他人。

幾天後，約瑟夫・沃洛奇正等在公寓樓前，一輛汽車在附近停了下來，令他驚奇的是，朱塞佩・馬塞利亞從車子裡走了出來。約瑟夫・沃洛奇是個新人，所以並沒有人懷疑他。他很忐忑地跟在「喬老大」等人的身後，甚至他還和他們在同一個電梯裡。隨後約瑟夫・沃洛奇確認到場的人足足有20多個，朱塞佩・馬塞利亞、曼弗雷迪・米內奧等人全部在場，他們在這裡舉行了短暫的會議，也許是在討論該如何扭轉現在的逆境。但是他們並不知道，就在外面，卡斯塔拉馬雷人正安靜地蹲守著。

薩爾瓦多・馬蘭扎諾的手下並沒有急躁，他們慢慢透過窗戶去辨認參加會議的人員，他們希望能夠準確鎖定朱塞佩・馬塞利亞的身影。會議結束後，這些黑幫成員魚貫而出，但是謹慎的朱塞佩・馬塞利亞並沒有出現在那些人之中，他有意逗留，成為最後離開的人。不過薩爾瓦多・馬蘭扎諾早就想到了「喬老大」會這麼做，他已經命令槍手，如果不能射殺朱塞佩・馬塞利亞，那也必須對曼弗雷迪・米

內奧和史蒂夫・費里格諾射擊，這些槍手成功完成了任務。
「能躲子彈的男人」再次逃過一劫。

◆1930年11月5日，朱塞佩・馬塞利亞的手下曼弗雷迪・米內
奧和史蒂夫・費里格諾遭到暗殺

　　發生這種事情後，朱塞佩・馬塞利亞又喪失了大量的擁
戴者，曼弗雷迪・米內奧的繼承者法蘭克・斯卡萊斯拋棄了
「喬老大」，加入了薩爾瓦多・馬蘭扎諾的陣營。雖然朱塞
佩・馬塞利亞失去了大量的人才，但是從財力和物力上來比
較，他還是佔了上風，這場戰爭的結局仍未可知。

　　卡斯塔拉馬雷戰爭已經引起了美國社會的動亂，也影響
了黑幫正常的生意。街頭的流氓不再兜售毒品或者彩票，
他們像一群瘋子一樣揮舞手中的槍支，彼此毫無忌憚地在

街頭追逐。戰爭讓美國的私酒生意陷入混亂，而且參加戰爭的黑幫成員也不可能抽出時間去敲詐勒索。這場戰爭，已經讓紐約的黑幫損失了上千萬美元。

很多人都開始考慮儘量去終止這場戰爭，此時的查理‧盧西安諾已經成為朱塞佩‧馬塞利亞最器重的手下。儘管查理‧盧西安諾跟隨朱塞佩‧馬塞利亞的時間並不算短，但他一直以來都很看不起這個老闆。而且，此時他更加認識到為了一場註定失敗的戰爭而付出，是沒有任何意義的，他開始準備用自己的方式結束卡斯塔拉馬雷戰爭。

隨著卡斯塔拉馬雷戰爭的持續，黑幫打手們埋伏在各個街角，他們隨意開火，這讓整個紐約陷入了恐怖的境地。查理‧盧西安諾把邁爾‧蘭斯基等人召集起來進行商討，他們認為如果戰爭繼續下去，那麼公眾的注意力就會集中在黑幫身上，這對各個黑幫的發展是十分不利的。於是，查理‧盧西安諾對薩爾瓦多‧馬蘭扎諾傳達了想會面的資訊。

與此同時，薩爾瓦多‧馬蘭扎諾又一次向查理‧盧西安諾表達了他的誠意。他帶著喬‧波納諾和喬‧普羅法西到布朗克斯區的一家動物園與查理‧盧西安諾會面。查理‧盧西安諾則帶著喬‧阿多尼斯和班傑明‧西格爾。因為查理‧盧西安諾要表明一個態度，他的事業一直以來都是靠義大利人和猶太人合作進行的，所以他很厭惡老派黑幫老闆的那種「純西西里」血統觀念。

薩爾瓦多‧馬蘭扎諾起初準備拉進雙方的關係，但是查理‧盧西安諾很嚴肅地說希望雙方只是單純地用談生意的態度來進行交涉。薩爾瓦多‧馬蘭扎諾不得不放棄他那套教皇

般的派頭和說辭。雙方就幾點問題達成了共識,查理‧盧西安諾答應刺殺朱塞佩‧馬塞利亞,而薩爾瓦多‧馬蘭扎諾則承諾不會干涉查理‧盧西安諾、邁爾‧蘭斯基、法蘭克‧科斯特洛等人的生意。

一切都談好後,薩爾瓦多‧馬蘭扎諾指著查理‧盧西安諾的臉,表示對當時的事很遺憾。查理‧盧西安諾對此並不在意,畢竟現在他必須要和對方合作,雙方都希望看到朱塞佩‧馬塞利亞的死亡。然而薩爾瓦多‧馬蘭扎諾還是不放棄要查理‧盧西安諾親手殺死「喬老大」的決定。這一次「福星」敷衍了過去,因為他知道,自己絕對不可能這麼做。

1931年4月15日上午9點,查理‧盧西安諾在曼哈頓市區內「喬老大」的總部侃侃而談,朱塞佩‧馬塞利亞對他提出的謀殺薩爾瓦多‧馬蘭扎諾的助手的行動方案很滿意,聽起來如果這一切都順利進行的話,那麼朱塞佩‧馬塞利亞就能夠輕易贏取戰爭的勝利了。當時的朱塞佩‧馬塞利亞十分興奮。

據查理‧盧西安諾後來回憶:「我一定足足談了兩小時,這個矮胖子興奮得哈哈大笑,似乎他明天就可以用純金的杯子去品嘗薩爾瓦多‧馬蘭扎諾的鮮血。最後,他從那張比他還要寬一倍的皮椅子上跳了起來,開始在辦公室內跳舞。後來我又看到過一次類似的情景,那是第二次世界大戰期間,我從新聞裡看到希特勒打敗法國時也是這樣手舞足蹈的。這讓我想起了『喬老大』,他們兩個都是沒頭腦的傻瓜。」

中午的時候,查理‧盧西安諾提議到科尼艾蘭的餐廳去

用餐，這個餐廳的老闆也是查理·盧西安諾的好友，不管查理·盧西安諾在餐廳做什麼，他都會予以支援。而朱塞佩·馬塞利亞聽到查理·盧西安諾的建議之後並沒有任何警覺。

查理·盧西安諾像阿諾德·羅斯汀那樣具有風度地品嘗著紅酒，緩緩吃著食物。而朱塞佩·馬塞利亞則狼吞虎嚥，他在短時間內就將面前的食物吃掉。大部分的顧客都走了之後，朱塞佩·馬塞利亞還繼續吃著，而且他還等待飯後的甜點和咖啡。查理·盧西安諾認為「喬老大」可能會用三小時才能結束這頓飯。

等到下午3點左右，餐廳裡已經沒有其他顧客了，大部分的服務員也已經離開。查理·盧西安諾提議兩個人玩一會兒紙牌遊戲。這是查理·盧西安諾從法蘭克·科斯特洛那裡學來的俄羅斯紙牌。朱塞佩·馬塞利亞還不是完全糊塗，他提醒查理·盧西安諾，在回到總部之後還有許多事情要做，所以他們只能玩一會兒。

玩了一會兒，查理·盧西安諾輸給了朱塞佩·馬塞利亞。在下一輪遊戲開始前，查理·盧西安諾站起身說要到廁所去一下。而朱塞佩·馬塞利亞依然在那邊盡情吃喝。查理·盧西安諾剛關上廁所的門，就有四個人推開了飯店的正門。

其實在查理·盧西安諾從曼哈頓出來的時候，西羅·特拉諾瓦就已經開著車跟在他的後面。而在車上的是維托·傑諾維斯、喬·阿多尼斯、阿爾伯特·阿納斯塔西亞和班傑明·西格爾。他們四個衝進了飯店掏出手槍，對準「喬老大」射出了20多發子彈。朱塞佩·馬塞利亞不愧被稱為「能躲子彈的男人」，在槍林彈雨中也只中了六槍而已，不過這也

夠了，朱塞佩‧馬塞利亞倒下了，鮮血染紅了雪白的桌布，他的手中還握著一張黑桃A，只不過他再也不可能用這張牌去贏查理‧盧西安諾了。

◆倒在血泊中的朱塞佩‧馬塞利亞，他的手中還握著一張黑桃A，據說這張撲克牌是本傑明‧西格爾放進去的

謀殺進行得很完美，四名殺手在一分鐘內實行了計劃，並在最短時間內逃離了現場。隨後查理‧盧西安諾從廁所裡走了出來，他等了一會兒，確認朱塞佩‧馬塞利亞已經沒有了呼吸之後，他才打電話報警。當員警來了之後，他說他什麼也不知道，他一直在廁所裡。「我每次撒尿的時間都很長。」這就是查理‧盧西安諾唯一為警方提供的證詞，而

這句話也成為第二天《紐約時報》的頭條。

　　卡斯塔拉馬雷戰爭就此結束，戰爭因「喬老大」朱塞佩·馬塞利亞的死亡而終結，「小凱撒」薩爾瓦多·馬蘭扎諾成為勝利者，他也因此成為美國黑幫獨一無二「老闆的老闆」。現在他已經毫無顧忌，野心也暴露了出來。他覺得自己已經成為美國黑幫的教皇，成為黑暗帝國的統治者。

　　薩爾瓦多·馬蘭扎諾在最短的時間內就召集了全國各地的黑幫老大，他讓超過500人都擠在了布朗克斯中央大廳的宴會廳裡，並要他們按照地位的高低坐在預先準備好的座位上。而「小凱撒」則坐在他們的面前一個類似寶座的椅子上，查理·盧西安諾坐在他的右手邊。

　　整個宴會廳內到處都是十字架、宗教圖案和聖母瑪利亞的畫像，薩爾瓦多·馬蘭扎諾是個宗教狂，收集十字架也是他的愛好，他的脖子上掛著十字架，他的衣服袋子裡也都是十字架。當這個教皇一樣的黑幫老闆站起來時，其他人都不敢說話。

　　薩爾瓦多·馬蘭扎諾想要整合美國的黑幫，他向在座的所有人講述他的構想，他舉起了自己的拳頭，宣佈自己為最大的老闆。薩爾瓦多·馬蘭扎諾宣稱自己將不僅僅統治自己的組織，所有美國的黑幫都要歸併到一個組織中，由一個人領導。他將所有黑幫都稱為「家族」，這個類似西西里黑手黨的稱呼，用以取代帶有貶義的「惡徒」「匪幫」等稱呼。他將從每個家族的收入中按比例抽取提成，所有家族都將供奉他。

　　他還把紐約目前的勢力進行了改組，他在紐約建立了五個家族，用來控制整個紐約的犯罪事業。這五個家族在各

自的地盤內互不干擾，它們擁有對該地區的管轄權。隨後，他宣佈了這五大家族的族長：查理·盧西安諾接管了朱塞佩·馬塞利亞的勢力，並負責對整個紐約進行監管；湯姆·加利亞諾接管原屬於加埃塔諾·雷納的權益；法蘭克·斯卡萊斯依然控制曾經的薩爾瓦多·德拉奎拉的勢力；剩下的兩個族長則是薩爾瓦多·馬蘭扎諾的得力下屬喬·波納諾和喬·普羅法西，這就是紐約五大家族的雛形。

　　薩爾瓦多·馬蘭扎諾確定了這些秩序之後，他還制定了新的美國黑幫都必須遵守

◆法蘭克·斯卡萊斯曾是查理·盧西安諾的好友，也曾是紐約五大家族之中甘比諾犯罪家族的老闆，他曾暗中幫助查理·盧西安諾成為美國黑幫教父。圖為1948年冬天，法蘭克·斯卡萊斯到義大利拜訪查理·盧西安諾

　　的規章制度：任何人都不能夠談論自己所屬家族的情況，所有人都必須無條件地服從上級的命令，家族內部成

員不能發生內鬥，迄今為止彼此之間的所有恩怨都要一筆勾銷⋯⋯

這些規矩簡直是要把美國黑幫變成薩爾瓦多·馬蘭扎諾一個人的帝國，而他就是這個帝國的皇帝。但是查理·盧西安諾要說，既然薩爾瓦多·馬蘭扎諾曾經想成為牧師，那麼就讓他去見上帝吧！

沒有任何黑幫老大會喜歡自己的上頭還有一個掌控整個美國黑幫的大老闆存在，這一點是毋庸置疑的。而且這些家族族長以及二老闆跟查理·盧西安諾的關係，要比同薩爾瓦多·馬蘭扎諾的關係好得多。其中大多數人都屬於「少壯派」，他們對薩爾瓦多·馬蘭扎諾這種唯我獨尊的做法很不滿。

五大家族之中，法蘭克·斯卡萊斯本身和查理·盧西安諾的關係就比較好；而且家族之中的阿爾伯特·阿納斯塔西亞對查理·盧西安諾絕對忠誠，查理·盧西安諾要他做任何事情他都會去做；湯姆·加利亞諾的二老闆則是查理·盧西安諾的兒時同伴「三指布朗」湯姆·盧切斯，這個右手只有三根手指的男人後來成為薩爾瓦多·馬蘭扎諾的親信，他參與了日後的許多陰謀；喬·波納諾和喬·普羅法西也認為薩爾瓦多·馬蘭扎諾不應該再霸佔著統領全國這樣的地位。而除了五大家族之外，「荷蘭人」達茨·舒爾茨、路易士·布查爾特等人也是查理·盧西安諾的支持者。

查理·盧西安諾暗中召集同盟者，許多人都加入查理·盧西安諾的團隊中，他們在克里夫蘭暗中舉行了會議，且一致認為薩爾瓦多·馬蘭扎諾的腦中塞滿了西西里的族長觀念，現在這種觀念已經讓他變成了真正的凱撒，但是真正

的凱撒在準備稱帝後不久就被暗殺了。

　　儘管薩爾瓦多·馬蘭扎諾的構想有很多都是有道理的，但是他想坐在位於所有美國黑幫之上的位置，這是其他美國黑幫老闆無法容忍的。這種陳舊的思想應該被扔進大海，因為它已經過時了。

　　在會議上，他們詳細制定了行動計劃，當查理·盧西安諾消滅薩爾瓦多·馬蘭扎諾的時候，「小凱撒」的追隨者們也應該被剷除。當查理·盧西安諾發出訊息證實薩爾瓦多·馬蘭扎諾被殺死後，他在全國的盟友就將開始在各地執行暗殺。

　　當天晚上，查理·盧西安諾和邁爾·蘭斯基等人都對未來充滿了憧憬，他們愉快地決定去觀看一場職業拳擊比賽。但是比賽剛剛開始，幾名員警就把他們抓住了。畢竟這幾個人都是美國黑幫的領軍人物，他們一起到來可是引起了警方很大的注意。雖然他們很快就被釋放，但這次失誤險些破壞了查理·盧西安諾的計劃。

　　查理·盧西安諾事後，說：「我在克里夫蘭做了件愚蠢的事情，幾乎毀了我的全部計劃，毀了我多年來一直努力要達到的所有目標。我們到克里夫蘭之後，就應該立刻到最近的警察局去登記，說明我們已經到達該城市，而且是來看拳擊比賽的。我學到了一點，並且從來也沒有忘記。以後不論我到哪裡去，我都要在沒有打開行李箱之前就到警察局去打招呼。」

　　等他回到紐約後，薩爾瓦多·馬蘭扎諾就把他叫了過去，他想知道查理·盧西安諾到克里夫蘭去做了什麼。這和當初的朱塞佩·馬塞利亞幾乎相同，任何上位者都會對手下

心存忌憚和疑慮。當初查理・盧西安諾到大西洋城參加大西洋城會議時，也曾遭到朱塞佩・馬塞利亞的質問。於是他又把當年的說辭說了一遍，他說他不可能每件事情都向薩爾瓦多・馬蘭扎諾彙報，他只是去看了場拳擊比賽。

薩爾瓦多・馬蘭扎諾明白查理・盧西安諾是他需要的助手，因此他並沒有深究。只不過他還是對查理・盧西安諾產生了懷疑，他再次詢問查理・盧西安諾殺死朱塞佩・馬塞利亞的詳細經過。儘管外界對於「喬老大」的死有多種解讀，但是薩爾瓦多・馬蘭扎諾還是相信查理・盧西安諾親手殺死了朱塞佩・馬塞利亞。

不過，此時的查理・盧西安諾未免有些得意忘形，他剛剛得到了全國的支持，就疏忽大意地把殺死朱塞佩・馬塞利亞的實情告訴了薩爾瓦多・馬蘭扎諾。「即使你帶著你的相機親自在場，你也不可能拍下我扣動扳機的照片，正如報紙說的那樣，「喬老大」被殺的時候我正在廁所裡。所以你別再神經質地掛念這種事情了，把它忘了吧。」

薩爾瓦多・馬蘭扎諾聽到查理・盧西安諾這樣說，他驚訝地睜大了眼睛。查理・盧西安諾堅持不肯親手殺死自己的上級，這表示他並沒有完全被薩爾瓦多・馬蘭扎諾掌控在手中，「福星」依然是個定時炸彈。而且此時芝加哥的阿爾・卡彭也表示不會屈從於薩爾瓦多・馬蘭扎諾的統治。幸好查理・盧西安諾這個脾氣火爆的「表弟」只是發洩不滿，並沒有公然宣稱他更支持查理・盧西安諾，不然薩爾瓦多・馬蘭扎諾一定會第一時間剷除他們。

但即便如此，薩爾瓦多・馬蘭扎諾還是決心要殺死查理・盧西安諾，他列出了一份黑名單，查理・盧西安諾、喬・

阿多尼斯、維托‧傑諾維斯和法蘭克‧科斯特洛等人都在上面，而猶太人邁爾‧蘭斯基和班傑明‧西格爾卻沒有被列入名單。

有了目標之後，薩爾瓦多‧馬蘭扎諾開始物色殺手，他找到了外號「瘋狗」的文森特‧科爾。「瘋狗」科爾是個亡命之徒，他是個愛爾蘭人，也是個職業殺手，他沒有任何操守，誰給的錢多他就替誰賣命。

當然此時的查理‧盧西安諾還不知道薩爾瓦多‧馬蘭扎諾已經決定殺死他們，他和邁爾‧蘭斯基等人正在計劃如何暗殺薩爾瓦多‧馬蘭扎諾。查理‧盧西安諾發現，薩爾瓦多‧馬蘭扎諾經常待在他的新辦公室內，他在那裡從事合法的房地產以及進出口生意，這些合法的生意也為他的其他行業提供掩護。而且薩爾瓦多‧馬蘭扎諾很謹慎，他可不願意因為偷漏稅被逮捕，從這一點上來說，這個「小凱撒」比阿爾‧卡彭要聰明些。因此他很樂意讓財政部人員去查他的帳目，以顯示他是個正經商人。

邁爾‧蘭斯基按照查理‧盧西安諾的指示，從各個城市收買了三個猶太人槍手，這三個人再加上和查理‧盧西安諾長期合作的助手撒母耳‧萊文，他們一同組成了暗殺小組。邁爾‧蘭斯基在布朗克斯的郊區租了個房子，在那裡訓練他們，讓他們看起來和真正的聯邦稅務人員一樣。為了完成這樣的訓練，查理‧盧西安諾為他們提供一切他們需要的美食、美酒以及女人。查理‧盧西安諾後來估計，這項計劃花費了8萬美元，當然，這筆錢花得很值。

1931年9月9日，薩爾瓦多‧馬蘭扎諾打電話給查理‧盧西安諾，要查理‧盧西安諾到他的辦公室去。查理‧盧西安

諾知道時機到了，當天晚上，他和邁爾·蘭斯基來到殺手們居住的房間，在進行最後的演習後，查理·盧西安諾把「三指布朗」湯姆·盧切斯介紹給四名殺手，此時的湯姆·盧切斯已經成為薩爾瓦多·馬蘭扎諾面前的紅人。

9月10日下午2點，薩爾瓦多·馬蘭扎諾等待「瘋狗」科爾的到來，他要命令「瘋狗」科爾在當天就殺死查理·盧西安諾。那天，薩爾瓦多·馬蘭扎諾的辦公室內空無一人，一切都在為刺殺查理·盧西安諾做著準備。

但此時湯姆·盧切斯卻不請自來，他是薩爾瓦多·馬蘭扎諾的「親信」，也是湯姆·加利亞諾的二老闆。所以薩爾瓦多·馬蘭扎諾一時半會兒找不到合適的理由讓他離開。這時，四名打扮得像是公務員的人也走了進來，他們自稱是聯邦官員，並詢問哪位是薩爾瓦多·馬蘭扎諾。由於這個辦公室經常接待聯邦官員，因此沒有人想到詳細詢問他們是哪個部門的。

薩爾瓦多·馬蘭扎諾毫不遲疑地說他就是，此時湯姆·盧切斯也點頭示意，在確認了目標之後，他們鎖上了門，然後讓薩爾瓦多·馬蘭扎諾、他的祕書格蕾絲·撒母耳斯小姐、湯姆·盧切斯以及五名保安站成一排。這個場景和情人節大屠殺很類似，只不過這次的刺殺比那次更有技術含量。

殺手們並沒有急於殺死薩爾瓦多·馬蘭扎諾，他們用槍頂著他的後背，把他押到了他的私人辦公室內。隨後，殺手們拿出刀子，準備不聲不響殺死薩爾瓦多·馬蘭扎諾。然而薩爾瓦多·馬蘭扎諾並不像「喬老大」那樣是個只知道吃的廢物，他全力反抗，殺手們沒有辦法，最後還是掏出手

槍解決了他。這個美國黑幫教皇死相淒慘，他的胸前和身上被砍了六刀，脖子被砍斷了，頭和身上還有四處槍傷。

◆1931年9月10日，查理‧盧西安諾手下四名殺手冒充官員夥同「三指布朗」湯姆‧盧切斯謀殺了薩爾瓦多‧馬蘭札諾。圖為薩爾瓦多‧馬蘭札諾的屍體

殺手們成功之後就跑出了辦公室，隨後，薩爾瓦多‧馬蘭扎諾的保鏢們也跑了出來。他們擔心如果繼續留在那裡會被連累。當這些保鏢跑下樓的時候，「瘋狗」科爾才到達這裡。在知道他的雇主已經死亡之後，他只好拿著2.5萬美元的預付款離開。

就在「喬老大」死後五個月，「小凱撒」也見了上帝。上帝收回了這些抱有陳舊觀念的「鬍子皮特」。美國黑幫的秩序再一次被重建，而這一次，負責人不再是「老闆」，更不是「牧師」，而是一個真正的「教父」。

教父的權力

我不關心你的所作所為是正確的還是錯誤的，我只是要你知道，只有我有權力做出決定，因為我是教父，唯有我的死亡能否定它。

——電影《教父》

　　那些思想陳舊的老年人終於全部進入了上帝的懷抱，剩下的事業就需要年輕人去完成了。薩爾瓦多・馬蘭扎諾獲得了和他身分相稱的豪華葬禮，即便是查理・盧西安諾一手策劃了謀殺他的計劃，但是查理・盧西安諾還是堅持用長長的送葬車隊、鮮花、眼淚和莊嚴的悼詞為他送別。

　　查理・盧西安諾一直身居人下，而且在各個老大的身邊都沒有一個準確的定位，即便他作為朱塞佩・馬塞利亞或者薩爾瓦多・馬蘭扎諾的副手，但是他的主要心思也沒有放在他們的組織上。事實上，他曾跟隨的老大都或多或少地對他有過幫助。

　　在評價那些老輩黑幫老大對他的影響時，我們可以看到，阿諾德・羅斯汀教會了他如何穿衣打扮，在什麼場合應

該使用怎樣的談吐；而他跟隨朱塞佩‧馬塞利亞的時候，也鍛鍊了他忍耐的心性；而最後他跟隨薩爾瓦多‧馬蘭扎諾則培養了他奸詐、笑面虎的眼光。

◆在剷除了朱塞佩‧馬塞利亞和薩爾瓦多‧馬蘭札諾之後，查理‧盧西安諾如願以償成為了美國黑幫教父

　　隨著「喬老大」和「小凱撒」的喪生，查理‧盧西安諾已經成為公認的黑幫老大，然而根據這些年來在美國黑幫內奮鬥的經驗，查理‧盧西安諾認為西西里人那一套家族族長的規則，在美國是沒有市場的。薩爾瓦多‧馬蘭扎諾的君主制度已經和他一起去見上帝了，現在查理‧盧西安諾要走的道路是團結和共同繁榮。從今以後，美國的黑幫應該走上各自獨立、互相尊重但又目標統一的道路。

　　查理‧盧西安諾明白，他不能夠像朱塞佩‧馬塞利亞或者薩爾瓦多‧馬蘭扎諾那樣強迫喬‧普羅法西、喬‧波納諾、法蘭克‧斯卡萊斯以及阿爾‧卡彭等人屈服自己。這些人曾

經支持過他，也對他表示出了尊重，那麼他們也希望能夠從查理・盧西安諾那裡獲得尊重。因此，查理・盧西安諾意識到，他必須坐在類似薩爾瓦多・馬蘭扎諾的位置上，這些黑幫老大的希望表現出一種義大利人傳統思想上的矛盾，既渴望領袖去領導，卻又抵制絕對專制的領袖。

薩爾瓦多・馬蘭扎諾被除掉之後，這些黑幫老大從美國各地發來了賀信，並且都表示出了對查理・盧西安諾的擁戴。但這也是一種警示，查理・盧西安諾必須對未來的計劃做出更詳細的規劃。查理・盧西安諾必須避免像那些「鬍子皮特」般眾叛親離，他不能夠像薩爾瓦多・馬蘭扎諾那樣要求所有人都來見他，相反的，查理・盧西安諾必須主動去找他們。幾個星期之後，美國各地的黑幫老大再次聚集起來，這次他們把聚會的地點選在了芝加哥，查理・盧西安諾的「表弟」阿爾・卡彭為他舉行了盛大的招待會。

收到邀請的黑幫老大們來自全美各地，他們有的人甚至是第一次見到「福星」查理・盧西安諾，不過即便如此，這些老大的目的基本一致，那就是推舉查理・盧西安諾為新的老闆。當然，查理・盧西安諾不會有根深柢固的血緣觀念，實際上他對猶太人的好感眾所周知。因此在他羅列的邀請名單中既有義大利人，也有愛爾蘭人和猶太人。

阿爾・卡彭為了招待這些老闆，他包下了芝加哥當地兩個飯店，據說阿爾・卡彭在這兩個飯店都有不小的股份。他將各個樓層分配給不同城市的黑幫成員，而最好的套間則留給了各個黑幫的老闆。

負責飯店安全的則是阿爾・卡彭的芝加哥犯罪組織的成員，以及部分從芝加哥員警部隊裡雇來的員警。雖然阿爾・

卡彭已經成為「芝加哥王」，但是芝加哥仍然是個危險的地方。即便是查理·盧西安諾在事後也說：「在芝加哥單獨行走是不安全的。」

查理·盧西安諾和各個黑幫老闆進行了會面，他並沒有在大禮堂裡發表談話，而是面對面地和黑幫老大詳談。他承諾一切紛爭都已經過去，美國的黑幫再也不要回到野蠻人一般互相爭鬥的情形，每個城市的每個集團都能夠獲得獨立，但是在這種獨立之上，還需要一種全國性的組織，把各個城市的犯罪集團聯合在一起。

美國的黑幫必須擺脫昔日的混戰局面，必須停止一切無謂的廝殺。這些無意義的殺戮不僅會破壞他們正常的生意收入，還會引起群眾的恐慌以及警方的注意。如果不停止自相殘殺，那麼各個地區的黑幫根本不可能正常經營。

其實早在許多年前，查理·盧西安諾就受到了阿諾德·羅斯汀等人的影響，他早已經有了一個概念，決定日後美國的犯罪組織應該是什麼樣的。藉著這次會議的機會，查理·盧西安諾把他的想法說了出來。他提議，每個地方的犯罪組織都應該在其統轄地盤內擁有絕對的自治權，但是在各個黑幫的上面，將成立一個全國性質的委員會。這就像是合法經營的公司的董事會，這個全國性質的委員會，將決定各個黑幫大方向上的方針政策。所有黑幫的老闆都是這個委員會的委員，委員會內的所有人都不會享有任何特權。即便委員會公認查理·盧西安諾成為主席，但是查理·盧西安諾也不會有比其他人更大的權力。

西西里聯盟委員會是建立在薩爾瓦多·馬蘭扎諾建立的五大家族的基礎之上，因此這五大家族也被保留了下來，

並成為委員會中最重要、最具有話語權的組織。不過也許是因為法蘭克‧斯卡萊斯在卡斯塔拉馬雷戰爭中的牆頭草表現，所以查理‧盧西安諾把他繼承的勢力交給了文森特‧曼加諾。

除了對西西里聯盟委員會進行詳細的解讀，查理‧盧西安諾還做了許多改良傳統的事情，他極力避免大老闆或者「老闆的老闆」之類的稱呼，他認為這種稱呼是對其他黑幫老大的不尊重。不過很多黑幫老大都對此表示不解，尤其是其中的西西里人，他們認為查理‧盧西安諾提出的規劃方案實在太美國化了，這些犯罪組織幾乎都變成了美國的公司集團。

當晚，阿爾‧卡彭舉行了盛大的宴會，查理‧盧西安諾緊靠著阿爾‧卡彭，這讓他覺得很有面子。不過當那些來賓像往常一樣按照習慣給查理‧盧西安諾送上裝滿金錢的錢包時，查理‧盧西安諾卻拒絕了，他認為這種傳統會讓別的老闆覺得查理‧盧西安諾仍然位於他們之上，仍然不是處於和他們平起平坐的地位。

◆甘比諾犯罪家族前老闆文森特‧曼加諾。查理‧盧西安諾成為美國黑幫教父之後，讓他代替法蘭克‧斯卡萊斯成為犯罪家族老闆

　　隨後，查理·盧西安諾還提出對委員會體系進行改良，以往每個黑幫內都是老闆的權力過大，而底層成員的權力太小，就算這些底層人員有什麼想法或者決策，也不能夠讓上級瞭解。因此查理·盧西安諾建議在中間新構造一層上訴機構，這種機構可以讓底層人員向上表達他們的想法以及不滿。而且這種上訴機構的成員可以有多種作用，他們不僅可代表底層成員講話，還能夠做黑幫老大的顧問。因此這些上訴機構的成員具有舉足輕重的地位，他們不必擔心因為替底層人員說話而遭到報復。

　　站在權力頂峰的查理·盧西安諾彷彿在瞬間過著隱士般的生活，他住在旅店裡，用「查理斯·羅斯」的化名入住沃爾多塔樓。他喜歡夜間的生活，因此很少在中午之前起床。當他起床後，就開始裝扮自己。他有上百件絲綢襯衣，並在外面穿上得體的大衣。看起來就像是個闊綽的銀行家，沒人會想到他就是整個美國黑幫最有權勢的人。

　　打扮好之後，查理·盧西安諾就到飯店去吃午餐，他喜歡和幾個演員一起吃午餐，當時那些演員不會拒絕查理·盧西安諾的邀請。隨後則是他的晚餐時間，有時候法蘭克·科斯特洛、湯姆·盧切斯或者邁爾·蘭斯基等人都會陪查理·盧西安諾共進晚餐。

　　吃過晚餐後，他也會到街角去吃甜食，查理·盧西安諾在年輕的時候就喜歡吃千層霜淇淋和義大利冰糕，當初他幾乎每天都會和喬·阿多尼斯去吃霜淇淋，這種嗜好他一直沒有改變。隨後他就和同伴到郊區的克拉裡奇旅館的辦公室去處理事務。

　　這間辦公室算是查理·盧西安諾等人早期的辦公場所，

當初他和邁爾・蘭斯基、班傑明・科斯特洛、班傑明・西格爾等人，在這個房間裡做出了許多具有意義的決策。當然，這個辦公室裡並沒有任何機密的東西，這個辦公室裡只有幾把椅子、一張沙發和一個桌子。如果警方突然檢查這裡，那麼他們只能夠找到幾個坐著聊天的人。

在這個辦公室裡，查理・盧西安諾處理了許多事情，也有許多人請求和查理・盧西安諾見面。這些從各處到來的人跟查理・盧西安諾會面，請求他批准買賣彩票，經營各種賭博生意執行搶劫或者投放高利貸等計劃。可以說這個小房間已經成為黑幫的指揮室，那些人等在門外，直到接到了查理・盧西安諾的召見。「福星」跟這些人進行簡短的交談，並就他聽到的表示贊同或者反對，或者提出其他有建設性的建議。美國電影《教父》開頭的場景，也許也或多或少地借鑑了這個真實的地方。

查理・盧西安諾成為美國黑幫的教父，他為其他黑幫解決問題，也為那些前來詢問的人出謀劃策。而此時的美國正如多年前強尼・托里奧預言的那樣，已經開始允許酒類飲品的銷售。隨著羅斯福的上台，美國國會廢除了《美國憲法第十八修正案》，禁酒時期至此結束。

查理・盧西安諾和其他的黑幫老大，並沒有對這個重大的變故表現出太大的喜悅或者驚訝。因為他們早在1929年就已經預見《禁酒令》將被廢除，這只不過是個時間問題。多年以來，查理・盧西安諾等人一直在完善美國的有組織犯罪。他們在1929年的大西洋城會議上奠定了日後美國有組織犯罪的基礎，在剷除了「喬老大」和「小凱撒」的勢力後團結美國黑幫。他們早已經做好了準備。

當《禁酒令》被廢除後,這些黑幫老大依然是酒類飲品的主要供應商,沒有人比他們更懂得如何賣酒,而且也沒有多少人敢於和他們競爭。當《禁酒令》被廢除的那一刻,美國的所有私酒都被那些黑幫老大拋售了出去。而且他們把大部分的酒,送給了美國各地的天主教堂和猶太教堂,在名義上,這些惡棍搖身一變成了安分守己的好人。

美國黑幫已經開始接手合法的售酒事業,他們那些在禁酒時期見不得光的地下酒吧,也統統變成了合法的高級夜總會。

除了合法販賣酒類飲品之外,美國黑幫還加快了其他事業的發展步伐。他們在賭博業風生水起,這些黑幫老大在新奧爾良、佛羅里達和新澤西等地建立大型賭場。黑幫老大們仍然牢牢把持夜總會的經營,他們為這些夜總會提供所需的威士忌。

美國此時公認的教父查理·盧西安諾作為中間人,美國黑幫各個老大同伊諾克·路易士·詹森達成了協定。美國黑幫可以在新澤西海岸開辦賭博業。伊諾克·路易士·詹森可以從中抽取25%的利潤,而查理·盧西安諾等人則提供賭博用的各種設備和全部費用。

這個協議看起來對伊諾克·路易士·詹森十分有利,但是他在當時是新澤西的地下皇帝,有他這個保護傘的存在,任何生意都會收穫上百倍的利潤,這是一次雙方都會滿意的交易。

美國黑幫老大開始把事業的重心轉移到合法賣酒、影視業以及賭博業上,而頗有眼光的強尼·托里奧在這個時候又找到了查理·盧西安諾等人,他以這群老闆的顧問的身分,

提醒他們最好要寫個人所得稅申報書。從1928年開始，就已經有許多黑幫老大填寫了申報書，上報了這些合法的生意。

查理‧盧西安諾在申報書上將自己的職業寫成了「職業賭徒」，他聲稱每年的收入只有1.6萬美元，而在接下來的幾年內，他又把這個數字提高到了2.5萬美元。這種做法看起來很可笑，如果你為自己的非法事業納稅，那麼美國政府就不會指控你違法。

當然凡事總有例外，有些黑幫老闆填寫個人所得稅申報書時已經太遲了，這讓那些心懷壯志的年輕檢察官得以施展自己的抱負。艾略特‧內斯就是利用阿爾‧卡彭稅務上的漏洞將「芝加哥王」逮捕的。不過艾略特‧內斯的結局未免有些令人唏噓，由於美國聯邦調查局局長約翰‧愛德格‧胡佛對他的打壓，造成他最終只能升職到克里夫蘭市警察局長的位置。

而另一位比艾略特‧內斯要幸運得多的檢察官，則踩著美國黑幫險些成為美國總統。湯瑪斯‧杜威當時年僅30歲出頭，儘管這個年紀在當時的檢察官行列中尚顯稚嫩，但是他在打擊黑幫之中的成就卻無人能及。

正是他的出現，導致西西里聯盟委員會不得不一致決定處死「荷蘭人」達茨‧舒爾茨，而且他還讓美國教父查理‧盧西安諾進了大牢。

「荷蘭人」達茨‧舒爾茨並不是荷蘭人，他是個猶太人，原名是亞瑟‧西門‧弗萊金海曼。他出生在紐約布朗克斯，很小的時候，達茨‧舒爾茨就開始犯罪，由於這個傢伙有類似阿爾‧卡彭那樣的虛榮心，所以他把自己的名字改得很短，這樣就能夠很輕易地出現在報紙的標題上。因為「達

茨」有荷蘭人的意思，所以他的朋友們都叫他「荷蘭人」。

　　達茨‧舒爾茨和許多美國黑幫老大一樣，他也是在禁酒時期起家的。1928年，布朗克斯區的私酒販子喬伊‧挪亞雇他作為運輸私酒的保鏢。達茨‧舒爾茨脾氣暴躁，性格殘忍，他不容許別人侵犯他的利益。慢慢地，他從保鏢成為喬伊‧挪亞的合作夥伴。

　　當時掌控布朗克斯的是羅克兄弟，他們起初拒絕從喬伊‧挪亞和達茨‧舒爾茨那裡購買酒類。不過隨後兄弟中的哥哥約翰‧羅克同意合作，但是弟弟喬‧羅克仍然固執己見，直到他被達茨‧舒爾茨綁架並被弄瞎了眼睛為止。現在所有人都不會再小看這個吝嗇但暴躁的傢伙了。

◆美國黑幫成員達茨‧舒爾茨。禁酒時期結束後，他開始從事賭博業，但在湯瑪斯‧杜威的步步緊逼下，他的生意遭到了壓迫。為此，他提議謀殺湯瑪斯‧杜威

查理‧盧西安諾和達茨‧舒爾茨也算是有著不錯交情的夥伴，但是二者的關係並不算深厚，起碼查理‧盧西安諾不會像對待邁爾‧蘭斯基等猶太人那樣對達茨‧舒爾茨坦誠相待。因為達茨‧舒爾茨是他見過最小氣的人。雖然達茨‧舒爾茨手中擁有幾百萬美元的資產，但是他卻穿著破爛不堪的衣服。甚至「荷蘭人」曾經吹噓他用來購買衣服的錢，絕對不會超過35美元，而且這件衣服必須和兩條褲子搭配。

不過即便查理‧盧西安諾並不喜歡達茨‧舒爾茨，但他們仍然是很好的合作夥伴。達茨‧舒爾茨性格果斷，做事很痛快，常常能夠完成查理‧盧西安諾需要他做的一些重要事情。所以單獨從能力上來看，達茨‧舒爾茨是個值得信賴的夥伴。

而達茨‧舒爾茨做的最漂亮的事情，應該就是剷除了「瘋狗」科爾。文森特‧科爾是個單幹的愛爾蘭人，他幾乎就是黑幫的雇傭兵，但是他也希望能夠有一片屬於自己的地盤。他看中了達茨‧舒爾茨的地盤，提出共同分享，但是達茨‧舒爾茨拒絕了。1931年7月28日，文森特‧科爾企圖綁架達茨‧舒爾茨手下負責販賣私酒的約瑟夫‧里奧。當天約瑟夫‧里奧正坐在一個社交俱樂部的前面，「瘋狗」科爾將卡車停在俱樂部門前，幾根槍管從車窗伸出，開始瘋狂掃射。街邊的許多路人都遭到了誤傷，而且還有一個五歲的小男孩被機槍打死。當時紐約市長吉米‧沃克公開稱文森特‧科爾為「瘋狗」，而媒體更是直接叫他「孩子殺手」。

兩個月後，「瘋狗」科爾接到了一個新工作，「小凱撒」薩爾瓦多‧馬蘭扎諾花大價錢雇他去刺殺查理‧盧西安諾。然而文森特‧科爾來晚了幾分鐘，當他到達薩爾瓦多‧

馬蘭扎諾的總部時，「小凱撒」已經被殺了。

　　現在這個「瘋狗」已經處境堪憂，他不僅在公眾面前的形象十分惡劣，還和當時的美國教父查理‧盧西安諾交惡。1932年，獨來獨往的文森特‧科爾打電話向歐文‧麥登進行勒索，不過狡猾的歐文‧麥登在拖延住他的同時通知了達茨‧舒爾茨。隨後，三名槍手鎖定了「瘋狗」科爾的位置，將其槍殺。

　　當時美國正處於廢除《禁酒令》的前期，達茨‧舒爾茨在除掉文森特‧科爾的同時，也正準備將自己的事業進行轉型。1930年前後，他看中了賭博業的廣闊前景。

◆愛爾蘭黑幫成員文森特‧科爾。他是個獨來獨往的殺手，在和達茨‧舒爾茨搶奪生意的時候，他曾用機槍射殺了路邊的小孩，因此有人叫他「瘋狗」科爾

　　起初達茨‧舒爾茨並不看重這種用數字打賭的小遊戲，因為他覺得這種賭博的利潤十分有限，但是他後來看到了數字賭博背後的巨大潛力，因此他才在經過查理‧盧西安諾的同意後，成為全美最大的彩票賭博經營者之一，他每天從賭博業中能夠獲取超過3.5萬美元的盈利。

　　除了賭博，達茨‧舒爾茨還和查理‧盧西安諾等人共同掌控了紐約的皮草生意，這個生意早年就已經被路易士‧布查爾特等人掌握住了，因此要進入這個市場並不太難，只要查理‧盧西安諾允許，他就能夠從中獲利。

　　然而達茨‧舒爾茨的事業並不是一帆風順的，因為他沒有填寫1929年、1930年和1931年這三年的個人所得稅申報書，所以紐約的聯邦大陪審團控告達茨‧舒爾茨在這三年內從事販賣私酒的生意盈利，至少為48萬美元，因此他需要支付9.2萬美元的稅款。而且如果達茨‧舒爾茨被判處有罪的話，他所需要承擔的就不只是罰款那樣簡單了，一旦達茨‧舒爾茨被定罪，那麼他就必須要在監獄裡度過長達43年的時間。

　　達茨‧舒爾茨此次的敵人並不容易對付，當時美國在總統羅斯福的帶領下，幾乎正式向腐敗的塔馬尼派宣戰，因而美國政壇正處於激進的改革之中。新任紐約市長菲奧雷洛‧拉瓜迪亞四處宣揚要嚴厲打擊貪污腐敗和黑幫成員。

　　達茨‧舒爾茨的個人所得稅申報書並不完整，因此他也成為紐約市政府主要打擊的對象。政府已經掌握了達茨‧舒爾茨偷稅漏稅的詳細證據，而他也試著賄賂相關人員。但是不幸的是，他的所有做法都被證明是沒有用的。

　　達茨‧舒爾茨陷入了有生以來最大的困局，他的律師試

圖證明達茨‧舒爾茨沒有必要填寫那三年的個人所得稅申報書，但是法官駁斥了這種觀點。在無計可施的情況下，達茨‧舒爾茨只能認罪認罰。

隨後的幾個月裡，達茨‧舒爾茨居然信奉了天主教，人們認為這是他力圖改變他在大眾心中形象的一種手段，但是查理‧盧西安諾可以看得出，達茨‧舒爾茨的確是改變了自己的信仰，也許是第一次的審判讓「荷蘭人」害怕了。

然而信奉了天主教的猶太人並沒有學會上帝的憐憫。而且達茨‧舒爾茨在美國，他並不是在天堂，所以在這裡，上帝是沒有話語權的。「荷蘭人」顯然沒有搞清楚現狀，因此觸犯了西西里聯盟委員會的規章，付出了代價。

即便達茨‧舒爾茨成為上帝的羔羊，但他的噩夢只是剛剛開始。1935年，湯瑪斯‧杜威走馬上任，他再次拿可憐的達茨‧舒爾茨開刀。當時達茨‧舒爾茨的二老闆阿伯拉罕‧溫伯格掌控著達茨‧舒爾茨的產業名單，所以他在達茨‧舒爾茨出現危機的時候，把名單交給了查理‧盧西安諾等人。

不久，達茨‧舒爾茨的產業就被查理‧盧西安諾等人瓜分，雖然他們在名義上是為了保證他的產業不被聯邦政府，或者其他有野心的人吞占，但這也讓達茨‧舒爾茨很不舒服。這種感覺就像是他還沒有進入墓地，朋友們就開始分割他的財產了。

他們也設想過如果達茨‧舒爾茨最後能夠被判無罪，那麼這些產業也會送還給他。但是他們都知道這不過是空口說白話，因為他們很信任湯瑪斯‧杜威，在他認真的調查下，達茨‧舒爾茨一定會被判處有罪！

一直在外潛逃的達茨‧舒爾茨不得不返回紐約，但當他

發現他的產業都被他的二老闆阿伯拉罕‧溫伯格出賣給了查理‧盧西安諾等人後，他開始在暗中監視阿伯拉罕‧溫伯格。9月，阿伯拉罕‧溫伯格從世界上消失了，如果沒有他的配合，查理‧盧西安諾等人不會知道達茨‧舒爾茨所有的產業，所以憤怒的達茨‧舒爾茨親手殺了這個叛徒。

按照目前的情形，達茨‧舒爾茨似乎已經陷入了瘋狂，他請求西西里聯盟委員會允許他暗殺湯瑪斯‧杜威，因為湯瑪斯‧杜威不僅想要指控達茨‧舒爾茨偷稅漏稅，還要直接指控他的謀殺罪，讓達茨‧舒爾茨直接坐在電椅上受死。

湯瑪斯‧杜威手上有證據證明達茨‧舒爾茨和一起謀殺案有關，1935年3月2日，達茨‧舒爾茨親手用槍殺死了朱爾斯‧馬丁，僅僅因為朱爾斯‧馬丁偷取了他幾千美元。湯瑪斯‧杜威的步步緊逼讓達茨‧舒爾茨無計可施，他只能想到殺死湯瑪斯‧杜威這個方法。

幾天後，對查理‧盧西安諾絕對忠誠的阿爾伯特‧阿納斯塔西亞偷偷告訴他，達茨‧舒爾茨暗中要他利用謀殺公司的勢力去調查湯瑪斯‧杜威，並對他的住宅進行監視。達茨‧舒爾茨想要用最有效的辦法殺死湯瑪斯‧杜威。

但是達茨‧舒爾茨的這種做法已經觸犯了西西里聯盟委員會的準則。查理‧盧西安諾曾經宣佈，他們不能夠擅自殺死不屬於自己組織的人，如果想要對這個人動手，那麼就必須召開西西里聯盟委員會議，並且需要全體委員一致通過這個提議。哪怕有一個人對此進行否決，那麼該提議也不能夠通過。

當達茨‧舒爾茨把要殺死湯瑪斯‧杜威的提議說出來之後，只有阿爾伯特‧阿納斯塔西亞和雅各‧夏皮羅贊同，其

他人都表示反對。達茨·舒爾茨憤怒地表示，他將用自己的力量去殺死湯瑪斯·杜威。

查理·盧西安諾感到達茨·舒爾茨已經成為潛在的威脅，目前湯瑪斯·杜威在公眾眼中是最合格的執法人員，也受到了眾多市民的擁戴，一旦美國黑幫將他剷除，那麼將引起社會和政界的動盪，這對想要低調發展的美國黑幫是十分不利的。

所以查理·盧西安諾暗中又召集了美國各地黑幫老大，進行了祕密的會議。儘管達茨·舒爾茨有很多朋友，但是查理·盧西安諾還是要求這些老大務必對此次會議進行保密，一個字也不能告訴「荷蘭人」。

根據西西里聯盟委員會成立之時所制定的規章，所有委員都擁有發言權，但是只有西西里人才可以投票。雖然查理·盧西安諾想要廢除西西里人的那種血統思想，但是邁爾·蘭斯基卻說如果貿然讓西西里人失去高人一等的地位，那麼將引起混亂。所以委員會便按照這樣的制度來運行，而邁爾·蘭斯基等人也沒有投票權。最終的投票結果，是全員一致同意處死「荷蘭人」達茨·舒爾茨。

美國黑幫已經被整合成一個整體，所有人都必須按照西西里聯盟委員會的規章制度行事，「荷蘭人」達茨·舒爾茨是第一個違背委員會規章的人，因此他的結局也是註定了的。

不過也不是所有人都贊同這個結果，邁爾·蘭斯基就曾私下警告查理·盧西安諾：「查理，我作為一個猶太人，而且是你最信任的朋友，我必須要警告你，如今達茨·舒爾茨是你天然的掩護，美國政府的那群人正死死地盯著他。但是如果「荷蘭人」被除掉了，那麼你就暴露出來了，查理·

盧西安諾，你就像是個裸露在外的嬰兒，你不再有任何掩護，對你有敵意的人能夠直接傷害到你。要知道，湯瑪斯・杜威解決了達茨・舒爾茨，那麼他下一個目標就肯定會是你。」

邁爾・蘭斯基的話讓查理・盧西安諾後悔不已，然而美國黑幫已經成為整體，而他本人正處於教父的位置，教父制定的規章不容違背。這是成為美國黑幫至高人物所必備的覺悟，即便查理・盧西安諾明知道除掉達茨・舒爾茨會對他造成威脅，但是為了全體西西里聯盟委員會成員的安全，他必須做出選擇。

教父的歸教父，但是教父的選擇卻必須以全體美國黑幫的利益為重。

教父的抉擇

我們準備試試我們的運氣，戰至最後一人。

——威廉‧莎士比亞《亨利四世》

查理‧盧西安諾身為美國黑幫的教父，他不能夠只考慮自身的安危。誠然，保住達茨‧舒爾茨也許會讓政府的視線一直鎖定在他的身上，但是如果他真的殺了湯瑪斯‧杜威，那麼將引起美國全境對黑幫的大力反擊和打壓，這對所有黑幫老大都是極為不利的。

因此，查理‧盧西安諾必須做出抉擇，即便這抉擇將把他帶入險地。查理‧盧西安諾把殺死達茨‧舒爾茨的任務交給了查理‧沃克曼和伊曼紐爾‧韋斯。前者是查理‧盧西安諾的一個司機，後者則是謀殺公司的殺手。

1935年10月23日夜晚，達茨‧舒爾茨正在新澤西州紐華克的皇宮飯店吃飯，這裡是他最喜歡的餐廳，他總是到這裡來用餐。當時和他在一起的，有他的兩個保鏢阿貝‧蘭多和伯納德‧羅森克蘭茨以及會計師奧托‧伯曼。

當時飯店裡已經沒有什麼客人，他們四個人坐在一起聊著天，而達茨‧舒爾茨起身去上廁所。這時候查理‧沃克曼

和伊曼紐爾・韋斯推開飯店的門走了進來。查理・沃克曼進入飯店後在廁所裡發現了達茨・舒爾茨，當時他正在小便。查理・沃克曼和伊曼紐爾・韋斯同時開火。查理・沃克曼射出了兩顆子彈，但是子彈並沒有射中達茨・舒爾茨的心臟，而是幸運地從略向下的位置穿過他的身體，並沒有讓他立刻死亡。

隨後他們對飯店裡剩下的三個人開槍，其中奧托・伯曼中槍後就倒在了地上，而達茨・舒爾茨的兩個保鏢則奮力還擊。阿貝・蘭多的脖子被子彈打穿，頸動脈也被割破。而伯納德・羅森克蘭茨更慘，他被近距離射出的霰彈打中。即便他們身上的傷都是致命的，但是他們還是奮力還擊。

查理・沃克曼和伊曼紐爾・韋斯被迫退出了飯店，但是他們的任務也已經完成。伊曼紐爾・韋斯很快就鑽進了車子裡，而且不管查理・沃克曼的死活就催促司機趕快走。阿貝・蘭多追著查理・沃克曼出了飯店，試圖用槍打中查理・沃克曼，但是並沒有成功。隨後查理・沃克曼離開了現場，阿貝・蘭多則倒在路邊的垃圾桶旁。

達茨・舒爾茨雖然被射中了，但他並沒有立刻死亡，他不想死在廁所裡，所以他掙扎著走了出去，並坐在桌子旁邊。他呼喊著讓重傷的伯納德・羅森克蘭茨去叫救護車。伯納德・羅森克蘭茨在打完電話給救護車後，也在電話亭裡失去了意識。

員警想從達茨・舒爾茨的口中獲知是誰槍殺了他，但是達茨・舒爾茨拒絕和警方合作，直到他死去，他也沒有出賣西西里聯盟委員會的任何人。一天後，搶救無效的達茨・舒爾茨在接受了天主教的儀式後去世了。

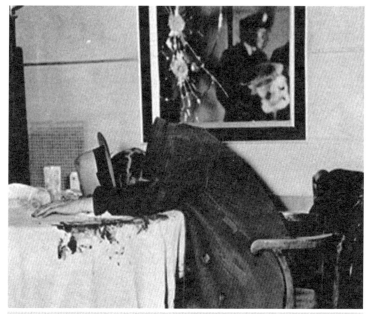

◆1935年10月23日，查理·沃克曼和伊曼紐爾·韋斯奉命暗
殺他。圖為中彈之後趴在桌子上的達茨·舒爾茨

　　達茨·舒爾茨是第一個被美國黑幫內部處決的黑幫老
大，而他也在世界上留下了豐富的談資。後來有人收集世
界上巧的事情的時候，還把他和數字23放在了一起。1932
年，他命令人在紐約23街殺死了「瘋狗」科爾，當時文森
特·科爾正好23歲。23日，達茨·舒爾茨被人謀殺，而兇手
查理·沃克曼在六年後被捕，在監獄內待了23年後獲得假釋。

　　威脅整個西西里聯盟委員會的達茨·舒爾茨被內部處
決，但隨之而來的，則是湯瑪斯·杜威越來越積極的行動。
此時所有人都知道查理·盧西安諾是美國黑幫的教父，但是

知道了這一點又有什麼用呢？達茨·舒爾茨死掉之後，湯瑪斯·杜威的打擊對象就變成了查理·盧西安諾，但他這次的目標可不是像「荷蘭人」那樣容易對付的，想要把查理·盧西安諾扔進監獄是十分困難的。

查理·盧西安諾有非常完備的掩護體系，他用公開的大企業作為自己的保護層，所有調查他的人只能夠觸及皮毛，他的犯罪王國擁有最完善的體系。20世紀的30年代，查理·盧西安諾仍然操控著紐約大部分的犯罪活動，但是這些實際做案者和查理·盧西安諾並沒有任何直接的聯繫，他們之間有許多層級，用以確保查理·盧西安諾的安全。

湯瑪斯·杜威的確很能幹，他抓了很多犯罪分子，但是這些處於底層的罪犯不可能接觸到教父這個級別。這也正是教父查理·盧西安諾的過人之處，湯瑪斯·杜威審問的罪犯的確都有上級，但是這些頂頭上司絕不是查理·盧西安諾或者和他親密的人，這些所謂的頂頭上司都是些無關痛癢的人物。

沒有人能夠直接指證查理·盧西安諾命令他做過任何違法犯罪的事情，也沒有人敢說曾經親手把錢交給了查理·盧西安諾。但是所有人都知道查理·盧西安諾掌控著這一切，湯瑪斯·杜威知道，美國的司法界也知道，但是他們的手裡就是沒有能夠在法庭上充分指證的證據。

這時候，湯瑪斯·杜威的任何調查似乎都是在做毫無用處的努力。而在此時，一個和湯瑪斯·杜威沒有絲毫關係的情報卻為案情帶來了轉機。負責對妓女提出公訴的一位女檢察官妮絲·卡特在對那些妓女進行詢問時意外發現，這些人的說辭幾乎驚人的一致。這些妓女聲稱她們只是從鄉下

來到紐約看望老朋友的普通婦女，當她們按照老朋友給她們的地址去會面時，卻遭到了埋伏在妓院附近的員警逮捕，而她們一直堅稱自己不知道那裡是妓院。

這種說法表明了這些女孩都經過了統一的訓練，而且為這些女孩支付保釋金的都是同一個律師，據說這個律師和黑幫有所勾結。每回他都會在確認保釋金額後很痛快地出面交錢。透過這些，妮絲・卡特可以確定這些妓女是有組織地活動，背後一定有一個規模龐大的組織在操縱一切。

她將她的猜想告訴了湯瑪斯・杜威，後者對此表現出了濃厚的興趣，他派出了很多手下去調查紐約各個地區的妓院，從中發現某些皮條客的名字出現得最為頻繁，這證明這些皮條客有可能和更高一級的領導者接觸。

隨著調查的深入，湯瑪斯・杜威投入的人手越來越多，而且目的很明確，他需要找到能夠明確表明查理・盧西安諾和賣淫集團有關的有力證據。湯瑪斯・杜威很快就找到了皮條客裡最有權勢的人，他不認為這個看似是賣淫集團老闆的傢伙，會不經過首領的同意就下達指示，於是他把調查方向鎖定在這個皮條客身上。

1936年1月底，儘管湯瑪斯・杜威還沒有找到能夠指控查理・盧西安諾的證據，但是他已經有充足的證據去逮捕那些在賣淫集團中比較重要的成員。2月1日，大量的偵探和員警對紐約的妓院進行掃蕩，逮捕了超過100名妓女和十幾名皮條客。

雖然這次行動沒能傷及查理・盧西安諾的利益，但是湯瑪斯・杜威自然有他的主意，他要手下不分晝夜審訊逮捕回來的罪犯，務必抓出藏在這個賣淫集團背後的大首腦。

很快這些被抓的人就發現湯瑪斯・杜威等人並不在乎他們是否犯罪了，這些員警和檢察官只想從他們身上得到查理・盧西安諾脅迫女孩賣淫的充足證據。

只要這些被審訊的人能夠把查理・盧西安諾牽扯進來，那麼他們就可以平安無事。甚至如果他們能夠保證出庭並指證查理・盧西安諾，那麼湯瑪斯・杜威不僅會撤銷對他們的指控，還會讓他們生活得更好。當然了，如果能讓查理・盧西安諾成功坐牢，那麼這些人大概還會得到湯瑪斯・杜威的獎賞。

這個訊息很快就在接受審訊的罪犯之中傳遞開來，而且各個監獄也傳達了同樣的消息，如果保持沉默不和湯瑪斯・杜威配合，那麼等待他們的只能是深牢大獄；如果出庭做證指控查理・盧西安諾，那麼他們將獲得自由。

經過了一個月的努力，湯瑪斯・杜威終於獲得了他想要的東西，哪怕這指控並不真實，但其中也必定有真實的。查理・盧西安諾即將面臨他人生中最嚴重的考驗，他必須再次以教父的身分做出抉擇。

然而他這一次並沒有掌握抉擇的主動權，因為他雖然知道湯瑪斯・杜威抓了大量的賣淫集團成員，但他還是沒想通湯瑪斯・杜威會以什麼樣的理由起訴他。在他看來，湯瑪斯・杜威根本無法對他提出有力的起訴。

然而3月底的一個晚上，查理・盧西安諾在警局內部的線人發揮了作用，有個員警打電話給查理・盧西安諾，暗示他該享受個假期了。

雖然查理・盧西安諾並不確定湯瑪斯・杜威會怎樣對他下手，但他還是決定暫時離開紐約，等事情穩定之後再回

來。謹慎的查理‧盧西安諾並沒有等待，他連夜偷偷地從公寓的載貨電梯離開住處，上了汽車後就走了。

查理‧盧西安諾略顯狼狽地逃走了，他先到費城住了幾天，然後又透過紐約的朋友確認了現狀，隨後他開車到克里夫蘭，把自己的汽車扔在那裡後他又坐火車到阿肯色州，在阿肯色州最大的城市小石城躲了起來。

湯瑪斯‧杜威已經對查理‧盧西安諾採取了行動，負責調查賣淫集團的特殊陪審團在聽取了所有證人的證詞，和湯瑪斯‧杜威收集的證據之後，宣判了結果，陪審團指控了許多和賣淫集團有牽連的人，在最後，則指控查理‧盧西安諾為賣淫集團的幕後老闆。

查理‧盧西安諾被控犯有90件強迫賣淫罪，在最後定罪的時候，這個數量被減為62件。湯瑪斯‧杜威於全國發佈通緝查理‧盧西安諾，在得知他躲在阿肯色州之後，透過嚴厲的手段把他帶回了紐約。

查理‧盧西安諾找來了紐約最精明的律師之一摩西‧波拉科夫，希望能從他那裡得到更具專業性的建議。摩西‧波拉科夫告訴他，形勢對他很不利，現在紐約的報紙上刊登的都是湯瑪斯‧杜威的一面之詞，紐約人已經判定查理‧盧西安諾是有罪的，這簡直就是個死局。摩西‧波拉科夫還指責查理‧盧西安諾，說他逃出紐約是個壞主意，而且他在阿肯色州拒絕回到紐約這一點，也會成為法庭上的把柄。

查理‧盧西安諾等人都知道湯瑪斯‧杜威會用怎樣的手段去對待他，湯瑪斯‧杜威會讓許多妓女和小流氓去指證查理‧盧西安諾，而這些指證之中卻是真假各半的。這也就證明湯瑪斯‧杜威為了把美國的教父送入監獄，不惜威逼利誘

那些證人。

　　當時查理・盧西安諾的朋友們都沒有認真對待這件事情，他們都知道查理・盧西安諾不會留下馬腳，所以他們一邊開著玩笑一邊胡亂出主意。直到摩西・波拉科夫嚴肅地說明局勢的嚴重性，那些匪徒才認真起來。

　　查理・盧西安諾承認這一次將是危機重重的挑戰，為了能夠從這場戰鬥中獲勝，他將不惜所有。而在最後，查理・盧西安諾為了這起敗訴的官司花了足足70萬美元。

　　其他人也在想著辦法，對查理・盧西安諾絕對忠誠但是做事魯莽的阿爾伯特・阿納斯塔西亞提出了最簡單的處理辦法，這個辦法就是達茨・舒爾茨曾提議的，幹掉湯瑪斯・杜威。而且他覺得現在殺死湯瑪斯・杜威已經變成了刻不容緩的事情，他願意親自動手，並承擔事後的一切責任。從這裡能夠看出他和達茨・舒爾茨的不同，「荷蘭人」是為了自保，而阿爾伯特・阿納斯塔西亞則是願意為查理・盧西安諾犧牲。

　　雖然很多人都同意阿爾伯特・阿納斯塔西亞的建議，不過查理・盧西安諾並不想殺死湯瑪斯・杜威，因為這樣的話，勢必會讓西西里聯盟委員會成為美國公敵。

　　他說：「這樣是不行的，我們早就在芝加哥下定了決心，你們應該還記得。我們決定不殺記者、員警和地方檢察官，想要殺了他們很簡單，但是這樣所造成的後果對我們很不利。我不希望因為殺湯瑪斯・杜威給我們帶來麻煩，我現在重申，我們不能殺湯瑪斯・杜威，起碼現在絕對不能動他。」

　　阿爾伯特・阿納斯塔西亞從來不會違背查理・盧西安諾

的命令，他不得不放棄了殺死湯瑪斯·杜威的計劃。

　　現在查理·盧西安諾的朋友們，只能夠透過正當途徑去保護這個教父，他們花大錢去找律師，並且透過各種途徑去瞭解湯瑪斯·杜威將用什麼證據去指控查理·盧西安諾。教父再次選擇了對更多人有利的選項，而這次抉擇卻失敗了，湯瑪斯·杜威憑藉把美國教父送進監獄而大出風頭，最終還當上了紐約州長。

　　1936年5月13日，位於紐約曼哈頓的紐約最高法院，開始審理紐約州對查理·盧西安諾等人的控告，他們的罪名是強迫賣淫。

　　審判庭庭長是在社會上享有盛名並且以捍衛公民自由為己任的菲力浦·麥庫克法官。站在被告席的，則是查理·盧西安諾以及其他幾名涉嫌操縱賣淫集團的罪犯。而起訴書中提到的另外三人，則是轉為污點證人出庭做證。

　　特別檢察官湯瑪斯·杜威志得意滿地坐著，他的身高並不高，但是他那修剪整齊的小鬍子讓他看起來格外精神。湯瑪斯·杜威曾經借助美國黑幫的內部矛盾，成功指證歐文·韋克斯勒偷稅漏稅，並迫使西西里聯盟委員會決定處決達茨·舒爾茨。湯瑪斯·杜威常說自己是社會的武器，要懲處那些道德敗壞的黑幫成員。

　　審判開始，湯瑪斯·杜威率先發起了攻擊，他將起訴的矛頭直指那些被告，尤其是查理·盧西安諾，湯瑪斯·杜威的首要目的就是將查理·盧西安諾定罪。湯瑪斯·杜威說在幾年之前紐約也存在賣淫，但是當時並沒有一個大的組織去操控犯罪，只是一些個人或者小規模的經營團體。不過在查理·盧西安諾插手賣淫業後，他警告那些獨立的經營

者，紐約以後歸他的集團負責，就因為查理‧盧西安諾的一

句話，這些經營者必須讓出生意。

查理‧盧西安諾讓自己的手下掌管賣淫集團，據湯瑪斯‧杜威所說，這個賣淫集團控制著紐約市內各個區超過200家妓院、3000多名妓女。僅僅憑藉操控賣淫，查理‧盧西安諾每年就能夠獲得1200萬美元的收入。

◆湯瑪斯‧杜威。他曾任檢察官，並憑藉抓捕查理‧盧西安諾的功績在仕途上一帆風順，後來和美國黑幫進行交易，成功競選紐約州州長

　　湯瑪斯‧杜威開始讓他精心挑選的68名證人出庭做證，這個做證的過程持續了三個星期。這些證人大多數都是普通妓女、管理妓女的老鴇。這些妓女並不能指認查理‧盧西安諾，因為她們之中的大多數都存活在組織的最底層，她們只能夠指出誰是對她們下達命令的上級，卻無法夠接觸到更高級的存在。

　　在起先的證詞中，這些證人只是在描述妓院內部的情形，描述她們悲慘的遭遇。許多女子都被關在破爛的旅館裡，她們只能用自己微不足道的收入去支付房租。這些妓女每天都要工作半天以上，而她們在一天結束之後還要把收入的一半上交，上級們再去分割那一半的收入。這些妓女在妓院遭到了非人的待遇，她們有的被迫染上了毒癮，而負責領導她們的皮條客則利用毒品去控制她們。

　　查理‧盧西安諾對這些都不置可否，他不知道湯瑪斯‧杜威用這樣的證詞有何用意，在這幾天內，沒有任何人提到「福星」查理‧盧西安諾，似乎他是到法庭旁聽的路人一般。但是他不知道，這些妓女的悲慘遭遇已經打動了法官和陪審員，現在他們正等待著那個充滿罪惡的名字，而且他們現在很相信那些證人所說的話。

　　接下來出庭做證的是三名污點證人，首先做證的證人只說他曾經是個妓院老闆，擁有35家妓院，但是後來都被強制收走了，他從老闆變成了小弟。不過他只知道他的領導者的名字，而並不知道誰是查理‧盧西安諾。這個證人的證詞讓查理‧盧西安諾鬆了口氣。

　　但是接下來的兩名證人卻給出了具有威脅的證詞，他們聲稱有人威脅他們，如果不加入新的賣淫集團，那麼查理‧盧西安諾會派人來整治他們。而且還說有人告訴他們，一旦加入了賣淫集團，那麼「福星」查理‧盧西安諾將為他們撐腰。而且那些人，還嚴禁他們對外提及查理‧盧西安諾的名字。

　　查理‧盧西安諾聽到這些證詞後顯得很激動，他知道這些人說的都是謊話，他不可能讓手下打著他的旗號明目張膽去招攬其他人。他要律師提出異議，但是法官卻否決了他的異議，隨後陪審員們都用看害蟲似的表情看著他。

　　緊隨其後出庭的是一名小流氓，查理‧盧西安諾的確認識他，但是這個人只是個下等的小偷，他和查理‧盧西安諾唯一的接觸就是盡其所能地拍馬屁。如果查理‧盧西安諾想要什麼東西，那麼這個小子一定會第一個衝出去，但是這傢伙已經因偷盜被判處終身監禁。

這個名為喬‧本迪克斯的小偷早已經因多次偷盜屢教不改而被判處終身監禁，但是湯瑪斯‧杜威曾通知各個監獄，如果哪個犯人能夠提供充足的，可以讓人信服的情報去控告查理‧盧西安諾，那麼這個犯人就能夠獲得寬大處理。

據他自己所說，他早在1925年就認識了查理‧盧西安諾，不過隨後他就因偷盜入獄。出獄後，他又在1935年見到了已經成為美國黑幫教父的查理‧盧西安諾，後者向他介紹了組織賣淫的犯罪集團，而且提議讓他當個收帳人。

查理‧盧西安諾感到十分憤怒，他不可能讓一個低微又前科累累的傢伙去替他收帳，這是徹徹底底的誣陷。但是由於喬‧本迪克斯的確曾經和查理‧盧西安諾接觸過，所以他的謊話很逼真，至少法官和陪審員都認為他說的是真實的。

1936年5月22日，開庭第十天，湯瑪斯‧杜威使出了他的殺手鐧，弗洛倫斯‧布朗作為證人走進了法庭。這個看起來略顯憔悴、神經衰弱的女人是如此可憐，當她走進法庭時，法官都對她投以關懷的目光。顯然，湯瑪斯‧杜威準備讓她以一個飽受欺凌的弱小女人形象去控訴。

她在做證時指出，她曾經親眼在會議上看到查理‧盧西安諾領導著那些皮條客。這個女人像一台標準的機器一樣，述說著查理‧盧西安諾是如何下達指令，如何讓手下人暫避風頭，躲過湯瑪斯‧杜威的調查。

據弗洛倫斯‧布朗說，查理‧盧西安諾希望先退出賣淫集團，等湯瑪斯‧杜威放棄調查後，再重新整合賣淫業。她信誓旦旦地說查理‧盧西安諾曾說過不能縱容下層妓女和老鴇，必須用暴力去壓迫。

這個年紀輕輕就被人用毒品控制住的女人，所講的故事

如此令人同情，甚至讓聽者感到恐懼，她的證詞直接證明了查理‧盧西安諾和賣淫集團有所勾結，而且還是查理‧盧西安諾授命手下用暴力去讓她們屈從。湯瑪斯‧杜威對這種情況很滿意，據說他當時的表情十分神氣，看上去他已經勝訴了。

查理‧盧西安諾如同傻子一樣坐在那裡，他根本沒見過這個女人，他十分確定這一切都是湯瑪斯‧杜威設計好的。當他的律師不斷詢問細節的時候，弗洛倫斯‧布朗只是不停重複她說過的話。

四天後，湯瑪斯‧杜威又帶來一個有分量的證人，南茜‧普雷塞曾經做過達茨‧舒爾茨、西羅‧特拉諾瓦、喬‧阿多尼斯甚至朱塞佩‧馬塞利亞的情婦，當然她也和查理‧盧西安諾有過交往，這些都能證明她跟這些黑幫老大有過接觸，因此她的證詞更有可信度。

她在證詞裡述說了與查理‧盧西安諾認識的經過，並說在她困難的時候，是愛慕她的查理‧盧西安諾主動幫助了她。她還描述了查理‧盧西安諾住所的樣子，而且保證曾經聽過查理‧盧西安諾透過電話對手下的賣淫集團發號施令。

查理‧盧西安諾感到異常憤怒，以他美國黑幫教父的身分，是根本不可能主動去找南茜‧普雷塞的。而且南茜‧普雷塞還在話語中暗示他身體患有頑疾。雖然當年他為了逃避兵役聽從班傑明‧西格爾的意見故意染病，但是這病也早已治好了。更何況現在這個女人在法庭上指出這點，讓查理‧盧西安諾惱羞成怒，他在法庭上大喊大叫，而這正是湯瑪斯‧杜威希望看到的。

1936年5月29日晚上6點40分，這些證人終於全部做證

完畢，對查理‧盧西安諾的審判暫時告一段落。在接下來的庭審中，查理‧盧西安諾不顧律師的警告，堅持要自己發言，而也正是他的發言害了他。

6月2日，查理‧盧西安諾在法庭上編造了他的一生，他輕鬆坦白他曾在17歲左右的時候因販毒入獄，隨後他接觸到賭博業，成為職業賭徒。他的合夥人都可以證明，查理‧盧西安諾總是在賭桌上，因此他不可能操控賣淫集團。而且他否認認識那些證人，至於和他站在一起的被告，他也只承認認識其中幾個。

不過湯瑪斯‧杜威比他更有經驗和自信，他先是詢問查理‧盧西安諾的出生地，隨後他極力證明查理‧盧西安諾所說的大部分都是虛假的，湯瑪斯‧杜威試圖證明查理‧盧西安諾曾在禁酒時期從事販賣私酒的事業，而且他還一點一點戳破查理‧盧西安諾的謊言。他透過1929年薩爾瓦多‧馬蘭扎諾對查理‧盧西安諾的綁架，將其和黑幫活動牽扯在一起。湯瑪斯‧杜威念出了一長串名單，其中都是紐約和芝加哥等地的黑幫老大。查理‧盧西安諾承認了認識絕大多數人，但是他拒絕承認認識阿爾‧卡彭和西羅‧特拉諾瓦，因為這兩個人惡行累累，對查理‧盧西安諾的現狀很不利。

然而湯瑪斯‧杜威開始念查理‧盧西安諾的電話記錄，表示他曾多次打電話給阿爾‧卡彭等人。隨後他又證實查理‧盧西安諾經常不分晝夜地打電話到塞拉諾飯店，而這個飯店正是賣淫集團的總部。在湯瑪斯‧杜威長達四小時的不停逼問下，查理‧盧西安諾知道自己一敗塗地了。

「我覺得自己好像剛被人從洗衣機中撈出來一樣，這並不是誇張，當我走進洗漱間，我能夠看到我的襯衫全部濕

透了，我的身上從頭到腳都是淋淋的汗水。當天晚上，我翻看了報紙，上面寫這一天對『福星』而言簡直糟糕透了。但是即便他們是這樣寫的，他們也不會瞭解那天對我而言究竟有多糟糕。我從來沒感到那麼累過，我幾乎可以睡上一個星期。我迫不及待地離開了法庭，事實上，我是跑出來的，查理·盧西安諾逃跑了。」查理·盧西安諾對那天的記憶十分清晰，因為那天對他而言是最失敗的一天，一路從最底層的小弟當上了美國黑幫教父，一路都能戰勝敵人的查理·盧西安諾這次敗了。

查理·盧西安諾的律師們試著做最後的努力，他們想要為查理·盧西安諾爭取自由。但是這是十分困難的，儘管查理·盧西安諾的律師一再強調那些證人都是演員，一再聲明湯瑪斯·杜威在做偽證。

但是湯瑪斯·杜威站了起來，他慢慢述說自己用了多大的努力才讓那些證人做證，他多次強調這個法庭是正義的法庭，證人們都是為了伸張正義才站在這裡，他把自己捆綁在道德的制高點上。最後，湯瑪斯·杜威在結束發言時轉過身子瞪住了查理·盧西安諾，他憤怒地說：「這個人犯了令人震驚和憎惡的偽證罪，卻還要裝作是個正人君子。我相信在最後你們誰都不會懷疑，在你們面前站著的不可能是個職業賭徒，我相信，查理·盧西安諾就是全美國最大的惡棍。」當湯瑪斯·杜威坐下的時候，12個陪審員都顯得異常興奮，他們一定是把湯瑪斯·杜威當成了偶像。

1936年6月7日早晨5點25分，法官宣判查理·盧西安諾有罪；18日，宣佈了對查理·盧西安諾的判決，查理·盧西安諾必須在紐約州監獄服刑30年到50年。這是對從事強迫

賣淫的罪犯所宣讀過的最重判決。

　　美國黑幫教父查理‧盧西安諾因強迫賣淫被捕入獄，這是他自己所造成的後果。他拒絕了達茨‧舒爾茨殺死湯瑪斯‧杜威的建議，拒絕了阿爾伯特‧阿納斯塔西亞為了救他再次提出的暗殺行動。他最後選擇為了美國黑幫的集體利益付出了代價。當然他在一開始並不認為湯瑪斯‧杜威有能力扳倒他，但是事實證明這是個錯誤。

◆1936年6月18日，查理‧盧西安諾被指控操縱賣淫，被判處30至50年的監禁

　　查理‧盧西安諾入獄之後並沒有獲得太特殊的待遇，這點和他的芝加哥表弟阿爾‧卡彭截然不同。不過他也不可能像其他罪犯一樣待在骯髒的環境。透過簡單的行賄，查理‧盧西安諾獲得了圖書館管理員這份還算比較輕鬆的工作。他一直以來都為自己沒能獲得良好的教育而深感遺憾，但他永遠也不會想到自己會在監獄這樣的地方獲得重新受教育的機會。

　　儘管查理‧盧西安諾已經進入了監獄，但是他不可能放棄自己的犯罪帝國，這個美國黑幫教父在監獄遙控著自己的事業。他把個人財產統統交給了法蘭克‧科斯特洛，並讓他負責看住一向都不老實的維托‧傑諾維斯；犯罪集團的財務被交給了邁爾‧蘭斯基，這個猶太人精於算計，是最好的財會人員；喬‧阿多尼斯作為他的代言人與其他各個黑幫進行交涉。

　　這些人都會定時來看他，詢問一些重要的問題，在查理‧盧西安諾做出決定之後，他們又把查理‧盧西安諾的口信和命令帶回來。雖然這種統治和他親自下達命令有所不同，但是人們還是選擇服從，幾乎沒有人會對他的意見提出質疑。

　　雖然查理‧盧西安諾的黑幫事業仍然在繼續，但是隨著時間的推移，他的犯罪組織內部卻出現了一些不和諧的聲音。首先是班傑明‧西格爾，這個帥氣的小夥子越來越把自己當成明星，但是他這種張揚的性格和並不聰明的頭腦將為他帶來災難。

　　然後是維托‧傑諾維斯，這同樣是個張揚的傢伙，他一直不肯放棄販毒，而且由於他代管了查理‧盧西安諾的許多事業，導致湯瑪斯‧杜威將他作為下一個目標。湯瑪斯‧杜

威相信如果他不離開美國，那麼自己一定會讓他坐上電椅。

　　最後則是邁爾‧蘭斯基，這個查理‧盧西安諾最信任的朋友開始在其他地方拓展業務，也許他是想要建立自己的帝國，也許他是想要讓美國的犯罪事業在其他國度也得到擴張，但不論是哪種情況，一向精明的邁爾‧蘭斯基卻遭遇了滑鐵盧。

第5章

跨國犯罪

猶太黑幫的火鶴

我們前往此地播灑天主榮光，同時亦為了獲得驚人財富。
——西班牙軍人及作家貝爾納·德·卡斯蒂略

　　美國的黑幫在查理·盧西安諾等人的努力下，終於整合成為一個有組織有紀律的大團體，但是在這個團體之中，佔據主導地位的仍然是義大利人。

　　雖然在這個團體之中，有著眾多猶太人佔據著重要的位置，但是他們不是作為黑幫的打手就是智囊。他們的地位永遠沒有得到夥伴們的正視。即便人們稱他們是猶太幫，但是他們知道自己只是這些黑幫老大的附庸。

　　雖然猶太黑幫幾乎是和義大利黑幫同時進入美國的，但是義大利人始終對這些既聰明又兇狠的傢伙抱有警覺的心理，即便猶太黑幫湧現出了不少機敏的人才，但是義大利和愛爾蘭等黑幫組織還是沒有將其視為平等的交易對象，這種情況在阿諾德·羅斯汀出現之後才稍稍有了改變。

　　阿諾德·羅斯汀是黑幫中的貴族，他富有智慧，是眾多黑幫成員的啟蒙恩師。阿諾德·羅斯汀教會了許多人為人處世的方法，他的思想也影響了西西里聯盟委員會的各項規

章制度。但很不幸的，這個猶太人所建立的黑幫組織並沒有得到很好的繼承。1928年，阿諾德‧羅斯汀被暗殺後，他的遺產更多地被合作夥伴分享，而除了賭博業，他也沒有留下更多的東西。

即便阿諾德‧羅斯汀英年早逝，但是他的思想極富前瞻性，查理‧盧西安諾正是按照他的思想確立了西西里聯盟委員會。而且在他的指導下，猶太人在黑幫之中的作用也越來越重要。其中最為重要的一個人就是邁爾‧蘭斯基，他可以說是阿諾德‧羅斯汀最優秀的繼承者。

◆美國黑幫成員邁爾‧蘭斯基。他充分展現了猶太人的機智，在查理‧盧西安諾成為美國黑幫教父的道路上，他是最合格的軍師和夥伴

而除了邁爾‧蘭斯基之外，班傑明‧西格爾也是猶太黑幫的領軍人物。可以說這兩個人一個代表著猶太人的智，一個代表著猶太人的力。他們在美國黑幫中的興衰，也象徵著猶太黑幫的興衰。

邁爾‧蘭斯基於1902年7月4日出生於當時俄羅斯帝國的格羅德諾。1911年，年僅九歲的邁爾‧蘭斯基跟隨家人來到美國並定居於紐約布魯克林。

猶太人是世界上公認的最聰明的民族之一，邁爾‧蘭斯基在小時候也證明了這一點。他一直是學校裡最聰明的孩

子，尤其擅長數學。偶然的機會之下，邁爾·蘭斯基發現他能夠輕易計算出色子的各種排列組合，這種天賦讓年輕的邁爾·蘭斯基嘗試賭博，但是在失敗後他知道賭博只不過是騙局，那些人永遠能夠控制賭博。從那之後他不再賭博，但是他將會掌控賭博業。

某天，邁爾·蘭斯基像往常那樣在路邊觀看別人進行賭博，然而有一個參與者發現自己受騙，他引起了騷亂。在混亂中，有人拿出了手槍，邁爾·蘭斯基從這些人中救出了一個比他年輕四歲、長相俊美的小夥子，這個人就是他以後最親密的夥伴之一——班傑明·西格爾。他們在禁酒時期組成了一個組織，邁爾·蘭斯基是大腦，而班傑明·西格爾是肌肉，雙方的配合是最恰當的。

隨後，邁爾·蘭斯基又遇到了查理·盧西安諾和法蘭克·科斯特洛。四個年輕人早期曾經是最親密的夥伴，他們打家劫舍，成為街頭五點幫內赫赫有名的小團體。

曾經有一次他們四個想要搶劫河邊的倉庫，一向衝動的班傑明·西格爾準備按照往常那樣衝在最前面，然而邁爾·蘭斯基卻提出了意見：「你們不能總是讓猶太人衝在前面，而義大利人躲在後面。」查理·盧西安諾狡猾地辯駁，但他不得不重新審視邁爾·蘭斯基這樣一個猶太人在他們集團中的地位。

禁酒時期，邁爾·蘭斯基和班傑明·西格爾組成了一個猶太人黑幫，他們為運輸私酒的黑幫老闆提供卡車，經由走私來收斂財富。雖然他們在禁酒時期並沒有太直接地進行私酒販賣，但是憑藉他們和其他人的關係，他們既參與走私，卻又游離在私酒事業之外。

禁酒時期，邁爾·蘭斯基和他的好朋友們發現不論有多少酒，都無法滿足人們的慾望，酒永遠是不夠的。這個時候，邁爾·蘭斯基開始閱讀經濟類的書籍。有天，邁爾·蘭斯基拿來一本哈佛大學教授寫的《賺錢》給查理·盧西安諾看。邁爾·蘭斯基解釋說，如果他們的手上有那些人們必須需要的，卻又得不到的大量東西，那麼他們就可以在這個時候賺取大量的金錢。正是邁爾·蘭斯基這種思想的啟發，才讓查理·盧西安諾從販賣私酒中獲取了越來越多的利益，也讓他們的犯罪集團變得越來越重要。

邁爾·蘭斯基就像是阿諾德·羅斯汀的後繼者，他永遠待人溫和，不失禮貌。而他最親密的朋友班傑明·西格爾卻又是另一種極端。

班傑明·西格爾於1906年1月28日出生於紐約布魯克林，他從小就在街頭生事，他和邁爾·蘭斯基的相遇也是一種命運，可以說如果沒有邁爾·蘭斯基，他也許早就死在街頭上了。但是據說他的死，也和邁爾·蘭斯基脫不了關係。

和邁爾·蘭斯基不同，班傑明·西格爾不善於謀劃，他更喜歡衝鋒陷陣，他是個真正的戰士。然而這個戰士並不像古代的諾曼人那樣渾身傷疤，班傑明·西格爾長相英俊、富有魅力，甚至他是第一個登上報紙頭版頭條的黑幫成員。

這個英俊的少年在打仗的時候永遠都奮不顧身，以致於別人都叫他「瘋子」西格爾，等到他成年之後，身分和地位都不同往日，所以別人也不敢在他面前再叫他「瘋子」，而是叫他「蟲仔」。

班傑明·西格爾在還不到14歲的時候就參與到街頭犯罪中，他向商人收取保護費，並幫助他們燒毀競爭者的貨物。

他在少年時代就有搶劫、強姦以及謀殺的前科。

班傑明‧西格爾還和阿爾‧卡彭保持著密切的關係，當警方打算以謀殺罪逮捕阿爾‧卡彭時，班傑明‧西格爾通知了他並讓他出去避難。班傑明‧西格爾和阿爾‧卡彭的性格相似，他們都喜歡對自己的資本進行誇耀。早在班傑明‧西格爾21歲的時候，他就戒除了毒品，而且一直依靠毒品賺錢。他向身邊的朋友炫耀他的富有，人們認為這個擁有美麗藍色眼睛的青年富有魅力而且很可愛。他絲毫不介意別人知道他的富有，他購買了豪華公寓，並且經常穿著華麗的服裝遊走在紐約的夜間場所中。

禁酒時期，他和邁爾‧蘭斯基組成的犯罪組織開始在紐約和新澤西等地從事犯罪活動。邁爾‧蘭斯基將主要的精力放在走私運輸上，這讓他們能夠和其他的黑幫老大保持良好的關係，而班傑明‧西格爾則致力於暴力經營，他負責搶奪敵對勢力的酒類飲品，並負責對那些妨礙了他們的生意的人進行暗殺。

◆班傑明‧西格爾性格張揚，他喜歡向別人炫耀自己的成功，禁酒時期，他和邁耶‧蘭斯基組成了犯罪組織

　　1929年1月，班傑明・西格爾跟殺手惠特尼・克拉科夫的姐姐埃斯塔・克拉科夫結婚。班傑明・西格爾享有一代情梟的盛名，和他有關係的女性不計其數，但是真正有名分的也只有埃斯塔・克拉科夫。

　　同年5月，班傑明・西格爾和邁爾・蘭斯基到大西洋城參加大西洋城會議。這次會議奠定了日後西西里聯盟委員會的基礎，而班傑明・西格爾也在會議上，體會到了成為一個受人尊敬的黑幫老大是多麼重要，而且他和邁爾・蘭斯基、查理・盧西安諾等人，共同討論了建立西西里聯盟委員會的相關事宜。

　　隨後，「喬老大」朱塞佩・馬塞利亞和「小凱撒」薩爾瓦多・馬蘭扎諾在紐約展開了激烈的卡斯塔拉馬雷戰爭，這場戰爭讓美國黑幫人人自危，眾多黑幫成員死於非命。為了結束這場戰爭，「福星」查理・盧西安諾找到了班傑明・西格爾，要他和阿爾伯特・阿納斯塔西亞、維托・傑諾維斯和喬・阿多尼斯槍殺了「喬老大」朱塞佩・馬塞利亞。據說班傑明・西格爾在槍殺過後還將黑桃A放在了「喬老大」的手裡。

　　1931年查理・盧西安諾在邁爾・蘭斯基等人的幫助下，又解決了「小凱撒」薩爾瓦多・馬蘭扎諾，最終真正建立了西西里聯盟委員會，查理・盧西安諾也被稱為全美有組織犯罪之父。班傑明・西格爾難以忘懷刺激的冒險生活，他曾一度在謀殺公司內充當殺手，和阿爾伯特・阿納斯塔西亞等人從事暗殺活動。後來他將主要的生意轉到其他地方，謀殺公司也交給了阿爾伯特・阿納斯塔西亞。

　　西西里聯盟委員會成立之後，各個黑幫老大之間相安無

事，全都按照西西里聯盟委員會的規章制度行事。但是阿諾德・羅斯汀曾經的一個助手卻有些不安分守己。歐文・韋克斯勒曾經受到阿諾德・羅斯汀的雇用，他本人也在禁酒時期從加拿大走私私酒。但隨著1928年阿諾德・羅斯汀的死亡，歐文・韋克斯勒的地位也開始下降。

歐文・韋克斯勒試圖扭轉這種局面，但是他目光短淺，選錯了目標，他試圖搶劫和打壓查理・盧西安諾、路易士・布查爾特和邁爾・蘭斯基等「少壯派」。他曾多次針對邁爾・蘭斯基，歐文・韋克斯勒不僅奪取邁爾・蘭斯基在賭博業中的利潤，還在半路搶劫邁爾・蘭斯基運輸的私酒。然而他萬萬沒想到，查理・盧西安諾竟然成為美國黑幫教父。

1933年查理・盧西安諾和邁爾・蘭斯基等人向湯瑪斯・杜威提供線索，導致歐文・韋克斯勒因逃稅入獄10年。

隨後，班傑明・西格爾開始追殺和歐文・韋克斯勒有生意往來的法布里奇奧兄弟。他們曾受到歐文・韋克斯勒的聘用，並企圖暗殺邁爾・蘭斯基以及班傑明・西格爾。在兩個兄弟都被班傑明・西格爾的手下殺死後，托尼・法布里奇奧開始撰寫回憶錄，然後準備將回憶錄交給律師，作為指證班傑明・西格爾的證據。

在托尼・法布里奇奧的回憶錄中，佔據篇幅最長的，就是以班傑明・西格爾為首的在全國範圍內追殺他的殺手組織。可惜在他的計劃執行之前，班傑明・西格爾的手下就發現了托尼・法布里奇奧的蹤跡。

1932年，班傑明・西格爾因病住進了醫院，但是他在住院當天夜晚就偷偷離開了醫院，並夥同兩名殺手來到了托尼・法布里奇奧的家，他們偽裝成來調查的偵探，將托尼・

法布里奇奧引誘出來，然後殺了他。由於醫院有他在當天的入院記錄，因此他有充足的不在場證明，警方根本無法逮捕他。

雖然這次班傑明‧西格爾有充足的不在場證明，躲過了警方的指控，但是因為這件事情已經讓警方開始調查班傑明‧西格爾，大家都認為他需要去外地躲躲風頭。因為不僅警方想要逮捕他，連許多黑幫老大也與他不和。為了保護他，班傑明‧西格爾被送到了加利福尼亞。

班傑明‧西格爾到加利福尼亞的主要任務是拓展賭博業，並與當時掌控加利福尼亞的洛杉磯老大傑克‧德拉格納進行交涉。班傑明‧西格爾有查理‧盧西安諾和邁爾‧蘭斯基作為後盾，因此他到洛杉磯之後想要做的並不只是拓展業務和洽談合作，他想要吞併傑克‧德拉格納的產業。

然而傑克‧德拉格納也算是獨霸洛杉磯的黑幫老大，他不可能如此輕易地就交出自己的產業。邁爾‧蘭斯基在送走班傑明‧西格爾的時候也曾警告他，他不可能在短時間內剷除傑克‧德拉格納，為了避免爭端並讓雙方都得到好處，最好的方法就是彼此之間友好合作。

班傑明‧西格爾當然不會贊同邁爾‧蘭斯基的提議，他很快和傑克‧德拉格納見面。作為東道主，傑克‧德拉格納一副居高臨下的樣子，他勸說班傑明‧西格爾不要浪費時間跟他談生意，因為他對彼此的合作毫無興趣，相反的，他還說班傑明‧西格爾應該盡情在洛杉磯享幾天清福。在交談之中，傑克‧德拉格納的傲慢無禮地顯示他對班傑明‧西格爾的蔑視。

班傑明‧西格爾也懶得和他多說什麼，他直接表明了自

己的態度：「傑克，我知道你曾經是洛杉磯的老大，但是現在你只有兩個選擇。要麼帶著你的那些手下跟著我幹，這意味著我能讓你那個小集團變成真正具規模的大企業。當然，這並不是沒有任何風險的，然而這個風險將由我們承擔。同樣的，蘭斯基、盧西安諾和我將佔據75%的股份，你可以保留剩下的25%，雖然看起來你很吃虧，但我保證這樣做的利潤將比你現在的收入增加許多倍。而另一個選擇就是，你可以用我的槍殺了我，現在，傑克，你只有五秒鐘的時間做選擇。」

面對班傑明・西格爾如此蠻橫無理的態度，傑克・德拉格納只是笑了笑，但是他身後的保鏢則因出言不遜被教訓了一番。後來，已經身陷囹圄的查理・盧西安諾從獄中傳話給傑克・德拉格納，要他聽從班傑明・西格爾的意見。

傑克・德拉格納最終知道自己沒有能力和班傑明・西格爾作對，而且他不可能違逆美國教父的意願。於是班傑明・西格爾享有了洛杉磯大部分權益。

在洛杉磯站穩腳跟之後，班傑明・西格爾開始向影視業進軍，他憑藉自己俊朗的外形，吸引了大量影視明星。當時許多明星都是他的座上賓，而他也為那些明星提供服務。班傑明・西格爾在洛杉磯享受著奢華的待遇，他成了洛杉磯的名人。許多明星和政要開始主動和他聯絡。

其中有個來自義大利的伯爵夫人也和班傑明・西格爾保持著良好的友誼。透過這個伯爵夫人，班傑明・西格爾在1938年到義大利見到了墨索里尼，班傑明・西格爾試著把武器賣給他。同時，他也見到了法西斯德國的赫爾曼・戈林和約瑟夫・戈培爾。因為他本身是猶太人，所以他差點計劃要

殺死他們，但在伯爵夫人的勸阻下，班傑明・西格爾放棄了
這個想法。

　　1939年，班傑明・西格爾險些被送上電椅。當時路易士
・布查爾特遭到了警方的調查，他手下的殺手哈瑞・格林伯
格逃到了加拿大，不久之後，他因為缺錢花用，便寫信給
西西里聯盟委員會索要5000美元。而且在信中暗示，如果
得不到錢的話，他很可能會回國，並在接受警方保護的情
況下，把自己知道的事情告訴給湯瑪斯・杜威。

◆班傑明・西格爾和謀殺公司的部分成員。右數第二個就是
哈瑞・格林伯格

　　這種威脅已經讓西西里聯盟委員會判定他的死刑，阿爾
伯特・坦南鮑姆受命去殺死他。然而哈瑞・格林伯格很幸運
地躲開了阿爾伯特・坦南鮑姆。

　　1939年，哈瑞・格林伯格在洛杉磯露面，而那裡正是班

傑明‧西格爾的地盤。為了防止哈瑞‧格林伯格洩漏對查理‧盧西安諾以及邁爾‧蘭斯基不利的情報，班傑明‧西格爾決定親自動手。1939年11月22日，他和惠特尼‧克拉科夫、法蘭基‧卡爾博以及一直追殺哈瑞‧格林伯格的阿爾伯特‧坦南鮑姆執行暗殺。然而不到一年，阿爾伯特‧坦南鮑姆為了換取赦免供認了罪行，他同意做證指認班傑明‧西格爾。

　　1941年7月30日，班傑明‧西格爾的妻舅惠特尼‧克拉科夫被人殺害，有人猜測是班傑明‧西格爾為了自保所為。9月，班傑明‧西格爾接受審訊，他在獄中拒絕吃監獄的食物，並享有女性探監的福利，而且他還可以憑藉口腔疾病到醫院就診。最終，在缺少證人的情況下，阿爾伯特‧坦南鮑姆的證詞被駁回，班傑明‧西格爾被釋放。1944年5月25日，班傑明‧西格爾又因收受賭注而遭到指控，但在年底，他又一次被無罪釋放。隨後，班傑明‧西格爾意識到作為一個合法商人將對他極其有利，尤其是他現在已經是警方的重點關注對象。

　　班傑明‧西格爾準備在內華達州的一片沙漠之中建立一座世界級的賭城，而內華達州的拉斯維加斯的地理條件完全符合他的期望，他能夠在這裡大展抱負。其實早在20世紀的30年代，班傑明‧西格爾就曾和邁爾‧蘭斯基的手下到這裡考察，但是當時邁爾‧蘭斯基對幾乎是沙漠的內華達州毫無興趣。

　　1945年，班傑明‧西格爾開始把他的事業重心放在了拉斯維加斯，他只在洛杉磯留了幾個心腹去保證洛杉磯賭場的正常運營。班傑明‧西格爾認為當時的拉斯維加斯貧窮落後，他們能夠以很低的價格讓當地的農夫讓出土地。他的

手下打電話給當地的農夫，約好見面時間之後立刻以8000美元的價格買下他們的土地。隨後，班傑明·西格爾這個好萊塢明星就又多了個身分，他是內華達工程公司的總監。

此時的班傑明·西格爾已經被自己的雄心壯志和愛情沖昏了頭腦，人們都認為當時的拉斯維加斯只不過是能夠讓過往旅客歇腳的地方，旅客在那裡需要的只是清水和簡單的食物，除此之外，他們只需要為汽車加點汽油和乾冰塊，以免汽車在穿越沙漠時因得不到有效的降溫而燒壞。

但是班傑明·西格爾不這樣認為，因為內華達州允許公開賭博，所以他認為只要在當地建設金碧輝煌的旅館，並以奢侈豪華的建設和賓至如歸的服務去吸引那些揮金如土的賭客，那麼拉斯維加斯就將成為美國黑幫的天堂，這裡能夠產生的利潤將遠遠超過販賣私酒。

班傑明·西格爾在拉斯維加斯興建的第一個旅店就是火鶴飯店。班傑明·西格爾認為火鶴能夠帶給人好運，他早年曾買過佛羅里達州海利跑馬場的股票，這家跑馬場內的小湖湖面就棲息著許多火鶴。因為他在海利跑馬場獲利頗豐，因此他認為火鶴是幸運的象徵。甚至在興建火鶴飯店的時候，還將粉色作為建築物的主色調。他把火鶴飯店裝飾得富麗堂皇，並讓自己的情婦佛吉尼亞·希爾一手操辦。

佛吉尼亞·希爾曾經是喬·阿多尼斯的女友，不過喬·阿多尼斯身材不高，樣貌也不算出眾，和班傑明·西格爾這樣身材高大、相貌英俊又出手闊綽的帥哥相比，實在沒有多少優勢。然而班傑明·西格爾太看重這個情婦了，他把所有業務都交給了她去操辦，然而事實證明這將是班傑明·西格爾所犯下的最嚴重的錯誤。

　　自從班傑明‧西格爾把心思放在火鶴飯店之後，他就對其他事情完全不聞不問。內華達州允許賭博，所以內華達州也對賭博收取稅收，但是即便這樣，賭博的利潤仍然無比巨大。

　　儘管班傑明‧西格爾對拉斯維加斯懷抱熱忱，但他仍然是個理智現實的人。他知道，為了讓更多的顧客到拉斯維加斯來，除了賭博，還必須提供更多的東西。

　　班傑明‧西格爾計劃在火鶴飯店內提供最精緻的菜餚、最高檔的美酒、最奢華的環境。而且他利用自己在好萊塢的影響力，找來幾個當紅影星作為誘餌把顧客吸引過來。除了最全面的服務，他還將價格調到最低，讓火鶴飯店更具有吸引力，他相信沒有人不會被低廉的門票所吸引的。

　　雖然許多人都不看好這項工程，但是礙於班傑明‧西格爾在美國黑幫中的影響力，許多人都借錢給他。班傑明‧西格爾憑藉黑幫的勢力，簡直如魚得水，一切應有盡有。由於第二次世界大戰剛剛結束，所以許多建築材料都很難拿到，況且當時的拉斯維加斯還是荒涼的沙漠。但是在美國黑幫的壓迫之下，那些建材商人不得不同意把建築材料運到沙漠去。

　　而且在荒涼地帶建造一座富麗堂皇的現代化飯店，又要讓其具有世界上最頂尖的賭博設施和娛樂設施，班傑明‧西格爾勢必要投入大筆資金。隨著他對火鶴飯店愈加癡狂，他投入的資金也越來越多，已經遠遠超過了他自己所能承受的上限。

　　在這種情況之下，班傑明‧西格爾已經沒有回頭的餘地，他不得不請求邁爾‧蘭斯基動用西西里聯盟委員會的資

金。最初，班傑明・西格爾宣稱建造火鶴飯店只需要200萬
美元，然而1946年12月，邁爾・蘭斯基在哈瓦那會議上向與
會的各地黑幫老大宣佈，為了建造火鶴飯店，班傑明・西格
爾已經花費了600萬美元。當時美國經濟並不景氣，600萬
美元對美國黑幫來說已經是一筆很大的數目。如果換算的
話，其大概相當於如今的6000多萬美元。

◆位於內華達州拉斯維加斯的火鶴飯店。為了建造這座飯
店，班傑明・西格爾已經花費了上百萬美元

　　邁爾・蘭斯基還說，火鶴飯店已經建造一年了，但是直
到現在也沒能夠竣工。為了建造火鶴飯店，班傑明・西格爾
甚至還向非黑幫人員借錢。他向和他關係不錯的電影界朋
友借錢，聲稱他們是在向最大的金礦投資。

　　這些非黑幫的投資者對於火鶴飯店遲遲無法開業心存不
滿，他們開始抱怨班傑明・西格爾，但是礙於他在美國黑幫
中的地位和影響力，這些投資者也無處訴苦。由於美國製

酒商人協會的理事也曾向班傑明‧西格爾投資25萬美元，所以這些投資者就建議班傑明‧西格爾允許外人參與火鶴飯店的管理，以保證他們投資的安全。

班傑明‧西格爾迫於無奈，只好宣佈將在1946年12月26日開張，而這個時候火鶴飯店並沒有完全完工。班傑明‧西格爾自己也知道，如果火鶴飯店不能為他挽回希望的話，那麼他很可能被自己人殺死。因為為了他的拉斯維加斯夢想，西西里聯盟委員會已經付出了太多，一旦他失敗，那麼他就將是另一個「荷蘭人」達茨‧舒爾茨。

而班傑明‧西格爾不知道的是，12月22日，美國黑幫主要的老闆們已經宣判了他的死刑，而在這群人之中，既有他的多年密友邁爾‧蘭斯基，也有剛剛逃脫牢獄之災的查理‧盧西安諾。

教父出逃

神並不是看不到自己選民的苦楚，他已暗中為他們預備一
名拯救者，帶領他們脫離苦境，這位拯救者就是摩西。

——《聖經·舊約》

　　1946年12月22日，西西里聯盟委員會的主要成員聚集
在古巴哈瓦那，舉行了哈瓦那會議，其中查理·盧西安諾在
出獄之後首次出現在了公眾的視線當中。

　　1936年，美國教父查理·盧西安諾因強迫賣淫被判有期
徒刑30至50年，然而僅僅在他入獄10年後，他就離開了監
獄。當然，他並不是越獄逃跑，而是被他最大的敵人湯瑪
斯·杜威透過合法程序釋放的。而被釋放的原因，則是查理
·盧西安諾對祖國做出了巨大的貢獻。

　　查理·盧西安諾被關在紐約州的達內莫拉監獄，這裡環
境簡陋，處於一片荒涼沒有人煙的平原上，監獄的四周都
是厚厚的灰色磚石牆，顯得格外陰森可怕。查理·盧西安諾
不可能永遠待在監獄裡。

　　1940年，查理·盧西安諾開始和邁爾·蘭斯基等人策劃
讓他重獲自由的行動。當時湯瑪斯·杜威正準備競選紐約州

長，查理‧盧西安諾給邁爾‧蘭斯基帶去口信，要他全力支持湯瑪斯‧杜威競選。隨後，當時宣判查理‧盧西安諾有罪的法官菲力浦‧麥庫克也轉變了自己對查理‧盧西安諾的態度，本來查理‧盧西安諾大可以利用這個契機想辦法出獄，但是這個時候西西里聯盟委員會手中的屠刀——謀殺公司卻遭到了調查，這種氛圍很不利於查理‧盧西安諾的獲釋。

但是很幸運，在不久之後，查理‧盧西安諾的另一個機會來了。1941年12月8日，美國總統羅斯福向日本宣戰。第二次世界大戰給了查理‧盧西安諾機會，他認為大戰當前，又有誰會去在乎一個曾因為強迫賣淫而入獄的罪犯呢？

查理‧盧西安諾把邁爾‧蘭斯基和法蘭克‧科斯特洛叫到了監獄，他們就接下來的計劃進行了商討。他們認為，讓查理‧盧西安諾獲得保釋的唯一方法，就是跟紐約州州長建立起直接、有力的聯繫，而只有湯瑪斯‧杜威當選紐約州州長之後才能夠釋放他，因為湯瑪斯‧杜威正是憑藉把查理‧盧西安諾關進監獄才聲名顯赫。

而且湯瑪斯‧杜威並不是完全正大光明的人，從他買通那些妓女來做偽證就可以看出，湯瑪斯‧杜威只不過是個合法的流氓，他能夠用法律的名義說謊話，去誣陷別人。查理‧盧西安諾明白，只要給湯瑪斯‧杜威足夠的好處，那麼湯瑪斯‧杜威就會為他所用。

由於第二次世界大戰的主戰場在歐洲，所以導致曾經出庭做證的那些人不得不從歐洲回到美國，而查理‧盧西安諾的人可以收買他們，脅迫他們，讓他們修改口供，承認是湯瑪斯‧杜威強迫他們說謊誣陷查理‧盧西安諾的。

而商討到這一步，法蘭克·科斯特洛又有了新的問題，如果紐約州州長不是湯瑪斯·杜威的話，又該怎麼辦？查理·盧西安諾轉過頭去問邁爾·蘭斯基，邁爾·蘭斯基很快就回答他們：「我估計他將有八成把握競選成功，如果他沒有出任何意外，又有我們在暗中支援的話，那麼他是一定可以當上紐約州州長的。共和黨人沒有別的更好的選擇了，不過如果沒有我們的支援，那麼湯瑪斯·杜威只能夠在北邊的地區獲得優勢，但是有了我們的幫助，他在紐約也可以得到足夠的票數。」

查理·盧西安諾已經明白湯瑪斯·杜威在他們的幫助之下是一定可以競選成功的，接下來就是另一個難題，如何讓湯瑪斯·杜威用大眾能夠接受的理由釋放查理·盧西安諾。要知道，湯瑪斯·杜威的目標並不只是成為紐約州州長那麼簡單，他真正想要的是成為美國的總統。而如果隨意釋放查理·盧西安諾，那麼即便他當上了紐約州州長，也會遭到彈劾，進而無法獲得競選總統的資格。

幸好查理·盧西安諾自己也想到了一個辦法，當時維托·傑諾維斯已經逃到了義大利，他和墨索里尼等掌權人物的關係很好，而且當時維托·傑諾維斯還對查理·盧西安諾唯唯諾諾，他從義大利送回資訊，在當地，查理·盧西安諾的名字獲得了足夠的尊重。也許這是維托·傑諾維斯的誇張之詞，也許這是強尼·托里奧當初回到義大利之後為查理·盧西安諾營造的局面。但無論是何種情況，這對現在的查理·盧西安諾而言都很有利。

當時美國的海軍面臨著巨大的難題，法西斯德國的潛艇是當時世界上最具有威脅性的海上武器之一，而且美國的

海軍基地還曾遭到日本的偷襲。所以，美國人在這時候很擔心他們的港口會遭到法西斯德國潛艇的襲擊。美國海軍指揮官們尤其擔心東海岸的安危，看來已經有間諜潛入了紐約，這裡已經成為潛在危險分子破壞活動最猖獗的地方。

而查理・盧西安諾等人可以透過抓住這些間諜來保護紐約等港口的安全，這樣的話，日後當上紐約州州長的湯瑪斯・杜威就有充足的理由釋放查理・盧西安諾。他的理由也將難以被質疑，因為誰會拒絕釋放一位愛國英雄呢？

商議到最後，查理・盧西安諾、邁爾・蘭斯基和法蘭克・科斯特洛決定了計劃實行的順序，首先是讓湯瑪斯・杜威當上紐約州州長，然後對港口進行保護，最好能夠抓到幾個法西斯德國的間諜。最後，湯瑪斯・杜威可以用查理・盧西安諾對國家做出傑出貢獻為藉口將他釋放。

要讓湯瑪斯・杜威當上紐約州州長並不困難，但想要抓到法西斯德國的間諜並不如查理・盧西安諾想像中那麼輕鬆。

1942年1月份，阿爾伯特・阿納斯塔西亞聽說查理・盧西安諾急需一個能夠成為頭條的新聞事件，以便突出破壞的威脅性，進而讓查理・盧西安諾高調出場，成為解決危機的英雄。他向查理・盧西安諾建議，既然找不到間諜去搞破壞，那他們就自己去搞破壞。

當時有一艘豪華的法國客輪正停靠在曼哈頓西面的港口，這艘船是法國的客輪，美國海軍想要接收過來將其改造成運輸船。阿爾伯特・阿納斯塔西亞認為，如果這條船出了意外，那麼一定會在美國當局內引起恐慌。

查理・盧西安諾很贊成這個主意，因為破壞「諾曼第號」足以引起大眾的關注，而且這艘船還沒有改造完成，

上面並沒有美國的士兵或者水手，所以並不會影響美國的戰爭行為。很快的，阿爾伯特‧阿納斯塔西亞就展開了行動，這艘曾經是法國高級客船，驕傲的「諾曼第號」，已經被燒得只剩下殘骸了。

報紙也報導了「諾曼第號」的不幸遭遇，人們紛紛猜測，引起火災的原因可能是電焊的火花，也可能是人為的破壞。且不論人們究竟是如何猜測的，單單就其效果而言，這次行動是合格的。「諾曼第號」失火引起了人們對港口安全的憂慮，人們開始呼籲加強港口的安全措施，以免類似的事情再次發生。除了要避免船隻發生火災，美國海軍還積極防範，防止港口船隻堵塞航道或者航運情況被洩漏等情況的發生。

◆為了救出查理‧盧西安諾，阿爾伯特‧阿納斯塔西亞提議燒毀了這艘船，進而讓美國當局意識到他們不可能嚴格看管所有港口。圖為停靠在紐約港口被大火籠罩的「諾曼第號」客船

　　雖然美國海軍已經感到事情並沒有那麼簡單，也在港口積極防範，但是當時紐約各個港口遍佈著西西里人，可以說美國的碼頭工人大多數都是義大利移民。美國海軍並不能確信他們對美國是否絕對忠誠，甚至美國海軍還擔心這些人會參與罷工或者進行影響戰局的行動。畢竟當時義大利也是美國的敵人，如果這些義大利移民借助在碼頭工作的便利，破壞美國海軍設施，甚至是乘坐漁船向停泊在淺海附近的法西斯德國潛艇提供補給，這些都會對美國造成很嚴重的潛在威脅。

　　當然美國海軍的這種憂慮也在查理·盧西安諾等人的意料之中，針對這種憂慮，有「黑道首相」稱呼的法蘭克·科斯特洛開始聯絡他的朋友們。美國各地的義大利裔政治名流也都開始四處活動，他們為義大利移民進行辯護。他們宣稱，雖然義大利人或者說西西里人之中有眾多的罪犯和流氓，但是即便如此，他們也是熱愛美國的美國人。他們雖然身處低位，有的只是工人，但是他們還是願意在國家危難的時候出力的。美國各個港口幾乎都被義大利人的黑幫勢力掌控著，因此，如果美國海軍願意向他們求助，那麼這些義大利人也一定會答應的。

　　接下來，被人們戲稱為「黑幫行動」的計劃就這樣開始了。美國政府批准了這個計劃，允許黑幫人士為了美國而戰鬥。為了回應這個計劃，美國海軍開始搜尋控制港口的黑幫蹤跡，但是這些黑幫老大每個都隱藏極深，那些港口工人甚至都不知道自己在為美國黑幫的老大幹活，更不要想從他們口中獲取有效的情報了。

◆正在紐約港口裝卸貨物的碼頭工人。也許他們自己都不知道，其實他們是在為美國黑幫服務

　　經過尋找與勸說，美國海軍獲知了一個十分重要的資訊，那些小的黑幫老大只能夠在有限的區域內和美國海軍合作，而想要讓全體在美國生活的義大利人或者西西里人幫忙，則只能透過一個人才可以辦到。只有說服了那個人，美國黑幫才有可能和美國海軍通力合作。而這個人自然就是查理‧盧西安諾，這一切都是按照他們的腳本進行的。

　　美國海軍的代表跟法蘭克‧科斯特洛、邁爾‧蘭斯基等人見面了，他們就合作的相關事項進行了協商，由於法蘭克‧科斯特洛有著愛國的思想，所以他很樂意撮合雙方。會談過後，法蘭克‧科斯特洛打電話給查理‧盧西安諾，告訴他政府準備和他合作，並且問他可不可以讓政府的人和他面談。

查理・盧西安諾很得意，一切都在按照他們設想的進行，不過他必須要保持很高的姿態去面對這些美國人，因為此時他們有求於他。

在電話中，查理・盧西安諾這樣對法蘭克・科斯特洛說：「科斯特洛，聽著，我不想和任何人談論合作幫助的事情，如果他們想要見到我，那就把我弄到紐約去，這裡是什麼樣子他們應該很清楚，我是不會在這種鬼地方答應幫助他們的。」

幾天之後，已經被查理・盧西安諾收買的菲力浦・麥庫克很乾脆地同意把查理・盧西安諾換到條件更好的監獄去。和達內莫拉監獄相比，新的監獄簡直就是天堂，查理・盧西安諾在這裡擁有一間單獨的牢房，牢房內很乾淨，還有熱水龍頭。

調換到更好的監獄之後，美國海軍就派人來希望和查理・盧西安諾詳談合作的事情。當天下午，查理・盧西安諾被帶到了湯瑪斯・杜威的辦公室，湯瑪斯・杜威、邁爾・蘭斯基和法蘭克・科斯特洛都在辦公室裡。除了他們之外，自然還有美國海軍的代表。辦公室的桌子上擺滿了查理・盧西安諾最喜歡吃的食物。查理・盧西安諾已經有六年多沒有吃到這些東西了，他當場就毫無風範地撲了過去。

辦公室裡的人一直等到查理・盧西安諾吃完，他們才開始介紹現在的形勢。目前的形勢很緊迫，政府準備在紐約的各個港口、各個工會中間執行一項安保計劃，這個計劃需要全體美國的義大利裔公民參與其中，然而要做到這一點，就必須要得到查理・盧西安諾的幫助，只有他對港口和工會施加影響，才能夠讓這些人願意為美國服務。

　　查理·盧西安諾早就知道對方是為了什麼而來，他故意做出沉思的樣子，再讓人覺得他已經考慮了很久之後，查理·盧西安諾才問美國海軍代表，他們憑什麼認為查理·盧西安諾願意在被關進監獄之後，還能夠對外界發號施令。美國海軍的代表很坦率地說，他從可靠的消息獲知，即便查理·盧西安諾正在監獄服刑，但是只要是他的命令，在美國的義大利人都會對此表示服從並予以執行。

　　查理·盧西安諾知道事情接下來該如何進展，所以他只是坐在一邊，讓湯瑪斯·杜威的手下和美國海軍的代表進行談判。雙方開始展開暗藏機鋒的對話，而他們所談論的重點，也不是那些義大利人該如何去幫助美國，他們談話的主要內容是查理·盧西安諾等人如何才能幫助湯瑪斯·杜威在政界步步高升。

　　當然，美國海軍的代表根本不明白他們在說什麼，他只是安靜地等著，知道查理·盧西安諾最後同意幫助美國海軍，美國海軍的代表才心滿意足地離開了。

　　隨後，查理·盧西安諾、法蘭克·科斯特洛和邁爾·蘭斯基知道最重要的時刻來臨了，他們開誠佈公地說出自己的想法。查理·盧西安諾認為，1940年，湯瑪斯·杜威差點就成為共和黨的總統候選人，所以湯瑪斯·杜威的機會還是很大的。為了讓湯瑪斯·杜威獲得共和黨的總統候選人資格，首先就要讓他得到紐約州州長的職務。

　　不過湯瑪斯·杜威在競選紐約州州長的時候，曾承諾在兩年內不競選總統，但這並不是他能夠做出決定的。不過法蘭克·科斯特洛透過他在美國政壇內的朋友得到消息，那些共和黨的大人物，已經決定推薦湯瑪斯·杜威在1944年作

為共和黨的總統候選人去競選總統。

在交談中,查理・盧西安諾再次申明,西西里聯盟委員會保證全力支援湯瑪斯・杜威。查理・盧西安諾承諾,他們可以在11月讓整個曼哈頓的選民都把選票投給湯瑪斯・杜威,這將意味著湯瑪斯・杜威成為紐約州州長已經是確定的事情了。而後,湯瑪斯・杜威上任之後就需要把查理・盧西安諾吹捧成美國的民族英雄。只不過,正常的英雄將獲得民眾的愛戴和獎章,而查理・盧西安諾則會獲得自由。

查理・盧西安諾強烈表明,如果湯瑪斯・杜威不同意這樣做,他就會轉過來反對他,阻止選民把選票投給他。湯瑪斯・杜威知道查理・盧西安諾要做到這種事情很容易,畢竟當年的民主黨「塔馬尼派」派,就是這樣利用愛爾蘭黑幫去控制選票的。

即便湯瑪斯・杜威能夠克服黑幫的阻礙成為紐約州州長,查理・盧西安諾也保證,他會在1943年要求重新審理他的案子。現在查理・盧西安諾控制住了法官菲力浦・麥庫克,以及一幫擁有重大影響力的證人。因此一旦查理・盧西安諾申請重新審理案件,必然會對湯瑪斯・杜威的聲譽造成影響。

此外,查理・盧西安諾還會命令報刊在湯瑪斯・杜威競選總統的時候,將湯瑪斯・杜威如何利用當年的檢察官身分威脅、誘惑證人做偽證的事情抖出來,雖然現在這些報紙也許不會願意刊登這樣的新聞,但是一旦湯瑪斯・杜威宣佈競選,這些報紙一定很樂意刊登共和黨的總統候選人的醜聞。

查理・盧西安諾傳話給湯瑪斯・杜威:「踩在一個犯罪集團成員的背上爬到紐約州州長的寶座上是一回事,但是

如果我還讓他踩著我的背當上總統卻不給我一點好處,我就不是人養的!事情就是這樣。」湯瑪斯‧杜威的助手離開了,他們準備把查理‧盧西安諾的話轉述給湯瑪斯‧杜威。

隨後,查理‧盧西安諾、法蘭克‧科斯特洛和邁爾‧蘭斯基開始商量他們自己的犯罪事業。當時還處於戰爭階段,肉類和汽油的需求量非常高,而且「三指布朗」湯姆‧盧切斯已經接管了過去「荷蘭人」達茨‧舒爾茨負責的各個飯館。所以查理‧盧西安諾的犯罪帝國不僅能提供肉類,還能提供各種食品。

法蘭克‧科斯特洛向教父彙報了他們所掌控的汽油情況,他們擁有從紐約到路易斯安那的400多個加油站的股票,他們能夠控制這些加油站的汽油,這在戰爭時期是一筆十分巨大的財富。

與此同時,美國宣稱在進攻西西里島的時候得到了當地黑幫的協助,許多人認為是查理‧盧西安諾在其中作為中間人,才促成了雙方的合作。但這其實並不準確,因為查理‧盧西安諾在九歲左右就離開了義大利,他根本不認識任何土生土長的義大利人,當然,除了逃難到義大利的維托‧傑諾維斯,不過維托‧傑諾維斯並不是西西里人。要知道,在西西里黑手黨中很看重血緣,他們不會讓不是西西里人的黑幫成員過多參與到黑手黨的決定之中。

據說,美國在進攻西西里島的時候確實得到了當地黑幫的幫助,不過這也是情有可原的。墨索里尼掌權期間,曾經花費很大的力氣剿滅西西里黑手黨,甚至西西里黑手黨教父維托‧卡希奧‧費爾羅也被抓到監獄並被困死在那裡。可以說,黑手黨和墨索里尼的義大利政府勢如水火,他們

幫助美國對抗當時的義大利政府也是很合理的。

不過查理・盧西安諾何必去糾正這個錯誤呢？人們都知道他的名字的確在義大利有些影響力，也正是這些影響力才促使查理・盧西安諾決定用愛國英雄來包裝自己，進而獲得自由。既然如此，何不讓民眾去誤會，並讓他的影響力更大呢？這樣做的話，查理・盧西安諾獲釋的理由就越發充足了。

在與湯瑪斯・杜威的助手交換意見之後，查理・盧西安諾安心在監獄等待湯瑪斯・杜威的答覆。不久之後，湯瑪斯・杜威表示在原則上同意查理・盧西安諾的計劃，但是湯瑪斯・杜威表示不會接受查理・盧西安諾提出的無限制自由，因為一旦查理・盧西安諾重獲自由，他就能夠回到紐約，繼續執掌西西里聯盟委員會，並行使教父的權力。

湯瑪斯・杜威表示，一旦他當上了紐約州州長，他就會開始進行釋放查理・盧西安諾的合法程序，但是釋放的同時還有一個條件，就是查理・盧西安諾必須同意被驅逐出境，必須被遣送到義大利，並保證永遠不再回到美國。

查理・盧西安諾明白湯瑪斯・杜威的意圖，湯瑪斯・杜威是個精明的政客，他想獲得查理・盧西安諾的幫助，為了不讓查理・盧西安諾反對他競選總統，不在他競選的過程中搞破壞，湯瑪斯・杜威很樂意和查理・盧西安諾達成協議，他願意釋放查理・盧西安諾，但是他希望查理・盧西安諾離得遠遠的，不要再給他製造麻煩。這讓查理・盧西安諾很惱火，因為他從小就來到美國，他的父親已經成為美國公民，所以查理・盧西安諾可以說是合法的美國公民，現在迫於無奈，查理・盧西安諾不得不離開他認為的祖國。

　　湯瑪斯‧杜威的如意算盤很明確，他要從查理‧盧西安諾這裡得到幫助，隨後他還要用驅逐查理‧盧西安諾來塑造他的光輝形象，這個逮捕了查理‧盧西安諾的英雄，又要為了美國的利益將美國教父趕走了。

　　最終，為了重獲自由，查理‧盧西安諾被迫接受了湯瑪斯‧杜威的意見。然而這並不意味著他將馬上得到自由，相反的，查理‧盧西安諾還必須待在監獄裡，直到第二次世界大戰結束。因為當時義大利還是敵國，湯瑪斯‧杜威不可能在戰爭還在繼續的情況下，把他送到義大利去。

　　這讓查理‧盧西安諾很惱火，他自以為自己的計劃很周密，而且他們的計劃也在一步步執行。然而就因為湯瑪斯‧杜威的這一個附加條件，查理‧盧西安諾不得不一直在監獄裡空等。

　　查理‧盧西安諾的手下和湯瑪斯‧杜威進行交涉，企圖迫使湯瑪斯‧杜威退讓，不過精明的湯瑪斯‧杜威明白，如果雙方合作失敗，湯瑪斯‧杜威只不過是當不成總統，但查理‧盧西安諾喪失的則是自由，所以他毫不退讓，直到查理‧盧西安諾妥協。

　　接下來，查理‧盧西安諾和湯瑪斯‧杜威談到了錢的問題，經過談判，湯瑪斯‧杜威最後從查理‧盧西安諾那裡獲得了9萬美元，這筆款項在名義上是對他競選州長的捐款。查理‧盧西安諾把這筆錢分成了小額的現金，並把這些錢交到了不相干的人手裡，直湯瑪斯‧杜威履行他所承諾的條件，這筆錢才會交到他的手裡。後來查理‧盧西安諾經過核實，發現這筆錢沒有出現在他本人的稅收報表上，當然，這筆錢也沒有出現在湯瑪斯‧杜威的競選基金表上。

　　一切都敲定之後，查理‧盧西安諾只需要等待戰爭結束了。

　　第二次世界大戰一直持續到1945年，隨後查理‧盧西安諾還要面對那些繁複的檔案和手續，直到1946年，查理‧盧西安諾才真正獲得自由。由於1943年湯瑪斯‧杜威沒有足夠的膽量釋放查理‧盧西安諾，導致查理‧盧西安諾在監獄裡多待了三年多。

　　查理‧盧西安諾在這三年多裡幾乎成了個軍事戰略家，因為戰爭已經和他的個人自由息息相關。查理‧盧西安諾在牢房裡掛了一張歐洲戰區的大地圖，地圖上標明了各個戰役的路線和進展。眼見同盟國正一步步向軸心國逼近，查理‧盧西安諾顯得欣喜若狂。

　　義大利宣佈投降後，第二次世界大戰仍然沒有結束。一直在義大利依附墨索里尼的維托‧傑諾維斯倒戈投奔美國人，他成為美國人的翻譯而得到了美國人的原諒。而這也變相增加了查理‧盧西安諾在戰爭中的影響力，雖然維托‧傑諾維斯的活動和他並沒有關係，但這不影響查理‧盧西安諾持續不斷地把自己塑造成民族英雄。

　　1945年，第二次世界大戰結束了，就在同年的5月7日，湯瑪斯‧杜威接到了一份請求政府對查理‧盧西安諾寬大處理，並允許將其保釋的申請書。他立刻把與這相關的事情都轉交給紐約州假釋委員會，而這個委員會的成員都是湯瑪斯‧杜威任命的，所以湯瑪斯‧杜威也只是走個流程罷了。

　　查理‧盧西安諾的律師向紐約州假釋委員會證明，查理‧盧西安諾在第二次世界大戰期間與高級軍事當局進行了合作，為戰爭做出了積極貢獻，因此應該讓查理‧盧西安諾重

獲自由。美國海軍方面也寫信證實查理‧盧西安諾在戰爭之中對勝利所做出的貢獻。信中說查理‧盧西安諾的努力，有助於縮短美國軍隊在西西里和整個義大利的戰爭。

雖然各方面都宣稱查理‧盧西安諾對戰爭幫助很大，都聲稱他是個愛國英雄。但是無論是查理‧盧西安諾的律師還是美國海軍都拒絕提供更詳細的細節。不過紐約州假釋委員會知道湯瑪斯‧杜威的想法，自然沒有加以刁難。

◆1946年，查理‧盧西安諾被釋放，但是按照協議，他必須離開美國。圖為被釋放的查理‧盧西安諾

1946年1月3日，紐約州州長湯瑪斯‧杜威宣佈釋放「福星」查理‧盧西安諾，但是查理‧盧西安諾必須離開美國，他將被驅逐到他的故鄉西西里。

湯瑪斯‧杜威說：「美國宣佈參戰之後，軍隊就要求查理‧盧西安諾協助勸說某些人提供關於敵人可能發起進攻的情報。看來他的確在這方面進行了合作，雖然我們並不能

明確知道他所提供的情報的實際價值，但是據報告，他在
獄中的表現完全令人滿意。」當然沒人會去在意湯瑪斯·杜
威這番毫無意義的發言。

1946年2月2日，查理·盧西安諾走出了監獄，他被帶到
紐約的艾理斯島，在辦理完所有的流放手續之前，他將被
關在這裡。當他乘坐汽車穿過繁華的曼哈頓時，他只是匆
匆看了一眼，他曾在這個城市成長，也在這個城市拼搏，
最後他讓這個城市的地下黑幫按照他的心意去運營。

查理·盧西安諾帶有感情地回憶他在當時的心情：「當
車子穿過紐約市的時候，我請求員警們停車，我只是想下
車在曼哈頓的大街上走一下，我想再次踩在曼哈頓的土地
上。我甚至懷疑我還在監獄裡，這一切都只是我的夢境，
我需要知道我已經真正回到了紐約，周圍再也沒有那些鐵
欄杆圍著我了。可是他們並不同意，他們不讓我下車，車
子穿過了曼哈頓，來到了港口，最後我被關在了艾理斯島。
在島上，我能夠看到紐約的高樓大廈，我能看到昔日我的
朋友們奮鬥的地方，但是我永遠不能夠觸碰到這些了。」

1946年2月9日上午，查理·盧西安諾將乘坐「蘿拉·金
號」自由輪離開美國，前來送別的只有法蘭克·科斯特洛和
邁爾·蘭斯基等人。在得知查理·盧西安諾將被流放後，記
者們蜂擁而來，準備對他進行採訪，但是這些記者都被港
口水手攔在門外──查理·盧西安諾並不希望接受採訪或者
發表談話。

臨行前，查理·盧西安諾將他準備在其他南美國家繼續
從事犯罪事業的計劃告訴了邁爾·蘭斯基。因為雖然查理·
盧西安諾不能回到美國，但是他可以在義大利用他的本名

薩爾瓦多・盧卡尼亞申請簽證，自由地到古巴或者墨西哥。

　　就這樣，美國黑幫教父查理・盧西安諾開始了他的逃亡生活。同年年底，查理・盧西安諾偷偷前往古巴哈瓦那，在那裡和邁爾・蘭斯基等人見面，舉行了哈瓦那會議，並在會議上商定了美國黑幫在哈瓦那等地的經營事項。而除了這些事情之外，他們談論的另一個重點就是班傑明・西格爾和他的火鶴飯店。

哈瓦那會議

一個統治者必須是一隻狐狸，去發現陷阱；也必須是一隻
獅子，去震懾群狼。

——義大利政治思想家尼科洛·馬基雅弗利

查理·盧西安諾回到義大利之後，先是回到了他的出生
地賴爾卡拉弗里迪。他在那裡受到了隆重的歡迎，對當地
人而言，查理·盧西安諾並不是什麼惡棍頭頭，他是個在賴
爾卡拉弗里迪出生並在美國白手起家的成功人士。查理·盧
西安諾毫不吝惜地在家鄉揮金如土，他甚至還在這個小鎮
建設了電影院。

儘管查理·盧西安諾在家鄉的所作所為都像是名流一
般，但是他並不願意在此度過餘生，這個小鎮並沒有他習
慣的腥風血雨，這個小鎮太過平和，小鎮上的人都是最淳
樸的農民，他們見到查理·盧西安諾只會阿諛奉承，這讓查
理·盧西安諾覺得很尷尬。他需要找回他曾經的生活，因此
他開始接手維托·傑諾維斯遺留下來的犯罪事業。

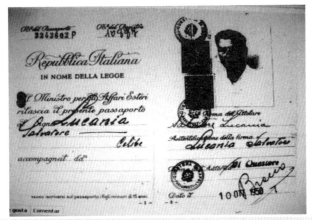

◆查理·盧西安諾在義大利辦理的護照。護照上署名為他的
原名薩爾瓦多·盧卡尼亞

　　而遠在美國，邁爾·蘭斯基早在1937年就開始和古巴的
領導人巴蒂斯塔·薩爾迪瓦進行交易。巴蒂斯塔·薩爾迪瓦
是在羅斯福的支持下才成為古巴總統的，所以他對來自美
國，披著實業家外衣的邁爾·蘭斯基表示十分歡迎。

　　邁爾·蘭斯基開始在古巴發展自己的勢力，他掌控了當
地的出口酒的生意，並建設了幾家賭場。禁酒時期結束後，
美國黑幫老大都意識到賭博將是一種能夠帶給他們更大利
潤的事業。

　　查理·盧西安諾一直在等邁爾·蘭斯基的信號，等到邁
爾·蘭斯基在古巴的經營順利後，他自然會通知查理·盧西
安諾。1946年秋天，邁爾·蘭斯基終於派人送來了一封簡短
的信，上面只有一句話：「12月，國家飯店。」

　　1946年9月，查理·盧西安諾用薩爾瓦多·盧卡尼亞的
名字辦了兩張護照，同時他還辦了到古巴、墨西哥等幾個

南美國家的簽證。隨後，查理・盧西安諾從義大利消失了，他將在古巴繼續他的事業。

這裡離美國並不遠，在查理・盧西安諾的心中，他似乎已經回到了美國。不過為了避免湯瑪斯・杜威等人察覺他已經到了古巴，所以在出發之前就做好了保密的措施，他要義大利方面保持低調，隱藏他離開的消息。到達古巴之後，查理・盧西安諾讓他的私人飛機在機場一個隱蔽的角落著陸，而邁爾・蘭斯基則正在那裡等著。

雖然查理・盧西安諾一直都小心翼翼，但他知道湯瑪斯・杜威等人遲早會發現他已經到了距離美國如此近的古巴。邁爾・蘭斯基告訴他會議將在12月22日召開，在這之前，查理・盧西安諾務必要保持低調。但即便如此，查理・盧西安諾仍然可以在古巴享受他在義大利享受不到的自由。

查理・盧西安諾開始懷念在芝加哥的風光時期，當時他剛剛解決薩爾瓦多・馬蘭扎諾，人們都希望他能夠替代薩爾瓦多・馬蘭扎諾成為美國黑幫「老闆的老闆」，但是查理・盧西安諾拒絕了這樣的要求，他認為這個頭銜是種禍害，是對其他同伴的不尊重。

但是查理・盧西安諾後來才發覺自己錯了，而此次的哈瓦那會議則是彌補這個錯誤的機會。即便不去承認這個頭銜，查理・盧西安諾也應該讓其他的黑幫老大記住他們是因為「福星」才能過著好日子。所以他們不應該忘記查理・盧西安諾的貢獻，他們應該在他困難的時候力所能及地幫助他，並在大環境允許下，聽從他的調遣。

哈瓦那會議是自1932年美國黑幫聚集在芝加哥之後的又一次大聚集。為了能長期居住在古巴，查理・盧西安諾必

須在古巴獲得合法的身分，邁爾·蘭斯基建議查理·盧西安諾買下國家飯店的部分股權。由於國家飯店是由邁爾·蘭斯基和古巴總統巴蒂斯塔·薩爾迪瓦共同管理的，所以該飯店的股權不能白送給查理·盧西安諾。最終，他們決定讓查理·盧西安諾花費15萬美元買進股權。

雖然查理·盧西安諾已經獲准在古巴長期居住，但是在他心中還是將美國視為自己的祖國，更何況他的犯罪帝國就在紐約。但是就目前的情況而言，查理·盧西安諾很難合法地回到美國。

他們相信，如果湯瑪斯·杜威能夠在1948年成功當選美國總統，那麼他將優待曾在競選中為他提供大量資金的美國黑幫。作為交易內容的一部分，湯瑪斯·杜威很可能在當上總統之後，就取消查理·盧西安諾的流放命令。

為了能夠保證查理·盧西安諾可以隨時返回美國，邁爾·蘭斯基要確保他能在古巴享有優待。因此，邁爾·蘭斯基和當時的古巴內政部部長艾爾弗雷德·佩克諾進行了談判，請他為查理·盧西安諾辦理了延長期為六個月的簽證。這樣，查理·盧西安諾就可以隨意地居住在古巴。為了進一步向查理·盧西安諾表示友好，艾爾弗雷德·佩克諾還允許查理·盧西安諾進口一輛美國轎車，供他私人使用。

除了邁爾·蘭斯基，第一個和查理·盧西安諾見面的是維托·傑諾維斯。1946年12月20日，距離哈瓦那會議還有兩天，維托·傑諾維斯從邁爾·蘭斯基那裡要來了查理·盧西安諾的電話，請求和他見面。

維托·傑諾維斯在電話中說他早來了，只是為了在海灘上休息幾天。然而以查理·盧西安諾對其的瞭解，他知道維

托·傑諾維斯一定有更為隱祕的事情。因為他從邁爾·蘭斯基那裡得知，維托·傑諾維斯正試著爭奪阿爾伯特·阿納斯塔西亞在布魯克林區的生意。

他們將近10年沒有見面，儘管查理·盧西安諾一直反對維托·傑諾維斯進行毒品交易，但是雙方當時還保持著比較好的關係。維托·傑諾維斯永遠是邋遢的衣著，他只對金錢和權力感興趣，他對衣著和建築等全然不在意。

在一陣寒暄之後，維托·傑諾維斯決定開口談論正事。他說阿爾伯特·阿納斯塔西亞已經處於失控的地步了，這個外號「瘋帽子」的男人熱衷於用武力解決問題，他能夠毫不心軟地殺死任何人。

維托·傑諾維斯說在他來哈瓦那之前，阿爾伯特·阿納斯塔西亞已經在跟其他人商量要除掉美國禁毒局的哈里·安斯林格，因為阿爾伯特·阿納斯塔西亞的毒品生意遭到了他的阻礙。維托·傑諾維斯提議要制裁阿爾伯特·阿納斯塔西亞，甚至他還提出了在10年之前，阿爾伯特·阿納斯塔西亞就曾經考慮殺死湯瑪斯·杜威的舊事。

查理·盧西安諾承認湯瑪斯·杜威給他們大家都帶來了很大的麻煩，他不僅讓查理·盧西安諾鋃鐺入獄，還因一宗謀殺案對維托·傑諾維斯緊追不放。但是，如果當時真的讓阿爾伯特·阿納斯塔西亞殺了湯瑪斯·杜威，那麼將會引出更大的麻煩。維托·傑諾維斯說阿爾伯特·阿納斯塔西亞將會在會議上提出謀殺禁毒局的哈里·安斯林格的事情，他希望查理·盧西安諾能夠率領他們提出反對意見。

在得到查理·盧西安諾的許諾後，維托·傑諾維斯並沒有結束他們的談話，他企圖讓查理·盧西安諾懷疑阿爾伯特

‧阿納斯塔西亞，因為他們在毒品生意上彼此不和。但是查理‧盧西安諾知道阿爾伯特‧阿納斯塔西亞是對他最忠心的打手，他不可能背叛查理‧盧西安諾。

　　但是維托‧傑諾維斯並不知道查理‧盧西安諾如此看重阿爾伯特‧阿納斯塔西亞，他只是為了能夠侵佔對方的利益，擴大自己的生意。但是西西里聯盟委員會不可能毫無理由就通過維托‧傑諾維斯的提議，更何況阿爾伯特‧阿納斯塔西亞並沒有做出任何對西西里聯盟委員會不利的事情，在那之前，他們是不會談論處決任何自己同胞的。

　　維托‧傑諾維斯知道查理‧盧西安諾不會贊同自己的提議，隨即，他說出了另一番讓查理‧盧西安諾憤怒的話語。他說查理‧盧西安諾已經離開美國很久了，事情每天都在發生變化，因此查理‧盧西安諾需要適當做出調整，更重要的一點就是，查理‧盧西安諾不可能回到美國了，雖然他們都知道查理‧盧西安諾正在想方設法回到紐約，但是所有人都知道這是非常困難的。所以美國的生意必須有人接管，維托‧傑諾維斯認為他可以成為查理‧盧西安諾的繼承人。

　　他對查理‧盧西安諾說他能夠保證查理‧盧西安諾的利益不受到影響，當生意上有問題的時候，他還是會來請示查理‧盧西安諾。簡單地說，他希望查理‧盧西安諾退位讓賢，維托‧傑諾維斯希望處理所有事務。

　　查理‧盧西安諾訓斥他，告訴他美國黑幫現在不需要出現高高在上的「老闆的老闆」，如果有誰想染指這個稱號的話，那也只能是查理‧盧西安諾。而且查理‧盧西安諾再次聲明，現在查理‧盧西安諾在紐約的所有財產都由法蘭克‧科斯特洛管理，現在維托‧傑諾維斯只不過是在為家族工

作，他現在還沒有資格代替查理・盧西安諾。

此次會議是美國黑幫規模最大的會議之一，到會人員包括了從紐約和新澤西州來的阿爾伯特・阿納斯塔西亞、喬・阿多尼斯、喬・波納諾、法蘭克・科斯特洛、湯姆・盧切斯、喬・普羅西法、喬・麥格羅科；從布法羅來的史蒂夫・馬加迪諾；從芝加哥來的托尼・阿卡多（阿爾・卡彭雖然已經出獄，但由於身體的原因，他不得不在邁阿密療養）；從新奧爾良來的桑托・特拉菲坎特，以及邁爾・蘭斯基等沒有投票權的猶太人。

為了防止警方突然襲擊這次會議，這些黑幫老大對外宣稱他們是來慶祝歌星法蘭克・辛納屈的成功。這位擅長用低

音演唱悲傷歌曲的小夥子，已經成為美國少女的偶像。據說，法蘭克・辛納屈最開始只是在一些小酒館和賭場唱歌，但是美國黑幫的老大在聽到這位義大利裔美國人優美的歌聲後，決心幫助他。很多人認為，電影《教父》之中的強尼・方亭就是以法蘭克・辛納屈為原型的。

◆美國歌星法蘭克・辛納屈。1946年年底，他在哈瓦那慶祝自己的成功，但外界普遍認為，這只是他在為哈瓦那會議做掩護

　　法蘭克·辛納屈並沒有介入查理·盧西安諾等人的犯罪事業中，他只是來到哈瓦那，對那些幫助過他的人表示感謝。當然，他也會送些精緻的小禮品，比如煙盒或手錶等。

　　參加哈瓦那會議的黑幫老大每個人都送來了裝滿鈔票的信封，作為慶祝查理·盧西安諾重獲自由的賀禮。查理·盧西安諾用這筆錢買下了國家飯店的部分股權。在會議上，查理·盧西安諾表示，他已經準備以合法的身分回到美國，他已經擁有了他在美洲的第一份產業，而且古巴政府也允許他無限期地居住在這裡。

　　不過查理·盧西安諾還是要提醒他的夥伴們，儘管他回到了美洲，但是以湯瑪斯·杜威為代表的美國官員還是會緊緊盯著他不放。因此他要求他的夥伴們在公開場合都以他的原名薩爾瓦多·盧卡尼亞來稱呼他，這樣可以在短時期內麻痺美國政府。

　　隨後，查理·盧西安諾再次重申「老闆的老闆」這個頭銜並沒有任何實際的意義。說到這裡，阿爾伯特·阿納斯塔西亞突然站起來打斷了查理·盧西安諾的話，他站了起來說：「查理，請原諒我打斷你的話，我想就在現在，在會議進行下去之前，當著大家的面闡明我的態度，不管你願不願意，但是對我個人來說，你永遠是老闆。我是這樣認為的，如果有人和我有不同的想法，我也願意聽聽看。」

　　參加哈瓦那會議的黑幫老大幾乎都知道，現在維托·傑諾維斯和阿爾伯特·阿納斯塔西亞之間出現了矛盾，因此他們都能夠聽出來阿爾伯特·阿納斯塔西亞所針對的是誰。查理·盧西安諾接下來說他知道他們之間的矛盾，然後又解釋說他們都是朋友，應該努力保持良好的關係。查理·盧西安

諾勸說他們不應該為了微不足道的利益而互相爭鬥。

隨後，查理・盧西安諾又表示不贊同從事毒品買賣，因為他曾經因為毒品入獄，所以他對毒品頗有忌憚。而且美國在第二次世界大戰結束後需要更多的酒、菸和食物，他們完全可以依靠這些去賺錢。或者也有許多正經商人願意花保護費去獲得保護，這些都可以供應黑幫老大日常的開銷，所以沒必要去從事毒品買賣。

然而，毒品已經成為黑幫盈利的主要來源，查理・盧西安諾並不知道毒品能夠獲取多大的暴利，即便他在黑幫之中有很大的影響力，但是想要勸說黑幫老大們放棄毒品收益，無異於異想天開。在毒品這件事上，維托・傑諾維斯最為高興，因為大多數的黑幫老大都贊成販賣毒品，查理・盧西安諾無法違逆眾人的意見，只好同意他們。

隨後，哈瓦那會議上最重要的議題被邁爾・蘭斯基提了出來，那就是有關班傑明・西格爾和他的火鶴飯店的問題。西西里聯盟委員會在舉行會議的時候並不會讓和議題相關的人到場，這樣才能保證決策的公正性。

班傑明・西格爾已經在拉斯維加斯的火鶴飯店投入了上百萬美元，但是火鶴飯店仍然沒有竣工，這讓參與投資的黑幫老大們心懷不滿。如果班傑明・西格爾的火鶴飯店開業大吉，那麼這些黑幫老大也許會轉怒為喜，不再追究班傑明・西格爾的揮霍無度。

然而邁爾・蘭斯基在哈瓦那會議上提到的最新消息卻讓與會眾人怒不可遏。邁爾・蘭斯基說，根據他在蘇黎世的銀行朋友透露，班傑明・西格爾的情人佛吉尼亞・希爾經常出國旅遊，每次她攜帶的行李都很多，購買的奢侈品也不少，

而且她還在瑞士長期租賃了一間價值不菲的公寓。除此之外,最讓人吃驚的消息是,佛吉尼亞‧希爾已經在蘇黎世的銀行開了個人戶頭,並且存入了30萬美元。

佛吉尼亞‧希爾在各個國家揮金如土,而她所花的錢顯然是從火鶴飯店內挪用的。邁爾‧蘭斯基認為,佛吉尼亞‧希爾存放在銀行裡的錢,有可能是班傑明‧西格爾從建造飯店的費用中拿的。甚至有的人認為,班傑明‧西格爾也很可能會在飯店經營不善的情況下攜款潛逃。

美國黑幫對待偷盜朋友錢財的人只有一個處置方法,那就是將其剷除。雖然班傑明‧西格爾和邁爾‧蘭斯基擁有幾十年的交情,但是身為猶太人的邁爾‧蘭斯基並沒有投票權。經過協商,大家一致決定班傑明‧西格爾必死無疑。

邁爾‧蘭斯基還在為這個老友做最後的爭取,他建議不如等到火鶴飯店開業之後再執行這項判決,如果火鶴飯店取得成功,那麼大可以留下班傑明‧西格爾的性命,只要讓他想辦法把挪用的投資金補上就可以了。由於長期以來班傑明‧西格爾都是出色的夥伴,他參與過暗殺朱塞佩‧馬塞利亞,也曾解決了哈瑞‧格林伯格這樣一個潛在的威脅。因此,美國黑幫的老大們都同意給班傑明‧西格爾最後一次機會。

到此為止,哈瓦那會議已經接近尾聲,大家所關注的重點不再是查理‧盧西安諾的地位,也不是販毒是否更對他們有好處。大家所關注的只有班傑明‧西格爾和他的火鶴飯店。會議結束之後,所有參加會議的人都出席了當晚舉行的晚會。這場晚會在名義上是為歡迎法蘭克‧辛納屈而準備,但是實際上這卻是查理‧盧西安諾的歡迎會。

　　隨後，來自各地的美國黑幫老大都在報紙上關注著火鶴飯店的新聞。27日，從拉斯維加斯傳來了訊息，但是彙報給這些老大的情況很不妙。由於拉斯維加斯位於美國北部，當時又是耶誕節，所以氣候很差，而且當時的拉斯維加斯陰雨綿綿，根本不適合飯店運營。

　　老天爺似乎在和班傑明‧西格爾開著玩笑，拉斯維加斯出現了如此惡劣的天氣，除非出現奇蹟，否則火鶴飯店在開業當天將遭遇悲慘的境遇。而且很多娛樂界的人都認為在耶誕節開業是最糟糕的點子，耶誕節是美國最盛大的節日，美國人可沒有過節出門狂歡的習俗，他們更願意在家裡陪伴家人，因此耶誕節到新年這一週歷來都是娛樂場所的淡季。

　　而身為好萊塢名流的班傑明‧西格爾不可能不知道這件事情，但是他當時無計可施，必須硬著頭皮讓飯店開始營業。雖然天氣和時間都對火鶴飯店的開業不利，但是班傑明‧西格爾還有最後的救命稻草，他認識好萊塢眾多明星，他能夠請到許多明星來為他捧場，這些明星就是班傑明‧西格爾的最後希望。

　　班傑明‧西格爾也的確請來了紅極一時的明星來捧場，但是即便是查理‧卓別林親自到場，也無法吸引人們到火鶴飯店來。邁爾‧蘭斯基很快就接到了電話，電話那邊通知他火鶴飯店開張的時候幾乎沒有一個顧客，飯店徹底失敗了。

　　當邁爾‧蘭斯基在會議上報告上述消息時，引起了與會眾人的激憤，有人建議立刻殺死班傑明‧西格爾。但是邁爾‧蘭斯基勸說大家保持冷靜，他還說他已經要洛杉磯方面的律師宣佈火鶴飯店為破產產業，這樣就可以避免承受更嚴

重的損失。隨後，邁爾・蘭斯基還建議組成新的經營班底，以原價1%的低價盤下火鶴飯店，並繼續經營。

但是很多人都認為這樣做無異於繼續浪費更多的錢，不過邁爾・蘭斯基始終對班傑明・西格爾抱持信心，他認為拉斯維加斯一定能夠被建設成全球矚目的城市。在邁爾・蘭斯基的勸說下，查理・盧西安諾等人同意了他的提案。

於是西西里聯盟委員會開始按邁爾・蘭斯基的計劃行事，他們先宣佈火鶴飯店倒閉，然後黑幫重新出資，盤下了火鶴飯店，並準備再次開張。至於班傑明・西格爾，西西里聯盟委員會決定暫緩對他的判決。

◆1947年6月20日晚，班傑明・西格爾在貝芙麗山莊的別墅內遭到槍殺。圖為正在收斂班傑明・西格爾屍體的員警

雖然班傑明・西格爾躲過了西西里聯盟委員會的判決，但他卻在1947年6月20日晚上在貝芙麗山莊的別墅內被人槍

殺。他的頭部中了兩槍，身上中了兩槍，這四發子彈讓「蟲仔」班傑明·西格爾當場死亡。隨後，佛吉尼亞·希爾主動把銀行裡的錢交給了邁爾·蘭斯基。1966年3月，佛吉尼亞·希爾自殺身亡。

　　哈瓦那會議即將結束的時候，維托·傑諾維斯又找到了查理·盧西安諾，後者已經對他的咄咄逼人感到厭倦。但是維托·傑諾維斯很直接，他向查理·盧西安諾索取半個義大利的生意。查理·盧西安諾感到很詫異，他聲稱自己不準備回到義大利去，但是維托·傑諾維斯卻說美國當局已經知道了查理·盧西安諾正在古巴的情報，美國很快就會對古巴施壓，迫使他們驅逐查理·盧西安諾。

◆時任古巴總統巴蒂斯塔·薩爾迪瓦。他在統治古巴期間，同邁耶·蘭斯基等黑幫成員進行了頻繁的交易

查理・盧西安諾明白了，是維托・傑諾維斯洩漏了他的行蹤，維托・傑諾維斯甚至為了讓美國當局重視這件事情，還可能誣陷查理・盧西安諾才是美國毒品交易的幕後黑手。很快的，哈瓦那的記者就察覺到新聞的焦點所在，他們很快發掘出現在哈瓦那的這個名為薩爾瓦多・盧卡尼亞的中年男人，就是美國黑幫教父查理・盧西安諾。

現在查理・盧西安諾正在古巴的事情已經盡人皆知，當然那些遠在美國的緊盯著查理・盧西安諾的美國政要，自然不會放任查理・盧西安諾任意妄為。不過邁爾・蘭斯基為了讓他的朋友放心，特意去了邁阿密，與正在那裡的巴蒂斯塔・薩爾迪瓦見面，巴蒂斯塔・薩爾迪瓦保證，只要查理・盧西安諾仍然持有合法的義大利護照，那麼他就有正當的理由留在古巴。

1947年2月，一直認為查理・盧西安諾是美國毒品交易幕後老闆的美國禁毒局哈里・安斯林格宣佈，只要查理・盧西安諾還留在西半球，那麼他就會對美國的安全造成威脅。他正式通知古巴政府，必須將查理・盧西安諾驅逐出古巴，將他送回義大利。

古巴當局對這種近乎命令的要求表示抗議，因為查理・盧西安諾並沒有違反任何古巴當地的法律，所以沒有理由把他驅逐。然而哈里・安斯林格可不會放過查理・盧西安諾，他告訴當時的美國總統哈里・杜魯門，正是因為查理・盧西安諾現在在古巴，所以這幾個月來哈瓦那和紐約等地交易的毒品數量激增。

雖然古巴當局和查理・盧西安諾本人都對美國政府的這種強硬的態度表達不滿，但是最終查理・盧西安諾再次失

敗。1947年2月22日，查理‧盧西安諾在哈瓦那被逮捕。幾天之後，查理‧盧西安諾坐上一艘土耳其貨輪離開了古巴。

　　查理‧盧西安諾離開古巴之後，邁爾‧蘭斯基又在那裡經營了十多年。1960年前後，以斐代爾‧卡斯楚為首的古巴共產黨在古巴掀起了革命浪潮，斐代爾‧卡斯楚接管古巴政權之後，國有化了古巴境內的所有酒店，並關閉了非法賭博的賭場。這場革命浪潮讓邁爾‧蘭斯基在古巴的投資血本無歸。

第6章

黑幫的恥辱

唐·維托

> 如果你去向維托舉報某人犯了錯，那麼維托會把那個人殺死，然後再殺了你，只是因為你揭發了同夥的錯誤。
>
> ——約瑟夫·沃洛奇

　　查理·盧西安諾再次離開了美洲，回到了義大利。雖然他一直在義大利過著國王一樣的生活，但是他知道，美國的一切已經不再屬於他，甚至他的犯罪家族也在最後落入了他一直厭惡的維托·傑諾維斯手裡。

　　維托·傑諾維斯在年輕的時候就遇到了查理·盧西安諾，他並不是西西里人，而是那不勒斯人。他和查理·盧西安諾同歲，並在1917年和查理·盧西安諾相遇，在隨後的30多年裡，一直是查理·盧西安諾的得力助手。

　　維托·傑諾維斯的個子雖然不高，但是他身體強壯，早期他熱衷於在街頭從事搶劫、色情等事業。遇到查理·盧西安諾後，他加入他們的組織開始走私販賣私酒。但是維托·傑諾維斯最熱衷的事業卻是販毒。

　　在查理·盧西安諾入獄之前，維托·傑諾維斯一直以查理·盧西安諾犯罪組織的二老闆的身分活動，在卡斯塔拉馬

雷戰爭期間，他站在「喬老大」這邊，並曾涉嫌暗殺加埃塔諾‧雷納。

隨後，他作為查理‧盧西安諾的擁護者，也曾參與槍殺「喬老大」朱塞佩‧馬塞利亞。當查理‧盧西安諾成為美國黑幫教父，他的身分也自然而然地得到了提升。

1934年，維托‧傑諾維斯夥同費迪南‧波奇亞在紙牌賭博中騙取了一個富商的15萬美元。事後，費迪南‧波奇亞向維托‧傑諾維斯索要35000美元，因為是他把受騙的目標介紹給維托‧傑諾維斯的。不過維托‧傑諾維斯為了獨吞這筆錢而決定殺死費迪南‧波奇亞。1934年9月19日，維托‧傑諾維斯和五個同夥在紐約布魯克林的一家咖啡廳將費迪南‧波奇亞殺死。

1936年6月18日，查理‧盧西安諾因強迫賣淫被判處30年有期徒刑。維托‧傑諾維斯作為家族的二老闆，暫時接管了查理‧盧西安諾的犯罪事業，並在同年的11月25日加入美國國籍，成為合法的公民。

然而1937年，由於維托‧傑諾維斯一直在代理查理‧盧西安諾犯罪集團的各項事務，所以他引起了把查理‧盧西安諾關進監獄的湯瑪斯‧杜威的注意，並且開始調查費迪南‧波奇亞的謀殺案。一旦維托‧傑諾維斯被證明和這起案件有關，那麼他將被電椅上處死。

維托‧傑諾維斯是個矛盾體，他既野心勃勃，又膽小怕事。他既對危險的事情有所牴觸，又熱衷於從事風險與利益並存的販毒事業。雖然查理‧盧西安諾很厭惡他不斷地從事販毒活動，但是維托‧傑諾維斯畢竟曾經為西西里聯盟委員會做出過貢獻。尤其是維托‧傑諾維斯在對付朱塞佩‧馬

塞利亞和薩爾瓦多‧馬蘭扎諾等事情上，起到過重要的作用，所以查理‧盧西安諾還是同意他出逃的。

不過查理‧盧西安諾不希望維托‧傑諾維斯在歐洲再惹是生非，所以他告訴維托‧傑諾維斯可以把想帶的東西都帶走，不過維托‧傑諾維斯只能在義大利活動，查理‧盧西安諾還告誡他禁止飲酒。

就這樣，維托‧傑諾維斯在1937年帶著200萬美元離開了紐約，逃到了義大利那不勒斯附近的諾拉。他早就和那不勒斯的人有過交易，因此他很快就在當地發展了自己的勢力。維托‧傑諾維斯走後，法蘭克‧科斯特洛接替了他，暫時管理查理‧盧西安諾的財產。

維托‧傑諾維斯帶著200萬美元到了義大利，這使他在那裡過著貴族般的生活。雖然查理‧盧西安諾並不能預見第二次世界大戰的爆發，但是自詡為美國人的查理‧盧西安諾認為，既然維托‧傑諾維斯剛剛獲取了美國公民的身分，那麼在戰爭爆發的時候，他完全可以回到美國。

就算維托‧傑諾維斯害怕湯瑪斯‧杜威將追究他的謀殺嫌疑，那他也可以到其他國家去。在查理‧盧西安諾看來，維托‧傑諾維斯完全沒有必要繼續待在義大利，因為義大利當時是美國的敵國。

戰爭剛開始的時候，維托‧傑諾維斯完全有選擇的餘地，他帶了200萬美元離開美國，作為有錢人，他可以去任何他想去的地方，對他而言，安全的地方多的是。但是維托‧傑諾維斯卻偏偏在義大利待著不走了。

維托‧傑諾維斯是個無比貪婪的人，他來到義大利之後就著手建設屬於他自己的毒品聯絡網。在義大利可沒人管

他，他可以大規模地販毒。維托‧傑諾維斯不會放過任何便宜，他錙銖必較，小心翼翼地經營。而且維托‧傑諾維斯為了獲取利益，不惜出賣任何人，甚至是他的祖國。

維托‧傑諾維斯在小的時候就離開了義大利，所以他在義大利也是人生地不熟。不過這不妨礙他在義大利賺錢。他透過各種管道，接觸到了當時掌控義大利的墨索里尼。經由和那些政客往來，他發現墨索里尼的女婿加萊阿佐‧齊亞諾在吸食毒品，這對他而言，簡直是最好的消息。

很快的，維托‧傑諾維斯就成為加萊阿佐‧齊亞諾的私人毒品供應商，憑藉他的毒品販賣網路為加萊阿佐‧齊亞諾提供最優質的毒品。他讓加萊阿佐‧齊亞諾成為他手中的玩偶，甚至加萊阿佐‧齊亞諾已經無法離開維托‧傑諾維斯。

義大利已經成為維托‧傑諾維斯的毒品帝國，他在歐洲如魚得水，在和加萊阿佐‧齊亞諾搞好關係後，當地的黑市自然也會給維托‧傑諾維斯面子，這讓他的貨物有了銷路。而且在戰爭期間，義大利和德國是盟友，所以維托‧傑諾維斯可以經由這層關係用卡車把毒品運送到德國去。

維托‧傑諾維斯在歐洲為所欲為，加萊阿佐‧齊亞諾甚至曾經用自己的專機把維托‧傑諾維斯送到了土耳其的伊斯坦布爾，他要維托‧傑諾維斯在土耳其建立一個大的聯絡點，並且在伊斯坦布爾附近收集毒品，將這些毒品運回米蘭，又在米蘭建立了多個加工點用以加工這批毒品。在法西斯德國的隆美爾控制北非的時候，義大利的飛行員還用軍用飛機把這些毒品運到非洲等地。

維托‧傑諾維斯永遠離不開毒品，他的眼中只有毒品為

他帶來的利益，而沒有其他的東西。1943年，美國將駐紮在北非的軸心國趕了出去，並且加強了對義大利的攻勢。這時候維托・傑諾維斯給查理・盧西安諾送來一封信，他在信中訴苦，說美國人佔領了北非，導致維托・傑諾維斯運輸毒品的路線被切斷，因此他不得不再尋找另外一條新的路線來運輸毒品。查理・盧西安諾覺得哭笑不得，維托・傑諾維斯居然會因為祖國對納粹分子的嚴厲打擊而怒氣衝衝。

◆維托・傑諾維斯和西西里當地強盜薩爾瓦多・朱利亞諾。經過法蘭克・科斯特洛的介紹，維托・傑諾維斯成為盟軍的顧問和翻譯

就在維托・傑諾維斯運輸毒品的路線被切斷的同時，美國人正在向義大利進攻，導致墨索里尼倒台，並被監禁。

不久之後，雖然墨索里尼被希特勒救走，但是維托‧傑諾維斯也已經失去了他的靠山，維托‧傑諾維斯已經覺得他的日子不好過了。

然而維托‧傑諾維斯從來不覺得墨索里尼會失勢，所以他根本沒有跟除了墨索里尼之外的任何人有過接觸，更何況替代墨索里尼的巴多格里奧和墨索里尼政見相左。在這種情況下，維托‧傑諾維斯已經無能為力，因此他寫信給查理‧盧西安諾，尋求幫助。

雖然查理‧盧西安諾此時還在監獄之中，而且他並不是很喜歡維托‧傑諾維斯，但是因為查理‧盧西安諾在獲得保釋後不得不到義大利去，所以為了讓自己能夠在到達義大利之後快速地站穩腳跟，查理‧盧西安諾還是讓法蘭克‧科斯特洛想辦法去幫助維托‧傑諾維斯。

經過法蘭克‧科斯特洛的幫助，維托‧傑諾維斯成功地在美國軍隊之中，獲取了一份還算體面的職務。1943年9月，義大利宣佈投降，美國軍隊需要一名精通英語和義大利語的人來當翻譯，維托‧傑諾維斯按照查理‧盧西安諾的指示毛遂自薦，成為官方文職翻譯。

然而維托‧傑諾維斯死性不改，在為美國軍隊提供服務的同時，他還在美國佔領的義大利地區做起了大規模的黑市活動。他利用自己的職務，收買了一批美國軍隊的軍官、像他一樣的文職人員以及一小批普通的士兵。

這些人成為維托‧傑諾維斯的手下，他們為維托‧傑諾維斯打開陸軍倉庫的大門，從中運出各種軍需品。他們從維托‧傑諾維斯那裡領錢，然後為他開軍車，按照他的指示出售各種軍需品。他在美國軍隊的政治核心集團擁有超然

的地位，這讓他有行動的自由和時間，也正因為他的職位比較高，所以在短時間內，即便有人發現軍隊之中有人在盜賣軍需品，也沒有人懷疑是維托·傑諾維斯。

在美國軍隊軍官的眼中，維托·傑諾維斯是個誠實可靠的人，這個狡猾的傢伙經常讓和他有過節的文職人員去頂他的罪。維托·傑諾維斯多次舉報文職人員之中，有人存在受賄行為和從事黑市活動，而他也正是靠著誣陷那些文職人員，讓美國軍隊軍官都認為維托·傑諾維斯是忠於美國的合法公民。

那些美國軍隊的軍官已經被維托·傑諾維斯所迷惑，他們甚至認為維托·傑諾維斯是勤奮無私的人，他們以為維托·傑諾維斯放棄領取薪水，義務為祖國服務。他們認為維托·傑諾維斯用自己的費用為祖國工作，他夜以繼日地操勞著，為美國政府提供了最為寶貴的幫助，美國政府認為維托·傑諾維斯是可以信賴、忠誠的。

事實上，維托·傑諾維斯已經透過盜賣各類軍需品，賺取了超過100萬美元的利潤。維托·傑諾維斯知道如何隱藏自己的真實收入，因此這些錢都是無法追查的。維托·傑諾維斯把美國軍隊的藥品、香菸、糖、橄欖油、麵粉等軍需物資統統賣給了義大利人，而這些東西本可以讓美國士兵免遭疾病、饑餓。維托·傑諾維斯的這種做法，導致了許多軍營出現軍需品極度缺乏的情況，而維托·傑諾維斯則變本加厲，他甚至在隱瞞美國陸軍的情況下，私自動用軍用車輛把軍需物資運到了義大利各地的黑市中。

不過這不代表所有人都被維托·傑諾維斯的表演所迷惑，美國陸軍刑事罪行調查處的奧林奇·迪基中士開始調查

大量軍需品消失的原因。他在調查的過程中多次遇到了維托·傑諾維斯的名字，在貨物運輸、車輛調配和補給品分配的檔案上都有這個名字。奧林奇·迪基開始進一步調查，隨後他發現維托·傑諾維斯控制著義大利地區的地下黑市交易。隨著調查的深入，奧林奇·迪基還發現了維托·傑諾維斯和加萊阿佐·齊亞諾關係密切，由此他推測維托·傑諾維斯很可能是德國的間諜。

奧林奇·迪基把他的調查結果報告給了上級，但是這些上級軍官不是和法蘭克·科斯特洛關係密切，就是被維托·傑諾維斯蒙蔽了雙眼，他們命令奧林奇·迪基不要去管維托·傑諾維斯的事情。但是奧林奇·迪基沒有放棄，然而在沒有任何支援的情況下，他也對維托·傑諾維斯無能為力。

最後，奧林奇·迪基向聯邦調查局寫信尋求幫助，而紐約布魯克林當局給出了回應。因為曾經和維托·傑諾維斯共同參與了費迪南·波奇亞謀殺案的共犯，在獄中供出了維托·傑諾維斯，而且案件的一個目擊者也被布魯克林當局找到並保護了起來。

維托·傑諾維斯被押送回國，面臨他的將是謀殺罪的指控。1945年1月，那名目擊者因患腸胃疾病而引發了腹痛，他吃下了止痛藥後卻再也沒有醒來。由於缺少有力的證人，維托·傑諾維斯被無罪釋放。

維托·傑諾維斯回到了紐約，並繼續他的毒品生意，隨著時間的推移，越來越多的人開始插手毒品生意。阿爾伯特·阿納斯塔西亞雖然只是文森特·曼加諾的二老闆，但是他的影響力遠遠超過了文森特·曼加諾，而且他也掌控著紐約布魯克林的毒品生意。維托·傑諾維斯試圖侵佔阿爾伯特

‧阿納斯塔西亞的生意，但是雙方實力幾乎均等，他也很難在阿爾伯特‧阿納斯塔西亞手中占到便宜。

1946年，查理‧盧西安諾獲得了保釋，然而他被限制不得再返回美國。維托‧傑諾維斯察覺到這是個機會，雖然他已經返回美國，但是他仍然只是家族內的二老闆而已，他急切地想要掌握查理‧盧西安諾犯罪集團的實權。況且查理‧盧西安諾在義大利已經憑藉維托‧傑諾維斯打下的基礎發展出了自己的犯罪事業，這更讓維托‧傑諾維斯心裡不平衡。

於是在1946年的哈瓦那會議上，維托‧傑諾維斯偷偷向美國當局通報了查理‧盧西安諾的行蹤。而且他在哈瓦那會議上，離間阿爾伯特‧阿納斯塔西亞和查理‧盧西安諾，隨後在會議結束後威脅查理‧盧西安諾，勸阻他再次回到美國。

回到美國之後，維托‧傑諾維斯開始和阿爾伯特‧阿納斯塔西亞的得力助手卡洛‧甘比諾暗中往來。雖然他們在表面上看起來十分合不來，但是在暗中，他們的關係已經超越了一般的合作者。

卡洛‧甘比諾已經在曼加諾犯罪家族中，獲得了和曾經的家族老闆法蘭克‧斯卡萊斯同等的職務，而且他的地位還在不斷上升。

至於他的老闆阿爾伯特‧阿納斯塔西亞，更是在黑幫之中獲得了比家族老闆文森特‧曼加諾還要好的聲譽。但由於阿爾伯特‧阿納斯塔西亞對查理‧盧西安諾言聽計從，所以文森特‧曼加諾對他很不滿。而且阿爾伯特‧阿納斯塔西亞魯莽專橫，並不把文森特‧曼加諾和他的兄弟菲力浦‧曼加

諾放在眼裡。

1950年，阿爾伯特‧阿納斯塔西亞提出要在哈瓦那和佛羅里達抽取一定的利益，但是這裡是邁爾‧蘭斯基掌控的。因為邁爾‧蘭斯基拒絕了他的提議，所以阿爾伯特‧阿納斯塔西亞開始改善和維托‧傑諾維斯的關係。

許多人都認為，文森特‧曼加諾和手下阿爾伯特‧阿納斯塔西亞的關係很惡劣。因為他不滿意阿爾伯特‧阿納斯塔西亞和查理‧盧西安諾以及法蘭克‧科斯特洛的友誼，因查理‧盧西安諾總是不經過文森特‧曼加諾的許可就讓阿爾伯特‧阿納斯塔西亞為他辦事。

◆美國黑幫成員阿爾伯特‧阿納斯塔西亞。他曾經是曼加諾犯罪家族二老闆，後來接管曼加諾犯罪家族。他性格暴躁，常因毒品生意和維托‧傑諾維斯發生衝突

文森特‧曼加諾認為這種做法是對他的不尊敬。而且阿爾伯特‧阿納斯塔西亞從1930年開始就一直領導著紐約臭名昭著的殺手團隊——謀殺公司。據統計，阿爾伯特‧阿納斯塔西亞掌管著900至1000個殺手。

本來家族老闆文森特‧曼加諾和他的兄弟菲力浦‧曼加諾就對阿爾伯特‧阿納斯塔西亞不滿了，而且後來阿爾伯特‧阿納斯塔西亞總是對文森特‧曼加諾冷嘲熱諷，這種行為更進一步地激怒了文森特‧曼加諾。

1951年4月19日，文森特‧曼加諾的兄弟菲力浦‧曼加

諾被人謀殺，而文森特・曼加諾本人也神祕失蹤。根據推測，文森特・曼加諾很可能是被阿爾伯特・阿納斯塔西亞所殺害，但是阿爾伯特・阿納斯塔西亞本人從來不承認和文森特・曼加諾的失蹤有任何關係。因為其他家族的老闆不會允許有殺掉自己的老闆嫌疑的阿爾伯特・阿納斯塔西亞，繼任為新的曼加諾犯罪家族老闆，所以在查理・盧西安諾和法蘭克・科斯特洛的作用下，阿納斯塔西亞當上了家族大老闆，並任命卡洛・甘比諾為自己的二老闆。

儘管在阿爾伯特・阿納斯塔西亞的領導下，家族收益越來越多，但是其他老闆更擔心阿爾伯特・阿納斯塔西亞殘暴古怪的性格。維托・傑諾維斯作為當時法蘭克・科斯特洛的二老闆，尤其擔心阿爾伯特・阿納斯塔西亞這種脾氣，將為整個美國黑幫帶來災難。

1952年，阿爾伯特・阿納斯塔西亞下令殺掉了曾出賣他人的罪犯，但是他這樣做也違反了美國黑幫不殺外人的規矩。查理・盧西安諾和法蘭克・科斯特洛為了限制維托・傑諾維斯的發展，企圖利用阿爾伯特・阿納斯塔西亞去和維托・傑諾維斯相抗衡，所以他們沒有理會這件事，並且在喬・波納諾的作用下，暫時調節了阿爾伯特・阿納斯塔西亞和維托・傑諾維斯的衝突。但是維托・傑諾維斯處心積慮地要對付阿爾伯特・阿納斯塔西亞。

◆法蘭克‧科斯特洛在克夫維爾聽證會上接受調查

　　與此同時，性格暴躁的阿爾伯特‧阿納斯塔西亞總是打罵、嘲諷卡洛‧甘比諾。雖然卡洛‧甘比諾在表面上順從阿爾伯特‧阿納斯塔西亞，但是他其實懷恨在心，只不過在等待機會。而他的盟友維托‧傑諾維斯也在等待機會，而且維托‧傑諾維斯的機會很快就來了。

　　1951年，美國國內舉行了針對美國黑幫的克夫維爾聽證會，許多和黑幫有接觸的人都在聽證會上指控黑幫成員，甚至許多黑幫老大的情婦也加入指證的行列之中。法蘭克‧科斯特洛就因為在此聽證會上被指控，而短暫地在監獄裡住了一陣。

　　法蘭克‧科斯特洛是查理‧盧西安諾欽定的接班人，但是他又因逃稅而被逮捕入獄。1957年5月2日，剛出獄的法

蘭克‧科斯特洛正走在他在曼哈頓的公寓大樓裡，忽然有人從他背後大叫，當他回頭後，維托‧傑諾維斯的殺手文森特‧吉甘特向他開槍。但幸運的是，法蘭克‧科斯特洛只是被子彈擦傷了頭皮。

隨後，維托‧傑諾維斯又派人將阿爾伯特‧阿納斯塔西亞家族中的法蘭克‧斯卡萊斯暗殺。這證明維托‧傑諾維斯已經準備對阿爾伯特‧阿納斯塔西亞動手了。

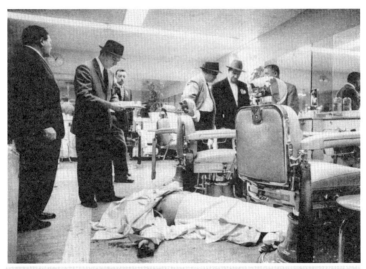

◆阿爾伯特‧阿納斯塔西亞在理髮店被槍殺

這個時候，阿爾伯特‧阿納斯塔西亞也準備對維托‧傑諾維斯採取行動，然而這個謀殺公司的殺手居然親自驅車追蹤維托‧傑諾維斯，因此維托‧傑諾維斯可以輕易派人跟蹤，並確定阿爾伯特‧

阿納斯塔西亞的行蹤。而此時阿爾伯特‧阿納斯塔西亞

的二老闆卡洛‧甘比諾也和維托‧傑諾維斯達成了協定，他們準備聯手剷除阿爾伯特‧阿納斯塔西亞。

1957年10月25日上午，阿爾伯特‧阿納斯塔西亞走進了紐約謝拉頓飯店的理髮室，他的司機把車停在了地下車庫，然後就到外面散步。由於阿爾伯特‧阿納斯塔西亞在理髮的時候用圍巾擋住了臉，所以當兩名殺手衝進理髮店的時候，阿爾伯特‧阿納斯塔西亞並沒有做出最及時的反應。他們向阿爾伯特‧阿納斯塔西亞開槍，將這個才當上家族老闆沒多久的「劊子手」槍殺。據說，執行暗殺的是普羅法西家族的加洛兄弟。

阿爾伯特‧阿納斯塔西亞並沒有法蘭克‧科斯特洛這樣幸運，雖然他在察覺到危險的時候掏出手槍，但是他居然在恍惚之間衝向了鏡子。

謀殺公司的阿爾伯特‧阿納斯塔西亞最終難逃被人謀殺的結局，在驗屍的時候，法醫從他屍體的私處還取出了子彈，足見他死亡的時候有多麼慘烈。

阿爾伯特‧阿納斯塔西亞死後，法蘭克‧科斯特洛心灰意冷，他被迫把家族交給了維托‧傑諾維斯。從此開始，這個犯罪家族就被人稱為「傑諾維斯犯罪家族」，而它的老闆就是「唐‧維托」——維托‧傑諾維斯。雖然維托‧傑諾維斯沒有成功地暗殺法蘭克‧科斯特洛，但是他仍然成功接管了查理‧盧西安諾留在紐約的各個產業。

阿爾伯特‧阿納斯塔西亞在生前已經得罪了不少人，他還妄圖染指邁爾‧蘭斯基在古巴等地的生意。因此暗殺阿爾伯特‧阿納斯塔西亞的計劃方案，很可能是由阿爾伯特‧阿納斯塔西亞的二老闆卡洛‧甘比諾、傑諾維斯犯罪家族新任

族長維托‧傑諾維斯、邁爾‧蘭斯基以及盧切斯犯罪家族的老闆「三指布朗」湯姆‧盧切斯共同想出來的。

在阿爾伯特‧阿納斯塔西亞死後，卡洛‧甘比諾接手了他的犯罪組織。在當時，卡洛‧甘比諾所繼承的犯罪家族在紐約五大家族中的地位並不高，其影響力遠不能和曾經由朱塞佩‧馬塞利亞和查理‧盧西安諾所創立的傑諾維斯犯罪家族，或者繼承了薩爾瓦多‧馬蘭扎諾的波納諾犯罪家族相提並論。

阿巴拉欽會議

經過組織這次會議，維托·傑諾維斯暴露了自己的愚蠢，
這是他最大的弱點。

——查理·盧西安諾

維托·傑諾維斯終於得償所願，接管了查理·盧西安諾
的犯罪事業。隨後，維托·傑諾維斯命令家族中的其他人都
要支持他。雖然法蘭克·科斯特洛的盟友威利·莫雷蒂在
1951年被謀殺；喬·阿多尼斯也在1956年被流放，但是他的
威望還是要高於維托·傑諾維斯。

為了保證自己在家族之中的威望，維托·傑諾維斯開始
打壓或者暗殺法蘭克·科斯特洛的支持者。甚至維托·傑諾
維斯在成功創立傑諾維斯犯罪家族後，還曾派出殺手暗殺
查理·盧西安諾。

由於維托·傑諾維斯在短時間內策劃了眾多的暗殺事
件，造成了美國黑幫的恐慌，所以各個黑幫老大人人自危，
這令紐約的黑幫陷入了混亂之中。

法蘭克·科斯特洛和阿爾伯特·阿納斯塔西亞相繼遭到
暗殺，影響了紐約五大家族的勢力平衡，甚至芝加哥犯罪

組織和其他地區的黑幫，都遭到了很大的衝擊。

如果放任這種混亂，那麼維托・傑諾維斯很可能成為美國黑幫的公敵。因此，為了平息這場混亂，維托・傑諾維斯希望鞏固他作為新的犯罪家族老闆的地位，所以他迫切需要一個機會，好向西西里聯盟委員會解釋自己引發這一系列事件的動機，並說服西西里聯盟委員會支持他。

在西西里聯盟委員會中，支持維托・傑諾維斯的人已經佔據大多數，他們都被維托・傑諾維斯掀起的腥風血雨嚇住了，只要能夠停止紐約的騷亂，他們並不在意誰來掌控查理・盧西安諾留下來的犯罪事業。

為了證明自己已經有資格成為美國黑幫的新任教父，維托・傑諾維斯向美國各地的黑幫老大發了通知，準備於11月中旬在美國紐約附近的阿巴拉欽，召開西西里聯盟委員會全體會議。

這是西西里聯盟委員會首次在紐約附近舉行會議，事實將證明這個想法是多麼愚蠢，因為美國黑幫老大們從來沒有如此明目張膽地召開會議。

迄今為止，美國黑幫總共也只召開了三次會議：1929年，在伊諾克・路易士・詹森的庇護下在大西洋城召開大西洋城會議，那次會議的保密措施做得非常完善；1932年，在芝加哥確立了西西里聯盟委員會的成立，會議時間很短，而且當時的芝加哥也由阿爾・卡彭掌控；1946年，西西里聯盟委員會在古巴召開哈瓦那會議，那次會議的召開地點位於古巴，那裡遠離美國，而且當時的古巴總統還和邁爾・蘭斯基等人關係融洽。

維托・傑諾維斯並沒有考慮到這些，他只是迫不及待地

要在會議上宣告自己理應成為繼查理‧盧西安諾之後美國黑幫的新任教父。

1957年11月14日，超過100名黑幫老大聚集在紐約東南方的阿巴拉欽。然而並不是所有身居高位的黑幫老大都會來奉迎維托‧傑諾維斯。險些被他暗殺的法蘭克‧科斯特洛表示他已經和黑幫活動脫離了關係；邁爾‧蘭斯基的藉口更直接，他說自己得了喉炎，必須在11月待在氣候適宜的佛羅里達州。

◆傑諾維斯犯罪家族老闆維托‧傑諾維斯。在暗殺法蘭克‧科斯特洛未遂之後，他終於如願當上了家族老闆，為了鞏固自己的地位，他又第一時間召開了阿巴拉欽會議

會議的地點位於賓夕法尼亞州黑幫老大約瑟夫‧巴拉拉的鄉村小屋，這裡與賓夕法尼亞州接壤。維托‧傑諾維斯也想到了，在紐約附近召開西西里聯盟委員會會吸引警方的注意，因此他才選擇這樣一個位於交界線上的地區來開會。為了招待這些來自全國各地的黑幫老大，約瑟夫‧巴拉拉特意從芝加哥訂購了最好的牛排，他準備在阿巴拉欽會議上弄一個大規模的烤肉野餐。

在阿巴拉欽會議上，美國黑幫老大們對毒品運營進行了討論，現在紐約最大的黑幫老大已經是維托‧傑諾維斯了，他和其他人不同，他對毒品的熱衷由來已久，因此他自然

允許各個黑幫在紐約販賣毒品。除了毒品，各個黑幫老大還對美國以及海外的賭場進行了商談，但是由於各個賭場的主要負責人並沒有到場，所以這方面問題談得不是很深入。

隨後，到場的各個黑幫老大開始討論最近紐約發生的多起謀殺事件。作為這些事情的始作俑者，維托·傑諾維斯公開表示阿爾伯特·阿納斯塔西亞已經冒犯了西西里聯盟委員會的利益。因為阿爾伯特·阿納斯塔西亞做事不經考慮，他曾多次表示要對美國禁毒局的哈里·安斯林格等人動手，一旦他真的那麼做了，將令西西里聯盟委員會陷入與整個國家為敵的困境。

而且，阿爾伯特·阿納斯塔西亞做過的最愚蠢的事，就是他居然以5萬美元的價格公開出售美國黑幫正式成員的身分。雖然美國黑幫在體制上已經和義大利黑手黨很不一樣，但是一些重要的傳統還是被保留了下來。比如在傳統中，只有純正的西西里人才被允許加入犯罪家族，其他的人無論對家族做出了多麼巨大的貢獻，也只能被視為周邊成員。而西西里人加入犯罪家族的這個過程則被稱為「made man」，這個詞語在美國黑幫之中也有著巨大的榮譽。然而阿爾伯特·阿納斯塔西亞因在賭馬比賽中輸掉了大筆賭金，進而無視了這條被黑幫老闆們十分重視的戒條。

維托·傑諾維斯還指出，阿爾伯特·阿納斯塔西亞不僅在紐約濫用暴力，並對其他的黑幫老闆構成了威脅（其實他所指的，只是他本人和阿爾伯特·阿納斯塔西亞之間的紛爭而已）之外，他還企圖侵佔邁爾·蘭斯基在古巴和拉斯維加斯的賭場的利益。而按照最開始的規定，這些賭場的利益應該是屬於全體西西里聯盟委員會成員的。雖然邁爾·蘭

斯基是猶太人，在西西里聯盟委員會內沒有投票權，但是大家都很尊敬這個能給大家帶來無數金錢的聰明人。

維托・傑諾維斯聲稱，由於阿爾伯特・阿納斯塔西亞脾氣怪異，貪得無厭，已經對西西里聯盟委員會造成了威脅，所以他暗中將其除掉是在西西里聯盟委員會允許範圍之內的。幾句話的時間，維托・傑諾維斯就從使用不正當手段謀殺同伴的惡人，變成了為整個美國黑幫懲奸除惡的英雄。

但即便維托・傑諾維斯巧舌如簧地否認了他是出於私心，才謀殺阿爾伯特・阿納斯塔西亞的真相，他也無法解釋他派人暗殺法蘭克・科斯特洛的事情。法蘭克・科斯特洛的忠實擁戴者安東尼・卡拉諾也在阿巴拉欽會議上公然質問維托・傑諾維斯。而維托・傑諾維斯直接否認他和法蘭克・科斯特洛被謀殺的事情有關。1959年，安東尼・卡拉諾在紐約的拉瓜迪亞機場附近被人槍殺。

解決了這些問題之後，維托・傑諾維斯的地位已經被所有人承認。他們開始談論紐約的其他各項生意，也開始分配各自在運輸業、服裝業、建築業等行業的利益配額。在一切都談攏之後，這些黑幫老大準備享用約瑟夫・巴拉拉為他們準備的烤肉大餐。

但是在這個時候卻發生了意外。由於這麼多衣著華貴的人出現在阿巴拉欽這樣一個小鎮，所以引起了當地員警的注意，他們明顯感到有什麼事情正在這裡發生。

早在會議開始之前，一位名為愛德格・科洛斯威爾的員警在調查約瑟夫・巴拉拉的鄉村小屋時，遭到了波納諾犯罪家族二老闆卡米洛・加蘭特的阻撓。他隨後就讓人對卡米洛・加蘭特進行了調查，透過車牌號的資訊，他發現卡米洛・

加蘭特曾在紐約無照駕駛，而且身上有多次犯罪的指控記錄。

愛德格‧科洛斯威爾開始派人嚴密監控約瑟夫‧巴拉拉的鄉村小屋。隨後他瞭解到，約瑟夫‧巴拉拉已經訂購了大量的牛肉，從中他推測這裡將舉行一場規模龐大的會議。這更讓愛德格‧科洛斯威爾起疑，他立刻向上級彙報並加強了監控。

當紐約的員警發現越來越多的豪華轎車停在了約瑟夫‧巴拉拉的家門口時，他們開始抄錄這些豪車的車牌號碼。經過調查這些車牌號碼，紐約員警發現這些車的車主，多為在紐約赫赫有名的大罪犯。因此他們開始尋求幫助，大量警力也開始集結，並在一切可能逃跑的道路上設置了路障。

阿巴拉欽會議結束後，正當這些黑幫老大準備品嘗烤肉大餐的時候，愛德格‧科洛斯威爾和另外三名員警對約瑟夫‧巴拉拉的鄉村小屋進行了突擊檢查。這四個員警把在座的黑幫老大們嚇得落荒而逃。他們有的衝進了停在門口的汽車裡，有的不顧形象地衝進了灌木叢生的樹林中。而且為了防止警方可能對他們提出的指控，他們在逃難的同時將身上攜帶的鈔票、手槍和其他能夠指控他們的犯罪證據統統丟掉。在幾天之後，當地人報告說在路上經常能見到許多高額美鈔。

不過即便如此大費周章，他們身上高貴的名牌服飾還是出賣了他們，員警能夠輕易在樹林中逮捕這些黑幫老大，他們的衣服成為最顯眼的標誌。那些試圖開車逃離的黑幫老大也被路障攔了下來。

員警在這次行動之中大獲全勝，雖然有將近50人逃了出去，但是被警方逮捕的足足有58人，而在這些人之中只有

九人沒有犯罪記錄。這些黑幫老大攜帶的現金加起來超過了30萬美元，他們分別掌控了紐約、費城、克里夫蘭……可以說，他們就是美國犯罪的源頭。

在這次行動之中，美國員警抓到了美國黑幫最重要的組成人員，其中既有紐約五大家族的維托‧傑諾維斯、卡洛‧甘比諾、喬‧普羅法西，也有布法羅的約翰‧蒙大拿。然而警方對這個結果卻多有疑慮，因為約翰‧蒙大拿在當地只是個計程車公司老闆，去年布法羅當地的員警甚至還表彰過他，相信如果不是因為他在阿巴拉欽被抓，沒人會相信他是布法羅的黑幫老大。

雖然員警抓到了58名黑幫成員，但是由於證據不足，員警只能在羈押了他們一段時間之後就放了他們。當員警問他們來到阿巴拉欽做什麼的時候，他們統一口徑，都說是來看望約瑟夫‧巴拉拉，因為約瑟夫‧巴拉拉得了心臟病。

可以說，阿巴拉欽會議是美國黑幫有史以來最大的恥辱，眾多黑幫老大不得不像一群小學生一樣向員警述說彆腳的藉口。這次事件甚至還打破了美國黑幫一直與政府建立的良好關係。由於阿巴拉欽會議被公眾所知，美國當局再也無法隱瞞西西里聯盟委員會的存在了，而在此之前，美國聯邦調查局一直否認美國存在犯罪組織。

其實美國聯邦調查局早就知道犯罪組織的存在，但是在1920年之後的30多年裡，美國聯邦調查局局長愛德格‧胡佛的主要任務，是對付當時更兇悍的暴力匪徒以及越來越強大的蘇聯。在美國聯邦調查局的疏忽之下，美國的犯罪組織從走私販賣私酒起家，逐漸發展成了跨國際的犯罪組織。

雖然在阿巴拉欽會議之前，美國民眾並不知道在美國已

經有如此成規模的犯罪組織，但是美國聯邦調查局早已經
對各地的犯罪分子予以監管。在禁酒時期，聯邦調查局就
為那些被懷疑參與犯罪事業的嫌疑人建立了檔案。美國聯
邦調查局的檔案之中，甚至還收錄著莫雷洛犯罪家族、阿
爾・卡彭、伊諾克・路易士・詹森等人的詳細犯罪記錄。早
在1946年，美國聯邦調查局就在芝加哥犯罪組織的總部內
安放了竊聽器，進行竊聽。

　　然而即便美國聯邦調查局對美國黑幫瞭若指掌，但是他
們一直沒有對黑幫成員採取任何嚴厲的措施，甚至愛德格・
胡佛一直否認美國存在類似義大利黑手黨這樣的組織。直
到1963年，約瑟夫・沃洛奇公開揭露了美國黑幫的一些內幕。

　　當時約瑟夫・沃洛奇用意思為「我們的事業」的單詞
「科薩・諾斯特拉」來指代紐約五大家族的勢力。沒想到愛
德格・胡佛以此來狡辯，他說美國聯邦調查局一直掌握著科
薩・諾斯特拉的犯罪證據，但是美國的確沒有黑手黨。

　　人們對其言行表示疑惑，愛德格・胡佛在對待蘇聯的問
題上顯得非常積極主動，常常會對一些簡單的線索緊追不
放，恨不得掘地三尺也要挖出潛伏在美國的蘇聯間諜。但
是一旦遇到了美國黑幫的問題，愛德格・胡佛卻顯得視而不
見。

　　有人認為，愛德格・胡佛知道美國黑幫一直和湯瑪斯・
杜威之類的上層政客保持著良好的關係，所以不敢去深究
他們的違法行為；另一些人認為，愛德格・胡佛直接從美國
黑幫手中獲得了實惠，所以才網開一面；更有人認為，愛
德格・胡佛是像第二次世界大戰中那樣利用並和美國黑幫進
行合作。

且不管愛德格‧胡佛到底是因為什麼原因一直否認美國黑幫的存在，阿巴拉欽會議被公之於眾之後，那些曾經否認美國黑幫存在的人都已經沒有藉口再去掩飾。雖然愛德格‧胡佛一生都沒有承認這個事實，但是美國民眾都已經知道，在他們身邊永遠有一群惡棍在活動。

對於維托‧傑諾維斯而言，阿巴拉欽會議的失敗所導致的後果是最為嚴重的。多年以來，維托‧傑諾維斯一直謹慎小心地在暗地裡從事他的犯罪事業，也由於他一直不是犯罪集團中具有代表性的人物，所以很多災難都沒有落到他的頭上，這也導致了他驕傲自負、野心勃勃。維托‧傑諾維斯一直希望自己能悄無聲息地掌控一切，此時公眾的眼裡只有查理‧盧西安諾等影響力較大的黑幫老大。

然而阿巴拉欽會議的失敗，讓維托‧傑諾維斯暴露在光天化日之下，一向喜歡躲在陰影裡謀害別人的維托‧傑諾維斯成了眾矢之的。現在他再也不能像以前那樣過著安寧平和的日子了，而更讓他難堪的是，由於他是阿巴拉欽會議的宣導者，所以他的責任最大，也正因此，維托‧傑諾維斯幾乎成了美國黑幫的笑柄。

經過這次狂妄的會議，維托‧傑諾維斯暴露了自己的愚蠢，雖然他像毒蛇一樣貪得無厭、謹慎小心，但是他此時志得意滿，已經忘記了美國黑幫行事的準則。犯罪分子最忌諱吸引太多人的注意，而維托‧傑諾維斯卻把這麼多人都叫在了一起。

這些身穿盛裝、駕駛著凱迪拉克等豪華轎車的富豪，從全國各地到阿巴拉欽這樣一個農業地區來聚會，這種做法就像在檢閱軍隊，也簡直是在挑釁當地的員警。

　　維托・傑諾維斯剛執掌家族就出了洋相，很難相信這裡沒有查理・盧西安諾等人的推波助瀾。畢竟查理・盧西安諾還在世，當時他仍然是美國黑幫名義上的教父，而且邁爾・蘭斯基等人也適時地用各種藉口沒有出席會議，甚至一些和查理・盧西安諾、邁爾・蘭斯基私交甚篤的黑幫老大也沒有到阿巴拉欽去。事後查理・盧西安諾透露說，愛德格・科洛斯威爾其實早已經獲得了線報，這次的行動的主要目的，就是為了羞辱維托・傑諾維斯。

　　當然，維托・傑諾維斯今後的日子也不會好過，在西西里聯盟委員會全體成員面前丟人現眼之後，他再也別想取代查理・盧西安諾的地位了。而且他很快就將面臨更大的災難。和維托・傑諾維斯仇怨已深的查理・盧西安諾想要直接把維托・傑諾維斯送進監獄，查理・盧西安諾已經對這個竊取了自己犯罪帝國的傢伙恨之入骨，但是殺了他又於事無補，既然這樣，不如把他送到監獄裡去最為妥當。

　　查理・盧西安諾在這些年瞭解到，想要整治一個人，最好的辦法就是讓他的下半生都在監獄裡度過。但是如果把維托・傑諾維斯送進州監獄，那是沒有任何效果的，不出一個星期，維托・傑諾維斯就能夠獲得自由。所以為了嚴厲報復維托・傑諾維斯，查理・盧西安諾需要完善的計劃，直接把維托・傑諾維斯扔到聯邦監獄去。

　　讓維托・傑諾維斯入獄的最好方法，就是把他販毒的直接罪證交給美國禁毒局。查理・盧西安諾曾經多次和美國禁毒局的哈里・安斯林格等人打過交道，他知道這些禁毒局官員絕不是善良之輩，一旦他們掌握了足夠的罪證，那麼維托・傑諾維斯的好日子就走到盡頭了。查理・盧西安諾等人

計劃，最好是能夠讓美國禁毒局的官員，在維托・傑諾維斯親自販賣毒品的時候將他抓獲，這樣證據確鑿，維托・傑諾維斯至少要在監獄待15年。

有了想法之後，查理・盧西安諾和法蘭克・科斯特洛、邁爾・蘭斯基共同商量計劃的細節。用什麼方法才能引誘維托・傑諾維斯親自去販賣或者運輸毒品，這將是整個計劃之中最為關鍵的環節。而就在這時候，卡洛・甘比諾也傳來訊息，他無法接受對維托・傑諾維斯俯首稱臣，卡洛・甘比諾想要借助其他人的力量消耗維托・傑諾維斯的實力，進而開始壯大自己。

卡洛・甘比諾也認為維托・傑諾維斯是不會滿足他本身貪心的，只要他還控制著傑諾維斯犯罪家族，那麼他就早晚會和其他家族發生爭鬥，那樣的話，勢必會出現另一個阿爾伯特・阿納斯塔西亞。

不過卡洛・甘比諾也贊成不能殺死維托・傑諾維斯，他同意借助美國禁毒局的鐵腕政策去收拾維托・傑諾維斯。因為一旦維托・傑諾維斯被殺害，那麼報紙一定會對這個在阿巴拉欽出盡洋相的傢伙大加報導，這對西西里聯盟委員會是十分不利的。

而且卡洛・甘比諾還補充說，如果只有維托・傑諾維斯入獄，那麼他剩下的手下，一定會在調查清楚他們陷害維托・傑諾維斯的真相之後開始報復。最好的辦法，就是把維托・傑諾維斯的得力助手一起送進監獄去，而這個被選去和維托・傑諾維斯做伴的最佳人選，自然就是曾經差點殺了法蘭克・科斯特洛的文森特・吉甘特。

卡洛・甘比諾在紐約找到了足以信賴的幫手，托尼・本

德曾是維托・傑諾維斯手下的打手，他曾經在維托・傑諾維斯掌權的過程中執行暗殺任

務。托尼・本德向卡洛・甘比諾投誠，他認為卡洛・甘比諾在未來會獲得遠比維托・傑諾維斯更輝煌的成就。不過托尼・本德的名聲不是很好，許多人認為托尼・本德就是另一個「瘋狗」科爾，他從來不會真正向任何人效忠，誰給他的酬金多他才會替誰賣命。

◆年輕的卡洛・甘比諾。他曾經是阿爾伯特・阿納斯塔西亞的二老闆，後來夥同維托・傑諾維斯謀殺了阿爾伯特，接管了家族。據查理・盧西安諾回憶，卡洛・甘比諾設計了陷害維托・傑諾維斯的計劃

即便如此，卡洛・甘比諾還是選擇讓托尼・本德參與到陷害維托・傑諾維斯的計劃中。按照卡洛・甘比諾的計劃，他們先讓一個幾乎從不參與販毒的黑幫成員去聯絡維托・傑諾維斯，聲稱想以10萬美元的價格出手一批純度很高的毒品。美國黑幫已經對這種引誘他人的手法駕輕就熟，阿爾・卡彭在當年的情人節大屠殺中，也是以私酒販子引出了喬治・摩蘭。

維托・傑諾維斯在毒品的面前絲毫沒有抵抗力，儘管他在阿巴拉欽會議上成為美國黑幫的恥辱，但維托・傑諾維斯仍然自信心膨脹，而且他的貪婪從來沒有消減過，他毫不

猶豫地前往交易地點。

　　按照計劃，托尼·本德將在指定的時間到指定地點等待維托·傑諾維斯，並當面和他進行交易，而早已經接到線報的美國禁毒局則會在維托·傑諾維斯和托尼·本德交易結束後，把他們逮捕歸案。這樣，在人贓俱獲的情況下，維托·傑諾維斯勢必要面臨長時間的監禁。

　　但是維托·傑諾維斯很走運地躲過了這次災難，美國禁毒局的官員們居然沒有相信這條情報。在交易的時候，維托·傑諾維斯興高采烈地拿走了這批毒品，據說他在短時間內用這批毒品賺取了超過70萬美元。

　　卡洛·甘比諾的第一次嘗試可說是賠了夫人又折兵，在付出大量毒品的同時，還沒能用這些證據讓維托·傑諾維斯入獄，反而讓對方大發橫財。不過卡洛·甘比諾還有計劃。當時有個名為尼爾森·坎特帕斯的小流氓正在監獄服刑，這個來自波多黎各的西班牙流氓曾經在芝加哥犯罪組織內從事犯罪活動，也曾經充當過邁爾·蘭斯基的信使。

　　卡洛·甘比諾提出要提供10萬美元給他，讓他去舉報維托·傑諾維斯。當然，這次的資金並不完全由卡洛·甘比諾支付，他只支付了其中的一半，而另一半則由查理·盧西安諾和法蘭克·科斯特洛支付。法蘭克·科斯特洛還提出了一個附加條件，最好能讓文森特·吉甘特也入獄。

　　於是美國禁毒局收到了匿名信，信中說尼爾森·坎特帕斯為了爭取緩刑，願意提供紐約黑幫販賣毒品的相關情報。

　　美國禁毒局自然很看重這條訊息，他們接見了尼爾森·坎特帕斯，並向他詢問了他想要提供的情報。尼爾森·坎特帕斯聲稱，他曾經親眼看見維托·傑諾維斯在販賣毒品，而

且包括文森特·吉甘特在內的多名維托·傑諾維斯的手下也曾參與販賣毒品。

就這樣，卡洛·甘比諾利用尼爾森·坎特帕斯陷害了維托·傑諾維斯和他手下24名得力的助手。由於尼爾森·坎特帕斯的舉報，1959年，被他舉報的人都被判為有罪。其中維托·傑諾維斯被判刑15年。在最開始的幾年，維托·傑諾維斯被關在了亞特蘭大，1969年2月14日，維托·傑諾維斯因心臟病發作，死於密蘇里州斯普林菲爾德的囚犯療養中心。比較諷刺的是，他被埋葬在了皇后區的聖約翰公墓，埋在他的旁邊的就是他的仇敵查理·盧西安諾。

◆維托·傑諾維斯因販毒而被捕入獄，他被判處15年有期徒刑。1969年2月14日，維托·傑諾維斯由於心臟病發作而死在密蘇里州斯普林菲爾德的囚犯療養中心

在維托·傑諾維斯死後，湯瑪斯·埃博利成為傑諾維斯犯罪家族的老闆，他曾經是維托·傑諾維斯的得力手下，而

且由於維托‧傑諾維斯被誣陷，他和卡洛‧甘比諾的關係很不好，最終，他也死在了卡洛‧甘比諾派來的殺手手中。卡洛‧甘比諾害死湯瑪斯‧埃博利之後，又扶持法蘭克‧蒂里成為傑諾維斯犯罪家族的老闆。

法蘭克‧蒂里死後，「胖托尼」安東尼‧薩勒諾繼任。但是1983年，魯迪‧朱利安尼雄心勃勃來到了紐約，他將所有能用的手段統統用上，最終在1985年把當時的五大家族老闆統統判罪。安東尼‧薩勒諾也在1987年被捕入獄。隨後文森特‧吉甘特終於接管了他的老闆維托‧傑諾維斯的犯罪家族。他從1987年開始執掌家族事務，1997年，他因勒索和謀殺被判入獄12年，並於2006年死於獄中。

文森特‧吉甘特入獄之後，多明尼克‧西萊羅只當了一年的老闆，隨後他就因心臟病而宣佈退位，並把傑諾維斯犯罪家族交給了馬修‧萊納托。2005年，馬修‧萊納托被起訴入獄，傑諾維斯犯罪家族的老闆又變成了丹尼爾‧里昂。

在維托‧傑諾維斯之後，傑諾維斯犯罪家族一直在走下坡，已經不再具備查理‧盧西安諾掌權時的話語權，而這個犯罪家族也從五大家族之中最具實力的家族，淪落為中等實力的犯罪家族。而就在傑諾維斯犯罪家族衰敗的同時，本來只能算是二流犯罪家族的甘比諾犯罪家族卻搖身一變，成為五大家族的領軍人物。

AMERICAN GANGSTER

第7章　美國家族

五大家族

堅強有力的同伴是事業成功的基石,他們既可以把你的事業推向更高峰,也可能導致集團的分裂,而使你元氣大傷,甚至傾家蕩產。

——約翰・洛克菲勒

卡洛・甘比諾在接替阿爾伯特・阿納斯塔西亞成為家族的老闆之後,他的家族就被稱為甘比諾犯罪家族,本來這個家族的實力非常弱小,如果從這個家族的淵源來講,它在最開始的時期屬於莫雷洛犯罪家族。

1920年朱塞佩・莫雷洛入獄之後,薩爾瓦多・德拉奎拉另起爐灶,在紐約布魯克林地區建立了他自己的犯罪家族。1928年,朱塞佩・馬塞利亞在朱塞佩・莫雷洛的幫助下打壓了薩爾瓦多・德拉奎拉,並將其殺死。

隨後其家族繼承者曼弗雷迪・米內奧在朱塞佩・莫雷洛死後成為朱塞佩・馬塞利亞的智囊。但是在1932年,曼弗雷迪・米內奧被薩爾瓦多・馬蘭扎諾手下槍手所殺。後來法蘭克・斯卡萊斯繼承了這個犯罪家族,但與此同時,他也立刻

倒戈到了薩爾瓦多‧馬蘭扎諾的陣營。查理‧盧西安諾暗殺朱塞佩‧馬塞利亞之後，薩爾瓦多‧馬蘭扎諾讓法蘭克‧斯卡萊斯所控制的犯罪家族成為五大家族之一。

然而不久之後，薩爾瓦多‧馬蘭扎諾也被查理‧盧西安諾所殺，隨後查理‧盧西安諾讓文森特‧曼加諾代替了法蘭克‧斯卡萊斯，並讓阿爾伯特‧阿納斯塔西亞成為曼加諾犯罪家族的二老闆。

1951年，和阿爾伯特‧阿納斯塔西亞關係不好的文森特‧曼加諾失蹤，阿爾伯特‧阿納斯塔西亞順理成章地繼承了家族事業。不過他的胃口越來越大，不僅破壞了美國黑幫的傳統，還企圖染指邁爾‧蘭斯基的賭場份額。1957年，在維托‧傑諾維斯和卡洛‧甘比諾等人的設計下，阿爾伯特‧阿納斯塔西亞被暗殺，卡洛‧甘比諾成為家族老闆。

卡洛‧甘比諾是個犯罪天才，他擁有查理‧盧西安諾一般的運氣，以及邁爾‧蘭斯基那樣的智力。他知道他的家族目前是五大家族裡實力最弱小的，所以他對內實行高壓政策，任何違背他命令的手下都只有死路一條。而對外，他則是個深藏不露的陰謀家。

1962年，卡洛‧甘比諾的兒子湯瑪斯‧甘比諾娶了當時已經成為犯罪家族老闆的湯姆‧盧切斯的女兒法蘭西斯‧盧切斯，這樁類似政治聯姻的婚姻，為卡洛‧甘比諾的犯罪家族帶來了更大的榮耀。

湯姆‧盧切斯曾經是美國教父查理‧盧西安諾最親密的夥伴之一，而他在美國黑幫之中的聲譽也一直很好。湯姆‧盧切斯原先是加埃塔諾‧雷納的手下，加埃塔諾‧雷納被維托‧傑諾維斯等人殺害後，湯姆‧加利亞諾接管了加埃塔諾

・雷納的犯罪家族，繼承了布魯克林地區的製冰業等犯罪事業。

1946年，查理・盧西安諾被迫離開美國，和他關係不錯但是實力較弱的湯姆・加利亞諾的處境堪憂。1951年左右，湯姆・加利亞諾在幾乎不被任何人知道的情況下悄然去世，而湯姆・盧切斯則接管了犯罪家族的事務，從此，加利亞諾犯罪家族就變成了盧切斯犯罪家族。

湯姆・盧切斯一直保持低調，但是他的名聲很好，和他合作的人都會感到安心。他繼承了湯姆・加利亞諾的事業，把盧切斯犯罪家族的主，精力都放在了賺錢上，這個低調的犯罪家族在其他犯罪家族爭鬥不休的時候。悄然成為最有錢的犯罪家族。

湯姆・盧切斯還暗中對其他家族的事務推波助瀾，他曾經和維托・傑諾維斯、卡洛・甘比諾共同策劃了對阿爾伯特・阿納斯塔西亞的刺殺。卡洛・甘比諾和這樣的人聯姻，無疑會增加自己在五大家族之中的分量。

卡洛・甘比諾和湯姆・盧切斯的聯盟慢慢形成，雙方互相幫助，為彼此帶來了更大的經濟利益。當時盧切斯犯罪家族掌握著約翰・甘迺迪國際機場，機場的工會、運輸團隊都要聽從湯姆・盧切斯的指揮，同時他也控制著機場周圍的犯罪事件。湯姆・盧切斯同卡洛・甘比諾分享約翰・甘迺迪國際機場所帶來的利潤，為彼此的犯罪家族的成長提供了便利。

但與此同時，其他的幾個犯罪家族就沒這麼幸福了。傑諾維斯犯罪家族的老闆維托・傑諾維斯在1959年被卡洛・甘比諾等人陷害入獄，雖然他仍然在監獄裡掌控傑諾維斯犯

罪家族，但是他在親自掌權的時候就沒有經營好，更不要說他現在已經入獄了。

而實力最弱小的普羅法西犯罪家族更慘，這個犯罪家族幾乎要面臨被分裂的厄運。1931年卡斯塔拉馬雷戰爭結束之後，薩爾瓦多·馬蘭扎諾在紐約建立了五大家族，讓他們分管紐約各個地區的犯罪活動。

其中喬·普羅法西的犯罪家族，是最為傳統的西西里黑手黨家族，喬·普羅法西也繼承了西西里黑手黨的傳統，他是美國黑幫之中唯一一個要求手下每個月向他繳納供奉的黑幫老闆。

雖然每個月的供奉只有25美元，但是年輕的美國黑幫成員們對喬·普羅法西的這種做法十分不滿。他們可不是生活在西西里島，他們現在是在自由的美國。既然都是美國的黑幫成員，那麼還有什麼理由按照西西里黑手黨的規章制度去做事呢？

而且，普羅法西犯罪家族在五大家族之中實力最弱，所以很多時候都被其他強大的犯罪家族當作打手。據說1957年槍殺阿爾伯特·阿納斯塔西亞的，就是普羅法西犯罪家族的加洛兄弟。加洛兄弟是三個渾身充滿血腥的暴徒，他們之中的老大喬·加洛擁有「喬瘋子」的綽號，他的兩個弟弟萊利·加洛和阿爾伯特·加洛也都是亡命徒。

加洛兄弟對於他們殺死阿爾伯特·阿納斯塔西亞之後一直沒有獲得任何酬勞而耿耿於懷，他們開始策劃與普羅法西犯罪家族徹底決裂。但是他們覺得自己理應從喬·普羅法西手裡要回自己應得的酬金。

1961年，加洛兄弟綁架了普羅法西犯罪家族中的二老

闊喬・麥克羅格、喬・普羅法西的弟弟法蘭克・普羅法西以及四個普羅法西犯罪家族的其他成員，喬・加洛希望用這些人與喬・普羅法西進行談判。

在談判之前，喬・加洛傳遞出威脅的訊息，他曾經試圖在談判之前先殺死一名人質，隨後再向喬・普羅法西索要10萬美元。但是他的弟弟萊利・加洛不贊同他的方法。在經過了幾個星期的談判之後，喬・普羅法西暫時同意了喬・加洛的提議。

但是喬・普羅法西實際上只是暫時緩解了危機，他正在忙著策劃報復行動，他偷偷收買了加洛兄弟的夥伴卡邁恩・佩西科，並準備對加洛兄弟進行反擊。

◆喬・普羅法西。這個黑幫老闆還保持著西西里的作風，每個月要求手下繳納供奉

1961年8月20日，喬‧普羅法西要人把萊利‧加洛引誘到布魯克林的一家俱樂部內，隨後，包括卡邁恩‧佩西科在內的普羅法西犯罪家族的槍手準備將他射殺。幸好當時執勤路過的員警出現，這才救了萊利‧加洛一命。

隨著時間推移，加洛兄弟慢慢處於下風。1961年11月，喬‧加洛因勒索罪被員警逮捕；12月21日，喬‧加洛被判處7至14年的監禁。

1962年6月6日，喬‧普羅法西因肝癌去世，喬‧麥克羅格成為普羅法西犯罪家族的老闆。由於喬‧麥克羅格被視為軟弱無能的家族老闆，所以已經與其結成聯盟的卡洛‧甘比諾和湯姆‧盧切斯開始慢慢蠶食普羅法西犯罪家族的利益。

這個時候，喬‧波納諾正開始他的擴張計劃，他主動和喬‧麥克羅格接觸，並和他商定了清除卡洛‧甘比諾、湯姆‧盧切斯以及芝加哥犯罪組織老闆的計劃。

喬‧麥克羅格把暗殺卡洛‧甘比諾和湯姆‧盧切斯的任務，交給了普羅法西犯罪家族執法隊中的喬‧可倫坡。不過他沒想到，喬‧可倫坡並不只是個簡單的殺手，他精明地判斷出，把這條情報賣給卡洛‧甘比諾等人的話，他所能獲得的好處會更大。

在知道了喬‧麥克羅格和喬‧波納諾的計劃之後，西西里聯盟委員會強迫喬‧麥克羅格辭去普羅法西犯罪家族老闆的職務，他也成為第一個被迫退位的五大家族老闆。同時，他的盟友喬‧波納諾拒絕接受西西里聯盟委員會的制裁。喬‧可倫坡順利接管了普羅法西犯罪家族，從此這個犯罪家族成為「可倫坡犯罪家族」。

喬‧波納諾的宏大計劃就此破產，而他想要成為「老闆

的老闆」的宏願也沒有實現。喬‧波納諾來自西西里島，他的家族在西西里具有一定的地位，因此薩爾瓦多‧馬蘭扎諾來到美國之後，喬‧波納諾也成為薩爾瓦多‧馬蘭扎諾的得力助手。

卡斯塔拉馬雷戰爭結束後，喬‧波納諾只獲得了有限的地盤，但在薩爾瓦多‧馬蘭扎諾死後，他則合理地繼承了薩爾瓦多‧馬蘭扎諾留下來的大部分遺產，一躍成為僅次於查理‧盧西安諾的黑幫老大。

◆博南諾犯罪家族老闆喬‧博南諾。他不甘心只掌控一個犯罪家族，他希望能成為美國黑幫的教父

　　然而喬‧波納諾擁有不亞於維托‧傑諾維斯的野心，在維托‧傑諾維斯入獄之後、卡洛‧甘比諾崛起之前，波納諾犯罪家族可以說是五大家族之中實力最強大的一個。然而喬‧波納諾的野心並不止於此，他開始向周圍發起兼併戰爭，不斷從盟友和朋友手裡奪取地盤。他透過兼併戰爭，已經把自己的勢力擴張到了美國西海岸甚至加勒比一帶。

　　1962年喬‧普羅法西去世，喬‧波納諾認為這是一次一舉統領整個美國黑幫的絕佳機會，於是他和喬‧麥克羅格策劃進行對其他五大家族老闆的暗殺行動。可惜在行動開始之前，喬‧麥克羅格派出的殺手喬‧可倫坡就洩漏了他們的計劃，因此他的野心隨著計劃付諸東流。

　　西西里聯盟委員會通知喬‧波納諾接受制裁，但是喬‧波納諾不予理睬，於是西西里聯盟委員會取消了他在委員會的職務，轉而讓加斯帕‧迪葛列格里奧取代了喬‧波納諾。喬‧波納諾對此十分不滿，因為這個決定讓波納諾犯罪家族產生了分裂。

　　1964年10月，喬‧波納諾被他的表弟斯特凡諾‧馬加迪諾關在了布法羅。外界並不知道喬‧波納諾被囚禁了起來，為了保證父親的家業不被其他人奪走，喬‧波納諾的兒子薩爾瓦多‧波納諾率領忠於喬‧波納諾的家族成員，與加斯帕‧迪葛列格里奧展開了殊死搏鬥。

　　薩爾瓦多‧波納諾和加斯帕‧迪葛列格里奧一直交戰到1964年，直到波納諾犯罪家族因「波納諾戰爭」而受到嚴重耗損，卡洛‧甘比諾才出面充當和事佬，他推舉喬‧波納諾和加斯帕‧迪葛列格里奧都贊同的保羅‧夏卡來執掌家族大權。而喬‧波納諾也在1968年因心臟病而不得不宣佈正式

退休。他回到了亞利桑那，並在那裡像查理‧盧西安諾一樣，憑藉書寫回憶錄來炫耀自己的一生。

雖然喬‧波納諾所寫的《榮譽成員》之中有很多誇張的地方，但是這本書很快成為年輕人瞭解美國黑幫的途徑。然而喬‧波納諾的朋友們卻很生氣，尤其是卡洛‧甘比諾，因為在喬‧波納諾的書中，卡洛‧甘比諾被寫成了一個奸詐的陰謀家。而且美國政府也以這本書作為證據，成功將他起訴，並判處他監禁。2002年，喬‧波納諾去世。

與波納諾犯罪家族類似，可倫坡犯罪家族也一直處於內戰之中。雖然喬‧可倫坡經由出賣喬‧麥克羅格一躍而上，成為家族老闆，但是他接下來的所作所為卻證明了他不適合當黑幫老闆，他更適合去當個政客或者社區委員。

喬‧可倫坡在美國成立了一個叫作「義大利和美國公民權聯合會」的組織，這個組織主要的責任，是向公眾展示義大利裔美國人對美國的幫助，喬‧可倫坡希望透過他的組織，改變公眾和媒體對義大利裔美國人的觀念。

在媒體看來，從義大利來的傢伙幾乎都是地痞無賴，所以喬‧可倫坡才決心改變美國公眾對義大利移民的惡劣印象。1970年，他甚至還在紐約組織了一次5萬人參加的大遊行。1971年，美國派拉蒙影業公司開始拍攝和美國黑幫相關的電影《教父》，但是喬‧可倫坡認為這部電影有醜化義大利裔美國人的嫌疑，因此他公然發出威脅，要讓電影公司停止拍攝。後來派拉蒙影業公司做出妥協，允諾不會在電影中出現「黑手黨」「科薩‧諾斯特拉」等字樣。

1971年，喬‧可倫坡想要再次舉行大規模的遊行，卡洛‧甘比諾勸說他不要再這樣高調行事，這樣頻繁地在公眾面

前露面並不是什麼好事。但是喬‧可倫坡到底是偶然才成為犯罪家族老闆的人,他沒有卡洛‧甘比諾那樣豐富的經驗,也不知道身為一個犯罪家族的老闆應該低調內斂。所以喬‧可倫坡拒絕了卡洛‧甘比諾善意的提醒,依然堅持舉行遊行。

同樣是1971年,「喬瘋子」喬‧加洛獲得釋放,但他發現美國經過10年的發展已經和他橫行霸道的時候大不相同了。以前由義大利人控制的一些小地盤,現在已經被西班牙人和黑人控制,於是喬‧加洛把這些勢力收買。

喬‧加洛出獄之後才知道,昔日的普羅法西犯罪家族已經變成了如今的可倫坡犯罪家族。他對喬‧可倫坡展現出了難以抑制的憎恨,尤其是當他知道喬‧可倫坡上位的經過之後,他簡直無法抑制自己的憤怒。

10年之前他和兄弟綁架了普羅法西犯罪家族的高層人員,掀起了家族戰爭,經過了如此轟轟烈烈的戰爭之後,他被扔進了監獄。而現在他得知喬‧可倫坡僅僅是舉報了他的上司就成為可倫坡犯罪家族的老闆,這讓他內心極度不平衡。出獄之後,喬‧加洛向可倫坡犯罪家族索要10萬美元以達成和解,然而可倫坡犯罪家族的成員拒絕了喬‧加洛的要求,並下令要殺死喬‧加洛。

但是喬‧加洛這個瘋子的動作明顯快人一步,1971年6月28日,在舉行遊行的時候,一名黑人槍手傑羅姆‧詹森靠近了喬‧可倫坡,並在非常近的距離向他的頭部開槍。雖然喬‧可倫坡沒有當場死亡,但是他頭中的子彈讓他變成了植物人,在病床上煎熬了七年之後才去世。

在他去世之後,可倫坡犯罪家族先後有過三個代理老闆,但最後,曾經在喬‧加洛手下的卡邁恩‧佩西科成為可

倫坡犯罪家族的新老闆。由於暗殺喬‧可倫坡的殺手傑羅姆‧詹森是名黑人，所以可倫坡犯罪家族的人認為他是喬‧加洛的手下。

1972年4月7日，喬‧加洛在曼哈頓桑樹街132號的翁貝托的蛤蜊屋海鮮餐廳遭到槍殺。當時喬‧加洛正和他的家人一起享受海鮮大餐，突然有四名槍手衝進餐廳。喬‧加洛邊還擊邊向大街逃跑，想要把殺手引到遠離他的家人的位置。

20世紀的60至70年代，紐約五大家族之中的傑諾維斯犯罪家族、波納諾犯罪家族和可倫坡犯罪家族都遭遇了劇變，而盧切斯犯罪家族一直韜光養晦，沒有興趣和其他犯罪家族爭權奪利。因此，卡洛‧甘比諾在那個年代橫空出世，本來在禁酒時期毫不顯眼的卡洛‧甘比諾苦苦等待了數十年，在掌握了甘比諾犯罪家族的大權之後，恰逢各個犯罪家族都發生動亂，他在其中或是幕後推動，或是靜觀其變。

終於，卡洛‧甘比諾成為繼查理‧盧西安諾之後的美國黑幫教父，雖然美國黑幫並沒有「老闆的老闆」這種頭銜，但是那個年代的卡洛‧甘比諾已經成為美國黑幫默認的「老闆的老闆」。

卡洛‧甘比諾善於隱藏自己，他的成功祕訣在於他曾跟在眾多黑幫老大的身邊學習，他知道怎麼做會引來不必要的麻煩，怎麼做能帶來最大的利益。卡洛‧甘比諾從來不會因為偏激的思想而大動干戈，除非有人侵犯了他犯罪家族的利益，否則他更願意用談判的方式去交流。當然，如果他不想談判，那麼他就會變成比阿爾‧卡彭更兇殘的黑幫老大。

他從查理‧盧西安諾的經歷之中得出了一種經驗，無論

做什麼事情，都要和政府搞好關係，都不能在掌權者之中樹敵。卡洛‧甘比諾真正做到了一個政客才會做的事情，美國政府之中幾乎到處都是他的朋友，有傳言說美國中央情報局曾和他合夥經營毒品，更有傳言說在豬灣事件中，美國中央情報局曾經請求甘比諾犯罪家族參與謀殺古巴強人斐代爾‧卡斯楚。

卡洛‧甘比諾面對敵人殘忍無情，面對朋友溫和大方。即便是他的敵人也不得不承認，你永遠無法抓到卡洛‧甘比諾的破綻，即便是邁爾‧蘭斯基這樣聰明的匪徒，也會遭到執法機關的騷擾，但是卡洛‧甘比諾是唯一讓執法機關束手無策的犯罪家族老闆。而且，卡洛‧甘比諾也是少有的安然死於任期內的犯罪家族老闆。雖然查理‧盧西安諾和法蘭克‧科斯特洛等人也是安然去世，但是他們早已被迫離開了自己的犯罪事業。

1976年10月15日，卡洛‧甘比諾因心臟病發作去世，他和他的前輩查理‧盧西安諾等人一樣，被安葬在了聖約翰公墓。據說有超過2000人參加他的葬禮，到場來賓既有美國黑幫的犯罪分子，也有美國政府的政客、員警、法官，加長的黑色林肯汽車和賓士汽車排成了長長的送葬車隊。在悼詞中，卡洛‧甘比諾被形容為一個愛國者和慈善家，一個為了祖國無私奉獻的守法的美國公民。

這場規模盛大的葬禮曾被全球100家電視台轉播。然而在卡洛‧甘比諾去世後，甘比諾犯罪家族也像其他家族一樣走向了沒落。

◆1976年10月15日，卡洛·甘比諾因心臟病發作去世，他被
安葬在了聖約翰公墓，超過2000人參加他的葬禮

家族的衰敗

暴力之樹無法培育出任何善果。

——馬丁·路德

　　時至今日，紐約五大家族已經擁有近百年的歷史，他們有的浴火重生，有的瀕臨滅亡。隨著美國政府對犯罪組織的大力打擊，五大家族已經難以恢復昔日的輝煌。最開始衰落的當屬傑諾維斯犯罪家族，維托·傑諾維斯實現了自己的抱負，但緊隨其後的是，這個幾乎把所有人都背叛了的傢伙也遭到了報應。

　　隨後，波納諾犯罪家族險些被分割成兩個家族，在喬·波納諾不情願地宣佈退休之後，這個家族也面臨著層出不窮的問題。「波納諾戰爭」結束後，喬·波納諾被迫同意保羅·夏卡擔當波納諾犯罪家族的老闆。1971年，喬·波納諾的心腹卡米洛·加蘭特成為波納諾犯罪家族的老闆，他曾經在義大利組織過小規模的販毒，也曾經帶著他的販毒組織「拉鍊幫」殺回美國，並分割各個家族在販毒事業中的利益。

　　然而正因為卡米洛·加蘭特手下的「拉鍊幫」的加入，所以美國本來就已混亂不堪的毒品生意變得更加混亂，而

伴隨著混亂，波納諾犯罪家族也是風雨飄搖。

　　1979年7月12日，卡米洛・加蘭特正在布魯克林的一家餐廳內用餐。吃完飯，卡米洛・加蘭特愜意地抽著雪茄，雪茄永遠是陪伴卡米洛・加蘭特的事物，因此其他黑幫成員都叫他「雪茄」。但是這次，這根雪茄將是他最後的雪茄。就在他抽著雪茄的時候，他的兩個保鏢悄然離開了自己的崗位，隨後三個蒙面殺手槍殺了卡米洛・加蘭特。

◆1979年7月12日，博南諾犯罪家族老闆卡米洛・加蘭特在布魯克林一家餐廳遭到槍殺

　　卡米洛・加蘭特死了，繼位者是菲力浦・拉斯泰利。但是當時這個毒梟還在監獄服刑，於是波納諾犯罪家族的許多人都反對讓菲力浦・拉斯泰利成為老闆。一番爭鬥過後，菲力浦・拉斯泰利贏得了內戰，坐穩了波納諾犯罪家族老闆的位置。在論功行賞的時候，一個名叫唐尼・布拉斯科的功

臣卻突然投靠了警方，並向警方提供了大量波納諾犯罪家族的犯罪證據。原來唐尼・布拉斯科原名叫作喬・皮斯托內，他本來就是美國聯邦調查局的特工。波納諾犯罪家族出了內鬼這種事情，再一次嚴重打擊了波納諾犯罪家族在美國黑幫中的地位。

然而禍不單行，就在幾年之後，波納諾犯罪家族的老闆約瑟夫・馬瑟諾為了尋求庇護，居然率先打破了不和員警合作的規矩。現在波納諾犯罪家族真的成為美國黑幫之中最丟人的犯罪家族，不僅家族內部出現了內鬼，甚至連家族的老闆都和員警開始了合作。

在五大家族之中實力最弱小的可倫坡犯罪家族的命運則更悲慘，喬・可倫坡被暗殺之後，卡邁恩・佩西科接替他成為犯罪家族的老闆，但是此時可倫坡犯罪家族和加洛兄弟之間的爭鬥還沒有結束。1975年，加洛兄弟和可倫坡犯罪家族達成和解，阿爾伯特・加洛同意回歸可倫坡犯罪家族，雙方也終於停止了交戰。

1973年，卡邁恩・佩西科成為可倫坡犯罪家族的老闆，他也是當時紐約最年輕的犯罪家族老闆。然而他還沒有成功地讓可倫坡犯罪家族從衰敗之中獲得新生，就在1985年遭到了指控。在魯迪・朱利安尼發起的黑手黨委員會審判上，卡邁恩・佩西科被判處39年有期徒刑。在他入獄之前，他曾經想要讓自己的兒子阿方斯・佩西科成為自己的接班人，但是阿方斯・佩西科也在1986年遭到了起訴。

魯迪・朱利安尼是繼湯瑪斯・杜威之後，又一個令美國黑幫遭遇重大挫敗的檢察官。但是和湯瑪斯・杜威不同，魯迪・朱利安尼並沒有其他私心，他只是在履行自己的職責，

所以他的所作所為比湯瑪斯·杜威更徹底。

1985年，魯迪·朱利安尼利用竊聽、跟蹤、佈置內線等手段，收集到了足夠的證據，隨後，他成功起訴了當時傑諾維斯犯罪家族老闆安東尼·薩勒諾、甘比諾犯罪家族老闆保羅·卡斯特拉諾、盧切斯犯罪家族老闆安東尼·盧切斯、可倫坡犯罪家族老闆卡邁恩·佩西科、波納諾犯罪家族老闆菲力浦·拉斯泰利以及五大家族的其他成員。

在接下來的10年間，可倫坡犯罪家族陷入了長久的內戰之中，在這期間共有六人先後擔任了可倫坡犯罪家族的代理老闆。本來可倫坡犯罪家族就是五大家族之中實力最弱的，經過這一連串變故，可倫坡犯罪家族差點就要消失在美國黑幫的歷史中了。

剩下的兩個犯罪家族，也在歷史的變遷之中慢慢走向了衰敗，其中最大的變故就發生在甘比諾犯罪家族。卡洛·甘比諾在死之前就考慮過讓誰來做他的接班人，當時甘比諾犯罪家族的所有生意，都處於卡洛·甘比諾的二老闆「尼爾先生」安尼祿·德拉克羅什的掌管中，而且他還控制著整個甘比諾犯罪家族之中最難對付的街頭犯罪集團。如果卡洛·甘比諾死後家族內部發生了爭鬥，那麼安尼祿·德拉克羅什絕對會成功當上甘比諾犯罪家族新的老闆。

不過卡洛·甘比諾認為安尼祿·德拉克羅什並不是最合適的繼承人選，因為執法機關太熟悉安尼祿·德拉克羅什了，卡洛·甘比諾並不喜歡太過高調的人。而且當時安尼祿·德拉克羅什正在監獄裡，他自然沒有能力在監獄裡遙控甘比諾犯罪家族。因此，卡洛·甘比諾把甘比諾犯罪家族交給了保羅·卡斯特拉諾。值得一提的是，保羅·卡斯特拉諾的

侄子理查·卡斯特拉諾是名演員，他曾在電影《教父》中演出角色。

雖然保羅·卡斯特拉諾是卡洛·甘比諾欽定的繼承人，但是並不是所有人都對此表示服從。安尼祿·德拉克羅什的手下約翰·高蒂就對其很不滿，在他看來，保羅·卡斯特拉諾無非就是卡洛·甘比諾的堂弟並且妹妹也嫁給了卡洛·甘比諾，所以約翰·高蒂覺得他只不過是和卡洛·甘比諾有親緣關係罷了。

但在外界看來，在保羅·卡斯特拉諾擔任甘比諾犯罪家族的老闆的九年裡，甘比諾犯罪家族處於相對繁榮穩定的時期，因此人們都稱保羅·卡斯特拉諾為「大保羅」。

不過在1985年的黑手黨委員會審判上，保羅·卡斯特拉諾因操控盜車集團和謀殺罪被魯迪·朱利安尼起訴。約翰·高蒂認為，如果保羅·卡斯特拉諾被起訴，那麼他很可能會和員警進行合作。因為保羅·卡斯特拉諾當時已經是個70歲的老人了，對於他這個年紀的人來說，什麼都比不上多活一陣子更重要，所以如果他被判刑，他很可能會用家族內幕來與員警做交換。

因此對那些很可能因保羅·卡斯特拉諾招供而受到牽連的人來說，保羅·卡斯塔拉諾已經是個極其危險的存在。因此他們認為，將保羅·卡斯特拉諾殺死將是最直接避免麻煩的方法。

1985年12月16日，保羅·卡斯特拉諾在紐約曼哈頓繁華的街道上被約翰·高蒂的手下暗殺。此次謀殺並不是甘比諾犯罪家族或者其他的任何幫派所發起的叛亂，這次謀殺是當時紐約五大家族所共同決定的，當時西西里聯盟委員會

已經名存實亡，早已喪失了它的功能，因此紐約的五大家族擁有絕對的自主決策權力。

◆甘比諾犯罪家族老闆保羅‧卡斯特拉諾被人謀殺

1985年12月16日晚上，保羅‧卡斯特拉諾在他經常去的牛排館享用了他最後的晚餐，他正在吃著上等牛肉，但是他根本不知道他已經被紐約五大家族出賣。晚餐過後，保羅‧卡斯特拉諾的司機把他載到了路邊，他們剛在路口出現，埋伏在附近的三名殺手立刻跑過去，用藏在風衣下面的半自動步槍近距離對他們掃射。保羅‧卡斯特拉諾身中六槍。

約翰‧高蒂成功奪取了甘比諾犯罪家族的老闆的職位，但是他太過招搖。約翰‧高蒂出門的時候總是把自己打扮得像個成功人士，他永遠穿著價值2000美元的衣服，顯得他超凡出眾。總是戴著淡紅色的鑽戒，頭上也用一絲不亂的

假髮來修飾自己。約翰·高蒂甚至還是紐約所有最高級俱樂部、賓館、餐廳的座上賓。和約翰·高蒂接觸的人都被他極具魅力的微笑所感染，而忘記了微笑背後隱藏的是罪惡、欺騙、血腥和殺戮。也正因為他這樣精緻的梳妝打扮，所以他獲得了「精裝教父」的雅號。

◆約翰·高蒂在法庭上的照片，1992年，甘比諾犯罪家族二老闆「公牛薩米」的出賣，導致他入獄

不過約翰·高蒂並沒有甘比諾犯罪家族教父卡洛·甘比諾那樣的眼光，而且這個時髦的教父居然以阿爾伯特·阿納斯塔西亞為榜樣，也在暗中出售自己家族「made man」的

名額。這是極其愚蠢的做法。

　　而且當時甘比諾犯罪家族的二老闆「公牛薩米」薩爾瓦多·特拉諾瓦違反了美國黑幫的「緘默原則」，他成為員警的證人，他用大量外人難以窺視的內幕情報，把自己的老闆「精裝教父」約翰·高蒂送進了監獄。隨後，甘比諾犯罪家族也像其他犯罪家族一樣，無法恢復自己鼎盛時期的實力。

　　而五大家族之中最低調的盧切斯犯罪家族則比較幸運，這個家族僅僅在黑手黨委員會審判中受到波及，但是在美國政府打擊犯罪的力度逐年增強的情況下，這個犯罪家族也不可能像過去那樣為所欲為。最簡單的例子，美國政府已經切斷了盧切斯犯罪家族一直控制的約翰·甘迺迪國際機場和這個家族的任何關聯。

　　雖然美國黑幫曾經在美國歷史上寫下濃重的一筆，但是黑幫代表著犯罪，如果他們不將生意轉向正道，那麼他們永遠不會被人們接納。在歷史長河的洗滌中，黑幫已然沒有生存空間，他們只能夠小規模地活動，而且他們再也不能像過去那樣囂張跋扈，現在的美國黑幫已經不具備咆哮怒吼的20年代那個時期的黑幫所具備的底蘊。

永續圖書
線上購物網

www.foreverbooks.com.tw

◆ 加入會員即享活動及會員折扣。

◆ 每月均有優惠活動，期期不同。

◆ 新加入會員三天內訂購書籍不限本數金額，
即贈送精選書籍一本。（依網站標示為主）

專業圖書發行、書局經銷、圖書出版

永續圖書總代理：

五觀藝術出版社、培育文化、棋茵出版社、犬拓文化、讀
品文化、雅典文化、知音人文化、手藝家出版社、璞申文
化、智學堂文化、語言鳥文化

活動期內，永續圖書將保留變更或終止該活動之權利及最終決定權。

■ 謝謝您購買這本書，請詳細填寫本卡各欄後寄回，我們每月將抽選一百名回函讀者寄出精美禮物，並享有生日當月購書優惠！
想知道更多更即時的消息，請搜尋 "永續圖書粉絲團"

■ 您也可以使用傳真或是掃描圖檔寄回公司信箱，謝謝。
傳真電話：（02）8647-3660　　信箱：yungjiuh@ms45.hinet.net

◆ 姓名：＿＿＿＿＿＿＿＿＿　□男 □女　　□單身 □已婚

◆ 生日：＿＿＿＿＿＿＿＿＿　□非會員　　□已是會員

◆ E-mail：＿＿＿＿＿＿＿＿＿　電話：（　）＿＿＿＿＿

◆ 地址：＿＿＿＿＿＿＿＿＿＿＿＿＿＿＿＿＿＿＿＿＿＿＿

◆ 學歷：□高中以下 □專科或大學 □研究所以上 □其他＿＿＿

◆ 職業：□學生 □資訊 □製造 □行銷 □服務 □金融
　　　　□傳播 □公教 □軍警 □自由 □家管 □其他＿＿＿

◆ 閱讀嗜好：□兩性 □心理 □勵志 □傳記 □文學 □健康
　　　　　　□財經 □企管 □行銷 □休閒 □小說 □其他

◆ 您平均一年購書：□5本以下 □6～10本 □11～20本
　　　　　　　　　□21～30本以下 □30本以上

◆ 購買此書的金額：＿＿＿＿＿＿＿＿

◆ 購自：□連鎖書店 □一般書局 □量販店 □超商 □書展
　　　　□郵購　　 □網路訂購 □其他

◆ 您購買此書的原因：□書名 □作者 □內容 □封面
　　　　　　　　　　□版面設計 □其他

◆ 建議改進：□內容 □封面 □版面設計 □其他＿＿＿＿＿
　　您的建議：

2 2 1 - 0 3

新北市汐止區大同路三段 194 號 9 樓之 1

讀品文化事業有限公司　收

電話/(02)8647-3663　　　傳真/(02)8647-3660

劃撥帳號/18669219　　　永續圖書有限公司

請沿此虛線對折免貼郵票或以傳真、掃描方式寄回本公司，謝謝！

讀好書品嚐人生的美味

美國黑幫